第6版

法人税

別表4、5（

完全マスター

経理・税務
責任者・担当者
必読

プロフェッションネットワーク
公認会計士・税理士　伊原健人

TAC出版
TAC PUBLISHING Group

はじめに

別表４，別表５（一）及び別表５（二）は，法人税申告書の中心をなすものです。特に，これらの別表は相互関連性が強く，その別表自体の記載ができるようになるだけでなく，他の別表とどのように関連しているのかをしっかりと把握することが重要です。他の別表との関連性が理解できていないと，間違った記載をしたり，イレギュラーな取引が生じた場合に対応ができなくなってしまいます。

この中でも，とりわけ別表４と別表５（一）の関連性が難解であると言われています。有資格者である税理士の方でも，場合によっては考え込んでしまうケースがあるかもしれません。法人税では資本金等の額と利益積立金額を厳密に区分しているため，組織再編税制やグループ法人税制などが導入され，また，資本取引が複雑化してくると，別表５（一）の記載はさらに難しさを増してきます。

本書では，まず，別表４，別表５（一）及び別表５（二）の基本的な考え方や記載方法について，数値を用いてできる限りわかりやすく解説しています。そして，ケーススタディを多く取り入れて，可能な限り実務で役立つように，様々なケースについて具体的な記載方法を，解説を加えながら紹介しています。

また，通常の確定申告の他に，難しいと思われがちな修正申告についても解説やケーススタディを設けています。

本書が税理士試験など法人税の勉強に取り組んでいる方のみならず，税理士・公認会計士などの専門家，会社の経理担当者や会計事務所の担当者など，法人税の実務を行うすべての方に，少しでもお役に立てることを願ってやみません。

最後になりましたが，本書の刊行にご尽力いただいたTAC株式会社の植野加一氏に厚くお礼を申し上げます。

公認会計士
税　理　士　伊原　健人

■ 目　次

第1編

別表4，別表5（一）及び別表5（二）の概要

1 別表４の概要

(1) 所得計算の概要

法人税（各事業年度の所得に対する法人税）の所得金額は，その事業年度の益金の額からその事業年度の損金の額を控除して求めることとされています。益金の額や損金の額は，基本的には会計上の収益や原価・費用・損失の概念とは一致していますが，税法独自の考え方があるために実際には一致しません。

所得計算は，法人税申告書においては「別表４」で行われます。実際の法人税申告書・別表４においては，益金の額や損金の額を直接に集計することはしません。企業会計上で算出される「当期純利益」を利用して所得計算をする仕組みがとられています。会社法では毎期必ず決算書を作成して株主等の承認を受けるという制度となっていますので，その決算書において算定された「当期純利益」に税法独自の調整を加えることによって所得金額を算定することとされています。

(2) 利益と所得金額の本質的な概念の一致

企業会計上の利益（損益計算書における当期純利益）と税務上の所得金額は，いわゆる「もうけ」の概念であるという点では本質的には一致しているといえます。しかしながら，両者は，その算定目的が異なるために，実際には一致しません。

企業会計上の利益　：　収益　－　原価・費用・損失

⇕　本質的には同じ概念

税務上の所得金額　：　益金　－　損金

(3) 利益と所得金額の目的の相違

(2)のように，利益と所得は，基本的な概念としては一致していても，企業会計上の「利益」は，適正な経営成績及び財政状態の把握のために算定されているのに対して，税務上の「所得」は，課税の公平という考え方を基に計算されるため，両者は，実際には一致しません。例えば，税務上は，交際費の一部又は全部について損金不算入とする取扱いが置かれたりしているためです。

ただし，企業会計上算出される「当期純利益」と税務上の「所得金額」が全く異なるということではありません。異なる部分というのは，全体のうちのわずかな部分であるということができます（実務上は，中小企業ではその差異は小さく，大企業ほど大きいと思われます。）。したがって，益金の額や損金の額を直接に集計するのではなく，損益計算書の「当期純利益」に会計と税務の差異を調整することによって，所得金額を効率的に計算できるのです。

（目的の相違）

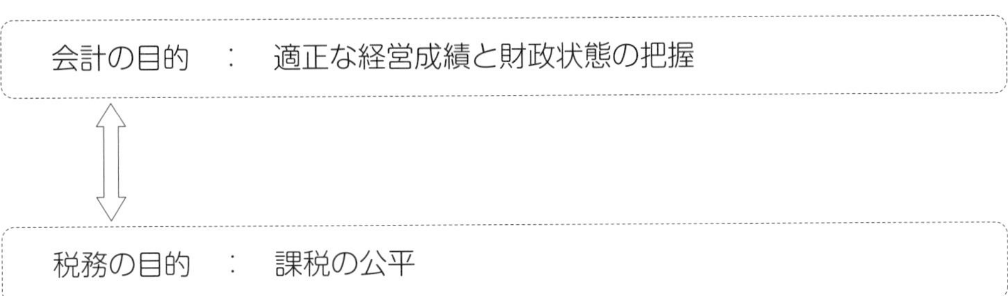

(4)　法人税申告書・別表４

法人税における所得計算は，法人税申告書・別表４で行われます。法人税申告書・別表４は，企業会計上の当期純利益に税法における所定の調整を加えて所得金額を算出するための計算表です。

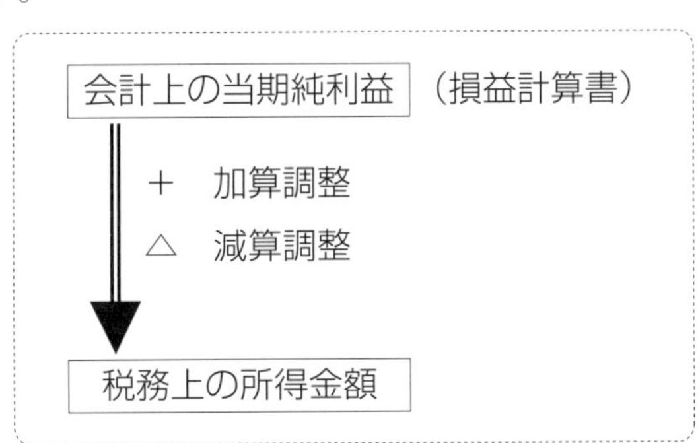

法人税の実際の所得計算は，企業会計上の当期純利益を前提にしますので，当期純利益は，「確定した決算」に基づくものであることが要求されています。この「確定した決算」とは，株式会社であれば定時株主総会で承認を受けた決算を意味します。したがって，定時株主総会等で承認を受けた損益計算書の当期純利益が所得計算のスタートになります。

この考え方によると，会社は決算書を作成し，それが定時株主総会で承認され，その後に確定申告書を作成して税務署に提出する手順となります。しかし実務的には，株主総会前に事前に申告書を作成しておき，株主総会で決算承認を受けてから税務署に提出します。

実務上のポイント！

① 確定申告書は，確定した決算に基づいて作成されるため，定時株主総会より前に提出することはできません。定時株主総会前に提出された申告書は，確定した決算に基づいていることになりません。

② 実際の法人税申告書・別表４は，沖縄の認定法人の課税の特例など特殊な調整事項のない法人については「簡易様式」が用意されています。したがって，通常の場合には，この「簡易様式」を使用します。

別表４（簡易様式）

所得の金額の計算に関する明細書（簡易様式）

事業年度	・　・ ・　・	法人名	

別表四（簡易様式）

御注意

1　沖縄の認定法人の課税の特例等の規定の適用を受ける法人にあっては、別様式による別表四を御使用ください。

2　「52」の「①」欄の金額は、「②」欄の金額に「③」欄の本書の金額を加算し、これから「※」の金額を加減算した額と符合することになります。

区分			総額	処分		
				留保	社外流出	
			①	②	③	
当期利益又は当期欠損の額		1	円	円	配当	円
					その他	
加算	損金経理をした法人税及び地方法人税(附帯税を除く。)	2				
	損金経理をした道府県民税及び市町村民税	3				
	損金経理をした納税充当金	4				
	損金経理をした附帯税(利子税を除く。)、加算金、延滞金(延納分を除く。)及び過怠税	5			その他	
	減価償却の償却超過額	6				
	役員給与の損金不算入額	7			その他	
	交際費等の損金不算入額	8			その他	
	通算法人に係る加算額(別表四付表「5」)	9			外※	
		10				
	小計	11			外※	
減算	減価償却超過額の当期認容額	12				
	納税充当金から支出した事業税等の金額	13				
	受取配当等の益金不算入額(別表八(一)「13」又は「26」)	14			※	
	外国子会社から受ける剰余金の配当等の益金不算入額(別表八(二)「26」)	15			※	
	受贈益の益金不算入額	16			※	
	適格現物分配に係る益金不算入額	17			※	
	法人税等の中間納付額及び過誤納に係る還付金額	18				
	所得税額等及び欠損金の繰戻しによる還付金額等	19			※	
	通算法人に係る減算額(別表四付表「10」)	20			※	
		21				
	小計	22			外※	
仮計 (1)+(11)−(22)		23			外※	
対象純支払利子等の損金不算入額(別表十七(二の二)「29」又は「34」)		24			その他	
超過利子額の損金算入額(別表十七(二の三)「10」)		25	△		※	△
仮計 ((23)から(25)までの計)		26			外※	
寄附金の損金不算入額(別表十四(二)「24」又は「40」)		27			その他	
法人税額から控除される所得税額(別表六(一)「6の③」)		29			その他	
税額控除の対象となる外国法人税の額(別表六(二の二)「7」)		30			その他	
分配時調整外国税相当額及び外国関係会社等に係る控除対象所得税額等相当額(別表六(五の二)「5の②」+別表十七(三の六)「1」)		31			その他	
合計 (26)+(27)+(29)+(30)+(31)		34			外※	
中間申告における繰戻しによる還付に係る災害損失欠損金額の益金算入額		37			※	
非適格合併又は残余財産の全部分配等による移転資産等の譲渡利益額又は譲渡損失額		38			※	
差引計 (34)+(37)+(38)		39			外※	
更生欠損金又は民事再生等評価換えが行われる場合の再生等欠損金の損金算入額(別表七(三)「9」又は「21」)		40	△		※	△
通算対象欠損金額の損金算入額又は通算対象所得金額の益金算入額(別表七の三「5」又は「11」)		41			※	
差引計 (39)+(40)±(41)		43			外※	
欠損金又は災害損失金等の当期控除額(別表七(一)「4の計」+別表七(四)「10」)		44	△		※	△
総計 (43)+(44)		45			外※	
残余財産の確定の日の属する事業年度に係る事業税及び特別法人事業税の損金算入額		51	△	△		
所得金額又は欠損金額		52			外※	

㊎簡

2 別表４における調整

(1) 別表４における調整

法人税申告書・別表４では，その計算をまず損益計算書で算出した「当期純利益」からスタートさせ，これに企業会計と法人税の差異部分について独自の調整を行って「所得金額」を求めていきます。

この別表４における調整は，「加算調整」と「減算調整」に分けられ，さらに，加算調整は損金不算入と益金算入に，また，減算調整は益金不算入と損金算入に分類することができます。

(2) 加算調整

加算調整は，当期純利益よりも所得金額が増加する場合に行われる調整です。具体的には，「損金不算入」と「益金算入」という２つの調整があります。

① 損金不算入

会計上は費用に計上されているものが，法人税の所得計算上は，損金の額に算入されない場合には，所得金額を増加させる必要があります。この場合に別表４において加算調整を行います。例えば，会計上で計上した減価償却費のうち，税務上の償却限度額を超える部分の金額を損金不算入とするために「減価償却超過額」として加算調整をする場合などがあります。

具体例

イ　減価償却超過額
ロ　交際費等の損金不算入
ハ　寄附金の損金不算入
ニ　役員給与の損金不算入
ホ　賞与引当金の損金不算入
ヘ　退職給付引当金の損金不算入　　など

② 益金算入

会計上は収益に計上されていませんが，法人税の所得計算上は，益金の額に算入される場合には，所得金額を増加させる必要があります。この場合に別表４において加算調整を行います。例えば，会計上では計上されていない売上高を，税務上は益金の額としなければならない場合に，別表４において「売上高計上もれ」として加算調整をする場合などがあります。

具体例

イ　売上高計上もれ
ロ　引当金・準備金の取崩不足　　など

(3)　減算調整

減算調整は，当期純利益よりも所得金額が減少する場合に行われる調整です。具体的には，「益金不算入」と「損金算入」という２つの調整があります。

①　益金不算入

会計上は収益に計上されていますが，法人税の所得計算上は，益金の額に算入されない場合には，所得金額を減少させる必要があります。この場合に別表４において減算調整を行います。例えば，会計上は収益に計上されている受取配当金を，税務上は非課税とするために「受取配当等の益金不算入」として減算調整する場合などがあります。

具体例

イ　受取配当等の益金不算入
ロ　法人税等の還付金　など

②　損金算入

会計上は原価や費用に計上されていませんが，法人税の所得計算上は，損金の額に算入する場合には，所得金額を減少させる必要があります。この場合に別表４において減算調整を行います。例えば，会計上は計上されていない売上原価を，税務上は損金の額とするために「売上原価計上もれ」として減算調整する場合などがあります。

具体例

イ　売上原価計上もれ
ロ　収用換地等の所得の特別控除　など

実務上のポイント！

大企業の実務では，一般的に，上記４つの調整のうち，会計上で費用に計上したものが税務上は認められない「損金不算入」の加算調整が最も多いと考えられます。これは，税務では，費用の認識については「債務確定主義」をとっており，会計上で見積り計上した費用などは債務が確定していないものが多いために，税務上は認められず，損金不算入として加算調整されるためです。

一方で中小企業の場合には，一般的に税務の取扱いに準じた会計処理を行っている場合が多いと考えられます。したがって，大企業で生じるような調整はあまり発生しません。

1　別表4の構造と記載

3 別表4の構造

(1) 別表4の構造

別表4は，会計上の当期純利益に対して加算調整や減算調整を行って税務上の所得金額を算出する計算表です。これは当期純利益をスタートとし所得金額をゴールとする「タテ」の構造ということができます。ただし，別表4は，単なる所得計算を行うだけでなく，ヨコの構造も持っています。タテの構造によって生じた会計と税務の差異が，利益積立金額を増減させるものか否かをヨコの関係で把握しています。

(2) タテの構造

タテの構造は，所得計算機能です。企業会計上の利益に調整を加えて税務上の所得金額を算出する機能です。

(3) ヨコの構造

別表4には，総額欄①の右側に，留保欄②と社外流出欄③という処分欄がおかれています。具体的には，総額欄①には，「留保」と「社外流出」の区分に関係なく，すべての調整金額を記載します。そして，その右側の処分欄の留保欄②と社外流出欄③のいずれかに，その調整金額を記載します。

留保欄②には，利益積立金額を増減させる調整項目（留保項目）を記載します。留保欄②に記載されたものは，別表5（一）Ⅰの増減欄に転記されることになります。一方で社外流出欄③には，加算調整のうち「交際費等の損金不算入」などの社外流出項目や，減算調整のうち「受取配当等の益金不算入」などの課税外収入項目を記載します。社外流出欄③に記載されたものは，利益積立金額には影響しませんので，別表5（一）Ⅰには転記しません。

【図　解】

（別表４）

<table>
<tr><td rowspan="3">区　　分</td><td rowspan="2">総　額</td><td colspan="3">処　　分</td></tr>
<tr><td>留　保</td><td colspan="2">社外流出</td></tr>
<tr><td>①</td><td>②</td><td colspan="2">③</td></tr>
<tr><td rowspan="2">当期利益又は
当期欠損の額</td><td rowspan="2">会計上税引後
当期純利益</td><td rowspan="2">①－③</td><td>配　当</td><td></td></tr>
<tr><td>その他</td><td></td></tr>
<tr><td>加　算</td><td></td><td>留　保</td><td colspan="2">社外流出</td></tr>
<tr><td>減　算</td><td></td><td>留　保</td><td colspan="2">課税外収入</td></tr>
<tr><td>所得金額</td><td>別表１へ</td><td></td><td colspan="2"></td></tr>
</table>

総額欄　＝　留保欄　＋　社外流出欄

4 留保とは

(1) 留保の基本的な考え方

留保欄に記載するのは，「所得の増減とともに利益積立金額も増減する項目」です。基本的には，会計上の損益と税務上の損益に帰属時期のズレが生じた場合に行われる調整ということができます。

なお，法人税や住民税などの租税公課に関する調整も留保とされています。また，税務調整ではありませんが，当期純利益から社外流出した金額を控除した金額も利益積立金額を構成しますので留保欄に記載されます。

留保の調整は利益積立金額を増減させますから，別表５（一）Ｉに転記されることになります。

① 所得の増加（加算調整）に伴い利益積立金額が増加する項目

別表４において加算調整が行われて所得金額が増加し，それに伴って利益積立金額が増加する調整です。「売上高計上もれ」や「減価償却超過額」などの加算調整があります。

具体例

「売上高計上もれ　5,000（加算）」の調整

区分		総額	処分		
			留保	社外流出	
		①	②	③	
当期利益又は当期欠損の額		0	0	配当	
				その他	
加算	**売上高計上もれ**	**5,000**	**5,000**		
減算					
所得金額		5,000	5,000		

（解説）

会計上は収益に計上されていない売上高5,000を，税務上は益金の額として認識しなければならない場合に，「売上高計上もれ　5,000（加算）」として加算調整を行います。

この調整によって所得金額が5,000増加しています。そして，それに伴って利益積立金額も5,000増加することになります。所得の増加と同時に，利益積立金額も増加しています。このように，加算調整によって利益積立金額が増加する場合には，総額欄①と留保欄②に記載をします。

この加算調整は，次のように追加仕訳の形で考えることができます。

② 所得の減少（減算調整）に伴い利益積立金額が減少する項目

別表４において減算調整が行われて所得金額が減少し，それに伴って利益積立金額が減少する調整です。「売上原価計上もれ」などがあります。

具体例

「売上原価計上もれ　4,000（減算）」の調整

区　分		総　額	処　分		
			留　保	社外流出	
		①	②	③	
当期利益又は当期欠損の額		0	0	配　当	
				その他	
加算					
減算	**売上原価計上もれ**	**4,000**	**4,000**		
所　得　金　額		△4,000	△4,000		

（解説）

会計上は計上されていない売上原価4,000を，税務上は損金の額として認識しなけれ

ばならない場合に，「売上原価計上もれ　4,000（減算）」として減算調整を行います。この調整によって所得金額が4,000減少しています。そして，それに伴って利益積立金額も4,000減少することになります。所得の減少と同時に，利益積立金額も減少しています。このように，減算調整によって利益積立金額が減少する場合には，総額欄①と留保欄②に記載をします。

この減算調整は，次のように追加仕訳の形で考えることができます。

(2)　留保項目の発生と解消

上記の考え方のとおり，留保項目（租税公課に関する調整を除く。）は主に会計上の損益と税務上の損益の期間帰属のズレを修正するための調整という性格を持っています。したがって，留保項目は，次のように２つに区分することができます。

①　当期に会計と税務の帰属時期のズレが新たに発生したために行う調整
②　前期以前に発生した会計と税務のズレが解消したために行う調整

留保項目は，会計と税務の期間帰属のズレを修正するための調整であるため，①帰属時期のズレが新たに生じる場合と，その後，②その帰属時期のズレが解消する場合の２つに区分することができます。損益の帰属時期は，短期間で見るとズレが生じる場合がありますが，長期間で見ればズレは解消されていきます。つまり，ズレは生じた後に，必ず解消することになります。

①　帰属時期のズレが新たに発生した場合

ここでは具体的に，「税務上は当期の益金の額とすべきである売上高1,000を，会計上は翌期に計上している」，というケースで考えてみます。この場合には，当期の別

表４において，「売上高計上もれ　1,000（加算）」の加算調整が行われます。

具体例

当期の調整：「売上高計上もれ　1,000（加算）」

区　　分		総　額	処　　分		
			留　保	社外流出	
		①	②	③	
当期利益又は当期欠損の額		0	0	配　当	
				その他	
加算	**売上高計上もれ**	**1,000**	**1,000**		
減算					
所　得　金　額		1,000	1,000		

（解説）

当期の売上高　会計上　：　0

　　　　　　　税務上　：1,000

当期において会計上は売上高1,000を計上していませんが，税務上は認識する必要があるため，ここで売上高の認識時期が異なっています。つまり，認識時期のズレが新たに発生しています。そこで，この認識時期のズレを調整するために，税務上では売上高1,000の追加計上を行う必要があります。具体的には別表４において「売上高計上もれ　1,000（加算）」として加算調整（加算・留保）を行います。

②　帰属時期のズレが解消した場合（認容）

①の具体例の翌期の取扱いについて考えます。翌期では別表４において，「売上高計上もれ認容　1,000（減算）」として減算調整が行われます。

具体例

翌期の調整：「売上高計上もれ認容　1,000（減算）」

区　分		総　額	処　分		
			留　保	社外流出	
		①	②	③	
当期利益又は当期欠損の額		1,000	1,000	配　当	
				その他	
加算					
減算	**売上高計上もれ認容**	**1,000**	**1,000**		
所　得　金　額		0	0		

（解説）

翌期の売上高　会計上　：1,000
　　　　　　　税務上　：　0

会計上は翌期において売上高1,000を計上していますが，税務上は既に当期において認識済みです。したがって，会計上計上されている売上高1,000を取り消す必要があります。具体的には，「売上高計上もれ認容　1,000（減算）」として減算調整（減算・留保）を行います。この減算調整によって，「当期」に生じた売上1,000の期間帰属のズレが，「翌期」に解消したことになります。

実務上のポイント！

上記のとおり，基本的に留保の調整項目が発生した場合，その後のいずれかの年度でそのズレが解消されることになります。解消の際には，発生したときの調整とは逆の調整を行います。

ズレの発生		ズレの解消
加算・留保	⇒	減算・留保
減算・留保	⇒	加算・留保

(3) 留保項目の分類

留保欄に記載される項目は，具体的には次の３つに分けることができます。

① 当期純利益から社外流出した金額を控除した金額
② 「売上計上もれ」や「減価償却超過額」など，会計と税務の損益の認識時期のズレにより生じる調整
③ 法人税，住民税などの租税公課の調整

① 当期純利益から社外流出した金額を控除した金額

損益計算書において算出した当期純利益から当期において社外流出した金額（通常は配当金の支払い）を控除した金額を留保として扱います。この金額は税務調整から生じるものではなく，当期において獲得した利益（当期純利益）から当期における配当金の支払いなどにより社外に流出した金額を控除した金額が，当期中に増加した利益剰余金となります。利益剰余金は利益積立金額の基礎となるものですから，利益剰余金が増加することにより利益積立金額も増加します。

別表４の留保欄に記載した金額は，利益積立金額の増減項目となります。すなわち，別表４の留保欄の金額を合計すると，当期における利益積立金額の増減額となります。

したがって，税務調整とは別に，会計上の利益剰余金の増加額（当期純利益－支払配当）も留保として記載することになります。

なお，この場合の社外流出③に記載する配当金の支払いは，当期において行われた配当金の支払いが対象になりますから，当期の株主資本等変動計算書において「剰余金の配当」として記載された金額になります。

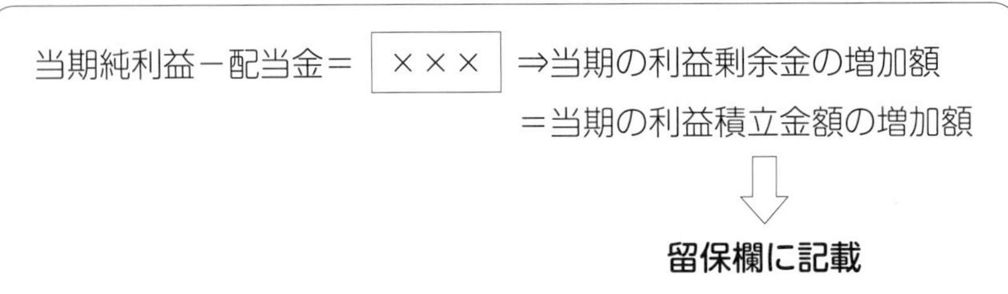

② 会計と税務の損益の認識時期のズレにより生じる調整

損益の認識時期のズレにより生じる調整は，追加修正仕訳として考えることが可能です。これは，税効果会計における一時差異に該当するものです。

具体例

－加算調整－

イ　益金算入（会計上は収益に計上していないが，税務上は益金に算入すべきもの）

→　売上高計上もれ　など

ロ　損金不算入（会計上は費用に計上しているが，税務上は損金に算入しないもの）

→　減価償却超過額，貸倒引当金繰入超過額　など（主に会計上の費用が超過しているような場合が該当する）

ハ　その他（前期以前に減算調整したものにつき，当期に認容するもの）

→　前期売上原価計上もれ認容　など

具体例

－減算調整－

イ　損金算入（会計上は費用に計上していないが，税務上は損金に算入すべきもの）

→　売上原価計上もれ　など

ロ　益金不算入（会計上は収益に計上しているが，税務上は益金に算入しないもの）

→　売上高過大計上　など

ハ　その他（前期以前に加算調整したものにつき，当期に認容するもの）

→　前期売上高計上もれ認容，減価償却超過額認容　など

③　法人税，住民税などの租税公課の調整

法人税や住民税は，所得処分の性格であるため，所得計算上は損金不算入とされます。この場合の調整は「留保」となります。この調整は，別表5（一）の構造上の理由から「留保」とされているものです。したがって，②のように追加修正仕訳で考えることはできず，特殊な調整と言えます。

具体例

－加算調整－

イ　損金経理をした納税充当金

ロ　損金経理をした法人税及び地方法人税

ハ　損金経理をした道府県民税及び市町村民税

（注）附帯税の調整は，留保ではなく，社外流出となります。

具体例

－減算調整－

イ　納税充当金から支出した事業税等の金額

ロ　法人税等の中間納付額及び過納額に係る還付金額

1　別表４の構造と記載

5 社外流出とは

(1)　社外流出項目の基本的な考え方

社外流出とは，「所得は増減しますが，それに対応する利益積立金額の増減がない項目」をいいます。会計と税務の損益の帰属時期のズレではなく，租税政策的な観点から法人税特有の考えに基づき課税所得の調整を図っている項目です。

社外流出項目の調整は，利益積立金額の増減は伴いませんので，別表５（一）Ⅰには転記されません。なお，税務調整ではありませんが，当期において行った配当金の支払は社外流出となります。

①　所得は増加（加算調整）するが利益積立金額は増加しない項目

別表４において加算調整が行われ所得金額が増加しますが，利益積立金額は増加しない調整です。「交際費等の損金不算入額」や「寄附金の損金不算入額」などの加算調整があります。

具体例

「交際費等の損金不算入額　2,000（加算）」の場合

区　分		総　額	処　分		
			留　保	社外流出	
		①	②	③	
当期利益又は当期欠損の額		−2,000	−2,000	配　当	
				その他	
加算	**交際費等の損金不算入額**	**2,000**			**2,000**
減算					
所　得　金　額		0	−2,000		2,000

(解説)

会計上は費用に計上されている交際費等2,000が，税務上は損金の額に算入されない場合に「交際費等の損金不算入額　2,000（加算）」として加算調整を行います。これによって所得金額が2,000増加することになります。しかしながら，加算調整を行っても，利益積立金額が増えるわけではありません。これは，会計上で計上された費用を税務上

は損金として認めないだけであり，損金として認めないからといって利益積立金額が増加するわけではありません。このように，加算調整をしても利益積立金額が増加しない場合には，総額欄①と社外流出欄③に記載をします。

この加算調整は，追加仕訳として考えることはできません。

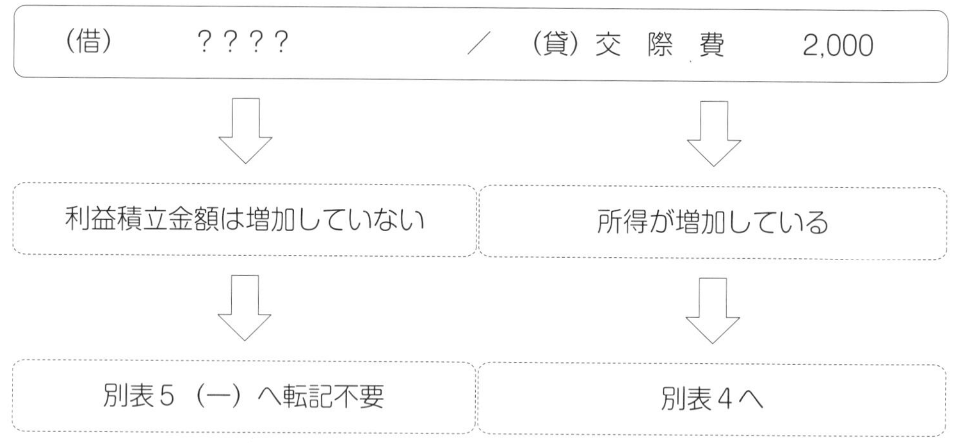

② 所得は減少（減算調整）するが利益積立金額は減少しない項目

別表４において減算調整が行われて所得金額が減少しますが，利益積立金額は減少しない調整です。「受取配当等の益金不算入額」などの減算調整が該当します。

具体例

「受取配当等の益金不算入　3,000（減算）」の場合

区分		総額	処分		
			留保	社外流出	
		①	②	③	
当期利益又は当期欠損の額		3,000	3,000	配当	
				その他	
加算					
減算	**受取配当等の益金不算入**	**3,000**			**3,000**
所得金額		0	3,000		△3,000

（解説）

会計上は収益に計上されている受取配当等3,000が税務上は益金の額に算入されない場合に「受取配当等の益金不算入　3,000（減算）」として減算調整を行います。これに

よって所得金額が3,000減少することになります。しかしながら，減算調整をしても，利益積立金額が減少するわけではありません。

これは，会計上で計上された収益を税務上は益金としないだけであり，益金としないからといって利益積立金額が減少するわけではありません。税務では，受取配当等は重複課税をしないように「非課税」とする考え方があるために，減算調整しているのです。このように，減算調整をしても利益積立金額が減少しない場合には，総額欄①と社外流出欄③に記載をします。なお，減算調整項目のうち社外流出欄③に記載するものを「課税外収入」ともいいます。

この減算調整は，追加仕訳として考えることはできません。

実務上のポイント！

社外流出項目は会計と税務の損益の期間帰属のズレではなく，法人税独自の考え方による調整です。したがって，留保項目とは異なり，その後の事業年度において認容することはありません。

(2) 社外流出項目の具体的分類

社外流出項目は，具体的には次の３つに分けることができます。

① 当期純利益から社外流出した金額（支払配当など）
② 交際費等の損金不算入，寄附金の損金不算入などの社外流出（加算調整）
③ 受取配当等の益金不算入などの課税外収入（減算調整）

① 当期純利益から社外流出した金額（支払配当など）

損益計算書において算出した当期純利益のうち当期において社外流出した金額（通常は配当金の支払い）は社外流出とされます。この金額は，税務調整で生じるものではありません。当期純利益から社外流出を差し引くことによって利益積立金額の増減額を算出しますので，社外流出欄③に配当金の支払額を記載します。

なお，この場合の社外流出③に記載する配当金の支払いは，当期において行われた配当金の支払いが対象になりますから，当期の株主資本等変動計算書において「剰余金の配当」として記載された金額になります。

② 交際費等の損金不算入，寄附金の損金不算入などの社外流出（加算調整）

損益の認識時期のズレではなく，計上された費用の全部又は一部を損金と認めない場合に行われる加算調整です。この調整は，税効果会計における永久差異に該当するものであり，会計と税務における収益と益金，原価・費用・損失と損金の範囲の違いによるものです。

具体例

イ　交際費等の損金不算入
ロ　役員給与の損金不算入
ハ　寄附金の損金不算入
ニ　法人税額控除所得税額　など

③ 受取配当等の益金不算入などの課税外収入（減算調整）

損益の認識時期のズレではなく，計上された収益（又は利益）に課税しない（非課税）ようにするために行われる減算調整です。この調整は，税効果会計における永久差異に該当するものであり，会計と税務における収益と益金，原価・費用・損失と損金の範囲の違いによるものです。

具体例

イ　受取配当等の益金不算入
ロ　収用換地等の所得の特別控除　など

6 税効果会計と留保・社外流出

税効果会計においては，会計上の税引前当期純利益と税務上の所得金額に差異がある場合に，その差異を一時差異と永久差異に区分して，一時差異に対しては税金費用の期間配分を行います。これによって税引前当期純利益に対する法人税等の負担率が実効税率に調整されることになります。ただし，永久差異については調整されませんので，永久差異がある場合には，税金負担率と実効税率に差が生じることになります。

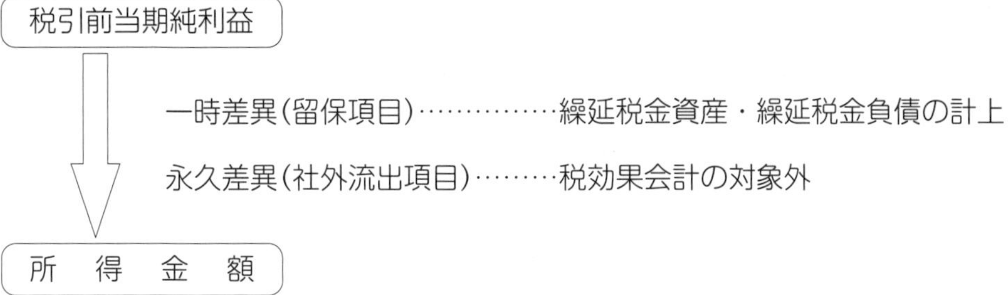

(1)　一時差異

一時差異とは，貸借対照表に計上されている資産・負債の金額と課税所得計算上の資産・負債の金額との差額をいいます。一時差異は，次の２つに区分されます。

① 収益又は費用の帰属年度の相違から生ずる差額
② 資産又は負債の評価替えにより生じた評価差額が直接純資産の部に計上され，かつ，課税所得の計算に含まれない場合の当該差額

①が典型的な一時差異とされ，将来，差異が解消するときに課税所得を減額する効果を有する将来減算一時差異と，将来，差異が解消するときに課税所得を増加させる効果を有する将来加算一時差異に分かれます。②は課税所得計算には影響がありません。

この一時差異の発生と解消は，別表４における留保項目の調整から把握することができます。新たに加算・留保の調整が生じた場合には，将来年度において減算・留保の調整（認容）が想定されますから，「将来減算一時差異」になり，逆に，新たに減算・留保の調整が生じた場合には，将来年度において加算・留保の調整（認容）が想定されますから，「将来加算一時差異」の発生となります。

なお，法人税，住民税などの租税公課の調整は，留保項目として扱われますが，税効果会計における一時差異には該当しません。

一時差異	将来減算一時差異 → 繰延税金資産の計上 将来加算一時差異 → 繰延税金負債の計上

(2) 永久差異

永久差異とは，税引前当期純利益の計算において，費用又は収益として計上されますが，課税所得の計算上は，永久に損金又は益金に算入されない項目をいいます。これらの項目は，将来の課税所得の計算上で加算又は減算させる効果を持たないため，一時差異には該当せず，税効果会計の対象となりません。

この永久差異は，別表４における社外流出欄③に記載された調整項目として把握することができます。例えば，「受取配当等の益金不算入」という減算・社外流出（課税外収入）の調整は，永久差異として把握します。

実務上のポイント！

① 税効果会計では，まず，税務と会計の差異を把握し，その差異を一時差異と永久差異に分類していきます。したがって，税効果会計を理解するためには税務調整の仕組みを把握しておく必要があります。

② 税効果会計における一時差異は，別表５（一）Ⅰから把握することができます。会計と税務の損益の帰属時期のズレの発生・解消や未解消残高は，別表５（一）Ⅰに記載されています。

1　別表４の構造と記載

7 別表４の具体的な記載方法

別表４は，損益計算書に掲げた当期（純）利益の額又は当期（純）損失の額を基として，いわゆる申告調整により税務計算上の所得金額若しくは欠損金額又は留保金額を計算するために使用する明細書です。なお，特殊な事項のない法人については，「簡易様式」が用意されています。

別表４の具体的な記載方法は，次のとおりです。

【別表４の具体的記載方法】（簡易様式）

区分		総額	処分		
			留保	社外流出	
		①	②	③	
当期利益又は当期欠損の額		会計上税引後当期純利益	①－③	配当	当期中支払配当
				その他	
加算	加算・留保の調整項目		留保の項目		
	加算・社外流出の調整項目			その他	社外流出の項目
	小計				
減算	減算・留保の調整項目		留保の項目		
	減算・課税外収入の調整項目			※	課税外収入の項目
	小計			外※	
仮計			留保合計	外※	△　課税外収入合計 社外流出合計
寄附金の損金不算入額				その他	社外流出
法人税額から控除される所得税額				その他	社外流出
税額控除の対象となる外国法人税の額				その他	社外流出
合計			留保合計	外※	△　課税外収入合計 社外流出合計
差引計			留保合計	外※	△　課税外収入合計 社外流出合計
欠損金又は災害損失金等の当期控除額				※	△　課税外収入
総計			留保合計	外※	△　課税外収入合計 社外流出合計
所得金額又は欠損金額			留保合計	外※	△　課税外収入合計 社外流出合計

(1)　当期利益又は当期欠損の額の総額①

確定した決算における損益計算書の当期（純）利益の額又は当期（純）損失の額を記載します。税引前の当期利益ではなく，税引後の当期利益を記載します。

(2)　当期利益又は当期欠損の額の社外流出③

「配当」の欄には，当期にその支払いに係る効力が生ずる剰余金の配当等の支払額を記載します。株主資本等変動計算書における当期中の支払配当金を記載します。

(3)　当期利益又は当期欠損の額の留保②

総額①に記載した金額から社外流出③に記載した金額の合計額を控除した金額を記載します。なお，社外流出③に記載した金額の方が多いときは，その超える金額を留保②に△印を付して記載します。

当期に獲得した利益（総額①）から支払配当により社外に流出した金額（社外流出③）を控除した金額（留保②）は，社内に留保された利益を意味しています。この金額は，別表５（一）Ｉの利益積立金額を構成することになります。

(4)　加算調整欄

①　法人が費用又は損失として経理した金額で，当期の損金の額に算入されないものや，当期の益金の額に算入すべき金額で法人が収益として経理しなかったものについて，その事項及び金額を記載します。

②　実際の別表４では，一部，既に項目が記載されていますが，記載されていないものについては，適宜項目を追加して記載します。

③　総額①に記載した金額については，留保されている金額は留保②に，社外に支出されている金額は社外流出③に，それぞれ記載します。

(5)　減算調整欄

①　確定した決算において費用に含まれていないもので当期の損金の額に算入すべきものや，収益に計上されているもので当期の益金の額に算入しないものについて，その事項及び金額を記載します。

②　加算欄と同様に，一部，既に項目が記載されていますが，記載されていないものについては，適宜項目を追加して記載します。

③　総額①に記載した金額については，留保されている金額は留保②に，それ以外の金額は社外流出③に，それぞれ記載します。

④　当期の決算の確定日までに剰余金の処分により積み立てた準備金等の金額で損金の

額に算入するものは，「減算」の空欄に「剰余金処分による準備金積立額認容」等と記載の上，その積立額の全額（税効果会計を採用している場合には，その積立額の全額とこれに対応する税効果相当額との合計額）を総額①及び留保②に記載します。この場合，積立限度超過額があるときは，「加算」の空欄に「〇〇準備金積立超過額」等と記載の上，その積立限度超過額を総額①及び留保②に記載します。

なお，準備金等に積立限度超過額がある場合には，このような加算及び減算をしないで，その積立額のうち積立限度相当額を「減算」欄に記載しても差し支えありません。

⑹　税効果会計を適用している場合

①　税効果会計を採用している場合において，損益計算書上，税引前当期純利益から減算した「法人税等調整額」があるときは，「加算」の空欄に「法人税等調整額損金不算入」等と記載の上，その金額を総額①及び留保②に記載します。

②　税効果会計を採用している場合において，損益計算書上，税引前当期純利益に加算した「法人税等調整額」があるときは，「減算」の空欄に「法人税等調整額益金不算入」等と記載の上，その金額を総額①及び留保②に記載します。

⑺　仮計

①　当期純利益又は当期純損失の額に加算調整と減算調整を加減算した金額を「仮計」として記載します。

②　仮計より下の記載項目はすべて決められていますので，所定の箇所に記載をします。したがって，仮計より下に記載箇所がない調整項目は，仮計より上の加算調整欄あるいは減算調整欄に記載します。

⑻　網掛け部分（仮計，合計，差引計，総計及び所得金額又は欠損金額欄の社外流出欄）については，２段書きとします。上段は課税外収入の合計額の頭に「△」を付記して記載し，下段は社外流出の合計額を記載します。なお，社外流出には剰余金の配当の支払いも含まれます。

⑼　社外流出欄は「加算・社外流出」については「その他」を，「減算・課税外収入」については「※」を記載します。また，網掛け部分については課税外収入部分について「外※」と記載します。

⑽　別表４の最終値「所得金額又は欠損金額」の総額①の金額は，留保②の金額に社外流

出③の本書の金額を加算し，これから「※」の金額を加減算した額と一致します。

⑾　別表４の最終値「所得金額又は欠損金額」の総額①の金額は，別表１に転記されて税額計算がなされます。また，欠損金（赤字）となっている場合には，別表７に転記されます。なお，別表４の最終値「所得金額又は欠損金額」の留保②の金額は，一定要件を満たすと別表３（一）に転記されて留保金課税の計算がなされます。

8 実務における別表４

実務上作成される別表４は，中小企業で作成されるものと，公認会計士や監査法人による会計監査を受ける大企業で作成されるものでは大きく異なります。これは，中小企業では決算書自体を税務の取扱いに準じて作成する傾向が強いのに対して，大企業では厳密に会計基準を適用する必要があるためで，大企業では会計と税務で大きな相違が生じます。その相違は，留保項目の調整として現れます。

(1)　中小企業の別表４

一般的には，株式会社は毎年計算書類を作成して期末から２ヶ月又は３ヶ月以内に定時株主総会において株主の承認を受けています。しかしながら，実際の中小企業では，会社の代表取締役とその親族が株式を保有している場合が多く，そのような場合は株主総会を開く意味は薄く，開催していないケースも多いと思われます。

中小企業の場合，主たる決算書の作成目的が「確定申告」であるといっても過言ではありません。したがって，このような作成目的から，決算書が税務の取扱いに準じた処理によって作成される傾向が強くなります。

例えば，税務で認められないために退職給付引当金の繰入は行わないケースや，税務で認められる上限（償却限度額）と同額の減価償却費を計上するといったケースです。このような処理を行うと，税務と会計の損益の認識時期のズレは生じません。したがって，別表４では租税公課以外の留保項目の調整はほとんど出てきません。

実務上のポイント！

中小企業の別表４は，一般的には，租税公課の調整，交際費等の損金不算入，源泉所得税の加算といった程度の調整にとどまり，比較的シンプルなものとなります。

(2)　大企業の別表４

公認会計士や監査法人による会計監査を受けるような大企業になると，中小企業のように税務に準じた処理が認められるわけではありません。企業会計上は，様々な会計基準を適用する必要があるためです。税務で認められないという理由で退職給付引当金を計上しないということはできません。退職給付会計基準において計上が要求されているのであれば，税務の取扱いに関係なく，必要額を計上しなければなりません。計上していなければ監査法人等からその決算について「適正」意見が得られなくなります。

したがって，大企業の別表４では，中小企業で生じる調整の他に，留保項目の調整がたくさん生じます。特に，会計上で計上した費用や損失が税務上は損金不算入とされる加算調整が多く見受けられます。このように会計と税務の損益の認識時期のズレがたくさん生じるために，その調整を図る目的で税効果会計が導入されているのです。

実務上のポイント！

大企業の別表４では，中小企業の別表４の調整の他に次のような調整が想定されます。

① 賞与引当金の損金不算入
② 退職給付引当金の損金不算入
③ 役員退職慰労引当金の損金不算入
④ 貸倒引当金の損金不算入
⑤ 未払事業所税否認
⑥ 減損損失否認
⑦ 評価損否認
⑧ 資産除去債務否認　など

2　別表５（一）の構造と記載

1 利益積立金額とは

別表５（一）は，５（一）Ｉ（利益積立金額）と５（一）Ⅱ（資本金等の額）の２つから構成されています。

別表５（一）Ｉは，利益積立金額の計算に関する明細書です。利益積立金額は，企業会計上の利益剰余金に相当する税務上の概念です。利益剰余金は企業が獲得した利益のうち，配当などによって社外に流出した金額を控除した残額，すなわち内部留保した利益です。税法では利益剰余金ではなく利益積立金額といいますが，概念としては同じものであり，次のような性格を持っています。

① 法人税課税後の留保所得であり，将来株主に分配すべき財源である。
② 利益積立金額が解散，資本の払戻し等を通じて個人株主に分配された場合には，配当等とみなすことにより，個人所得税の精算がなされる。

現在の税制では，法人の所得には法人税を課税し，その法人が支払った配当については株主に所得税を課税（法人株主では益金不算入）し，それによって課税関係が終了することとされています。したがって，所得等の金額のうち留保した金額である利益積立金額は，法人税の課税関係が終了した内部留保であり，所得税の課税関係は未だ終了していない状態のものです。そのため，税法では，株主から拠出された出資金である「資本金等の額」と「利益積立金額」は明確に区別することとされています。

また，利益積立金額が株主に分配される場合には，それが正式な配当金の支払いである場合のみならず，「資本の払戻し」などによって株主に金銭等が交付される場合には，利益積立金額部分については「配当」とみなして課税をすることとされています。

なお，利益剰余金と利益積立金額は概念としては同じですが，実際には金額は異なります。例えば，法人の計上した減価償却費が税法における償却限度額を超える場合には，その超える部分の金額は減価償却超過額として加算調整されます。この場合，減価償却超過額部分は，会計上は費用計上していますが税務ではまだ損金となっていません。よって，会計上は利益剰余金を構成しませんが，税務上は利益積立金額を構成することになります。つまり，会計上の利益剰余金＋減価償却超過額＝税務上の利益積立金額という関係になります。

（減価償却超過額がある場合）

利益積立金額　＝　利益剰余金　＋　減価償却超過額

利益積立金額は，「会計上の利益剰余金」＋「会計と税務のズレ」としてとらえます。

利益積立金額を理解する上では，次の点に着目する必要があります。

① 別表４における損益の帰属時期のズレによる調整（留保の調整）

別表４では，会計上の当期純利益を出発点として，加算や減算の調整を加えて税務上の所得金額を算出します。この加算や減算調整のうち，会計と税務の損益の帰属時期のズレに基づく調整は，会計における「利益剰余金」と税務における「利益積立金額」のズレでもあります。

② 未納事業税

会計上は，法人税，住民税及び事業税の確定申告税額を「未払法人税等」として損金経理します。一方，税務における利益積立金額の計算上（別表５（一）Ⅰ）では，確定申告により納付する法人税額と住民税額を「未納法人税等」として控除しますが，事業税は未納法人税等には含まれませんので控除しません。したがって，事業税部分について相違することになります。

2　別表５（一）の構造と記載

2 資本金等の額とは

別表５（一）Ⅱは，資本金等の額の計算に関する明細書です。資本金等の額は，株主等から出資を受けた金額で，会計上の資本金と資本剰余金を合計した概念です。会計では，株主等からの出資金は，資本金や資本準備金，その他資本剰余金として計上されます。税務では，これらをすべてまとめて「資本金等の額」と定義しています。通常，会計上の（資本金＋資本剰余金）と税務上の資本金等の額は一致していますが，欠損塡補や資本の払戻し等を行うと，会計と税務で金額が異なる場合が出てきます。

2　別表5（一）の構造と記載

3 別表5（一）の概要

別表5（一）は，次のように2つに分かれます。

別表5（一）
- 別表5（一）Ⅰ：「利益積立金額の計算に関する明細書」
- 別表5（一）Ⅱ：「資本金等の額の計算に関する明細書」

(1)　別表5（一）Ⅰ

別表4が「税務上の損益計算書」として位置づけられるのに対して，別表5（一）は「税務上の貸借対照表」として位置づけられます。ただし，貸借対照表といっても，資産や負債，純資産をすべて記載するわけではありません。別表4では，会計上の利益と税務上の所得の相違部分だけを調整したように，別表5（一）Ⅰでも会計上の利益剰余金に税務調整を追加で記載することによって利益積立金額を算出します。

(2)　別表5（一）Ⅱ

別表5（一）Ⅱでは，会計上の資本金と資本剰余金に会計と税務の相違部分を追加で記載することによって資本金等の額を算出します。

別表5（一）

利益積立金額及び資本金等の額の計算に関する明細書

事業年度	・ ・ ・ ・	法人名	

別表五(一)

御注意

この表は、通常の場合には次の算式により検算ができます。

期首現在利益積立金額合計「31」① ＋ 別表四留保所得金額又は欠損金額「52」 － 中間分・確定分の法人税等、道府県民税及び市町村民税の合計額 ± 中間分・確定分の通算税効果額の合計額 ＝ 差引翌期首現在利益積立金額合計「31」④

Ⅰ　利益積立金額の計算に関する明細書

区分			期首現在利益積立金額 ①	当期の増減 減 ②	当期の増減 増 ③		差引翌期首現在利益積立金額 ①－②＋③ ④
利益準備金		1	円	円		円	円
積立金		2					
		3					
		4					
		5					
		6					
		7					
		8					
		9					
		10					
		11					
		12					
		13					
		14					
		15					
		16					
		17					
		18					
		19					
		20					
		21					
		22					
		23					
		24					
繰越損益金（損は赤）		25					
納税充当金		26					
未納法人税等（退職年金等積立金に対するものを除く。）	未納法人税及び未納地方法人税（附帯税を除く。）	27	△	△	中間	△	△
					確定	△	
	未払通算税効果額（附帯税の額に係る部分の金額を除く。）	28			中間		
					確定		
	未納道府県民税（均等割額を含む。）	29	△	△	中間	△	△
					確定	△	
	未納市町村民税（均等割額を含む。）	30	△	△	中間	△	△
					確定	△	
差引合計額		31					

Ⅱ　資本金等の額の計算に関する明細書

区分		期首現在資本金等の額 ①	当期の増減 減 ②	当期の増減 増 ③	差引翌期首現在資本金等の額 ①－②＋③ ④
資本金又は出資金	32	円	円	円	円
資本準備金	33				
	34				
	35				
差引合計額	36				

2　別表５（一）の構造と記載

4 別表５（一）Ⅰの構造

別表５（一）Ⅰは，期首現在利益積立金額①に当期の増減②③を加減して期末の利益積立金額（差引翌期首現在利益積立金額）④を算出します。また，会計上の利益剰余金に別表４での税務調整を加減し，未納法人税等を控除することによって利益積立金額を算出します。このように別表５（一）Ⅰは，ヨコの構造とタテの構造でとらえることができます。

【別表５（一）Ⅰ】

区分		期首現在利益積立金額	当期の増減		差引翌期首現在利益積立金額	
			減	増		
		①	②	③	④	
利益準備金						利益剰余金
積立金						
						別表４留保調整
繰越損益金						利益剰余金
納税充当金						別表４留保調整
未納法人税等	未納法人税	△	△	△	△	△未納法人税等
	未納道府県民税	△	△	△	△	
	未納市町村民税	△	△	△	△	
差引合計額						差引合計額
		期首残高	期中の増減		期末残高	

※「未納法人税」には，地方法人税が含まれます。また，グループ通算制度に関する記載欄（未払通算税効果額）は省略しています。

(1)　ヨコの構造

ヨコの構造は，期首現在利益積立金額①に当期の増減②③を加減して期末の利益積立金額④を算出しています。

① （期首残高） － ② （減） ＋ ③ （増） ＝ ④ （期末残高）

つまり，ヨコの関係は，④期末残高＝①－②＋③となり，当期末の利益積立金額は④欄で計算されます。

別表４で発生した留保欄の金額は，所得金額を増減させるとともに，利益積立金額を増減させ，別表５（一）Ⅰの②（減）又は③（増）のいずれかに転記される関係になります。

記載のルールは次のとおりです。

① （期首残高）：前期の期末利益積立金額を繰り越します。前期の別表５（一）Ⅰの差引翌期首現在利益積立金額④の金額を，そのまま当期の期首残高①に転記します。
② （減）　　　：① （期首残高）の金額を消却するときに使用します。①と同符号で記載します。②欄は＋で記載するとマイナスされ，△で記載するとプラスされます。
③ （増）　　　：新たに発生した項目を記載します。
④ （期末残高）：①－②＋③により計算され，期末利益積立金額を計算します。

（注） ②（減）には別表４の減算・留保を，③（増）には別表４の加算・留保を記載する方法もあります。

(2) タテの構造

タテの構造は，各事業年度の留保所得等の金額（会計上の利益剰余金＋税務調整）から未納法人税等を控除して利益積立金額を算出します。

（区　　分）	（科　　目）	（記載方法）
会計上の利益剰余金	利益準備金 別途積立金 その他積立金・準備金 繰越損益金（繰越利益剰余金）	株主資本等変動計算書から転記
＋		
別表４留保の調整	別表４における留保項目	別表４から転記
＋		
未納法人税等	△未納法人税 △未納道府県民税 △未納市町村民税	別表５（二）と連動

① 会計上の利益剰余金

法人税では，会計上の金額を前提としますので，まず会計上の利益剰余金を記載します。利益準備金や繰越利益剰余金などが該当します。この記載金額は，株主資本等変動計算書より把握することができます。また，期末残高は，貸借対照表の純資産の部のそれぞれの科目の残高と一致します。

② 別表４留保の調整

会計と税務の損益の帰属時期のズレが生じた場合には，別表４において調整を加えます。この場合の調整は，留保欄に記載されます。留保欄に記載されたものは，所得を増減するとともに利益積立金額も増減させるため，別表５（一）Ⅰに転記される関係になります。

例えば，「売上高計上もれ　100」という加算調整を行った場合，所得が100増加するとともに，利益積立金額も100増加します。この場合，税務上は「売掛金」という資産が100計上されるとともに同額の利益積立金額が計上されます。したがって，別表５（一）Ⅰにおいて，売掛金として100を増加させる記載をします。

③ 未納法人税等

別表５（一）Ⅰでは，上記①の金額（会計上の利益剰余金）と②の金額（別表４留保の調整）から未納法人税等を控除して利益積立金額を算出します。②の税務調整の中には，納税充当金繰入額の加算調整が含まれています。納税充当金（未納法人税，未納住民税及び未納事業税）は，税務上損金とは認められません（加算調整されます。）ので利益積立金額を構成していることになります。つまり，会計上の利益剰余金に対して，納税充当金をプラスで記載することになります。

そして，別途，未納法人税（地方法人税を含む。）と，未納道府県民税及び未納市町村民税を控除して利益積立金額とします。この未納法人税等の記載することで，確定申告分法人税額及び確定申告分住民税額が利益積立金額の計算上，控除されることになります。

なお，確定申告分事業税額は未納法人税等として控除されません。事業税は申告したときに債務が確定するため，翌期の申告時に利益積立金額が減少します。したがって，会計上で確定申告税額と同額の納税充当金を計上している場合であっても，確定申告事業税額部分については会計上の利益剰余金と税務上の利益積立金額のズレとなってきます。税務上の利益積立金額の方が，会計上の利益剰余金よりも確定事業税分だけ多くなります。

少し難しいので，具体例で確認してみましょう。

具体例

確定申告で納付する税額は次のようになっています。

- 法人税　3,000
- 道府県民税　150
- 市町村民税　350
- 事業税　1,000
- 合計　4,500

決算において，次のように未払法人税等（納税充当金）を4,500計上しています。なお，わかりやすくするために，未払法人税等の計上以外に取引がなかったと仮定して，当期純利益は△4,500とします。

（借）法人税等　4,500 ／（貸）未払法人税等　4,500

この場合の別表５（一）Ⅰの期末残高は次のようになります。

【別表５（一）Ⅰ】

区分		期首現在利益積立金額	当期の増減 減	当期の増減 増		差引翌期首現在利益積立金額
		①	②	③		④
繰越損益金				△　4,500		△　4,500
納税充当金				4,500		4,500
未納法人税等	未納法人税	△	△	中間	△	△　3,000
				確定	△3,000	
	未納道府県民税	△	△	中間	△	△　150
				確定	△　150	
	未納市町村民税	△	△	中間	△	△　350
				確定	△　350	
差引合計額						△　3,500

（解説）

会計上の繰越利益剰余金は△4,500になっていますが，納税充当金の加算調整4,500をプラスで記載することによって，一旦ゼロとなります。その後，未納法人税等で法人税△3,000，道府県民税△150，市町村民税△350（合計△3,500）を控除して利益積立金額は△3,500となります。

この具体例では，確定申告で納付する税額と同額を未払法人税等に計上しています。

ところが，会計上の利益剰余金が△4,500であるのに対して，税務上の利益積立金額は△3,500となって，差額が1,000生じています。この差額は確定申告で納付する事業税1,000です。確定事業税は未払法人税等に計上されることによって，会計上は利益剰余金のマイナスとなっていますが，税務上は申告書提出時の損金となるため，期末の段階では利益積立金額の計算上控除されません。

会計上，確定申告で納付する税額と同額を未払法人税等として計上しても，会計上の利益剰余金と税務上の利益積立金額は同額にならない点を理解しておく必要があります。

（会計上の利益剰余金）	△4,500		
（税務上の利益積立金額）	△3,500		
差額	1,000	→	確定申告分事業税　1,000

5 別表４と別表５（一）Ｉの関係

(1) 別表４と別表５（一）Ｉの関係

別表５（一）Ｉでは，期首現在利益積立金額に当期の増減を記載して期末の残高を算出します。この当期の増減額は，利益積立金額の増減であり，具体的には別表４の留保欄に記載された金額です。実際には，下記の別表４の網掛けの部分が，別表５（一）Ｉの網掛けの部分に記載される関係になっています。

【別表４】

区分	総額	処分		
		留保	社外流出	
	①	②	③	
当期利益又は当期欠損の額	会計上税引後当期純利益	①－③	配当	
			その他	
加算		留保	社外流出	
減算		留保	課税外収入	
所得金額				

【別表５（一）Ｉ】

区分		期首現在利益積立金額	当期の増減		差引翌期首現在利益積立金額
			減	増	
		①	②	③	④
利益準備金					
積立金					
繰越損益金					
納税充当金					
未納法人税等	未納法人税	△	△	△	△
	未納道府県民税	△	△	△	△
	未納市町村民税	△	△	△	△
差引合計額					

(2) 記載上の留意点

別表４と別表５（一）Ⅰは，別表４の留保欄が，別表５（一）Ⅰの増減欄に転記される関係になっていますが，次の点に留意する必要があります。

① 減価償却超過額（加算・留保）や減価償却超過額認容（減算・留保）などは，別表４の留保欄と別表５（一）Ⅰ増減欄が個別に対応していますが，損金経理をした法人税（加算・留保）や納税充当金支出事業税等（減算・留保）などの租税公課に関する留保の調整は，個別には対応していません。

② 別表４留保欄から別表５（一）Ⅰの増減欄へ正しく転記されていることの検証のために，次のような検算の方法があります。別表５（一）Ⅰの記載をした後には，必ずこの検算をする必要があります。

（検算方法）

期首現在利益積立金額合計

＋別表４留保所得金額又は欠損金額……………………留保欄の合計

－中間分・確定分法人税，県市民税の合計額…………申告税額

＝

差引翌期首現在利益積立金額合計

この算式により計算された金額が別表５（一）Ⅰの期末利益積立金額に一致しない場合には，別表４と別表５（一）Ⅰが合理的に対応していないことを意味しますので，記載の間違い等について確認する必要があります。

6 株主資本等変動計算書からの記載

(1) 会計上の利益剰余金の記載

別表５（一）Ⅰは，まず会計上の利益剰余金について記載します。会計上の利益剰余金の動きは株主資本等変動計算書にすべて記載されています。したがって，会計上の利益剰余金の増減について株主資本等変動計算書から記載を行い，最終的に貸借対照表の純資産の部における利益剰余金の各科目の残高と一致していることを確認します。

具体的には，利益準備金，別途積立金，繰越利益剰余金等について減②や増③に記載していきます。

(2) 繰越利益剰余金の記載

会計上の「繰越利益剰余金」の記載にあたっては，次の点に留意が必要です。

①　別表５（一）Ⅰでは「繰越損益金」欄に記載します。

②　株主資本等変動計算書における増減内容を，個別に②（減）と③（増）に記載することはしません。繰越利益剰余金は，複数の変動が生じることが想定されるため，洗い替えで記載をすることとされています。具体的には，①（期首）の金額をそのまま②（減）に記載します。この段階で，一旦ゼロとなります。そして，当期末の残高を③（増）に記載します。これにより，③（増）＝④（期末残高）となります。

会計上の利益剰余金の記載を，具体的に数値を使って見ていきましょう。

具体例

株主資本等変動計算書が次のようになっている場合に，利益準備金，別途積立金，繰越利益剰余金の増減について別表５（一）Ⅰに転記します。

【株主資本等変動計算書】

区分	株主資本					
	…	利益剰余金				…
		利益準備金	その他利益剰余金		利益剰余金合計	
			別途積立金	繰越利益剰余金		
当期首残高	…	100	200	500	800	…
当期変動額						
剰余金の配当		10		△110	△100	
別途積立金の積立			60	△60	0	
当期純利益				670	670	
当期変動額合計		10	60	500	570	
当期末残高	…	110	260	1,000	1,370	…

⇩

【別表５（一）Ⅰ】

区分	期首現在利益積立金額	当期の増減		差引翌期首現在利益積立金額
		減	増	
	①	②	③	④
利益準備金	100		10	110
別途積立金	200		60	260
⋮				
繰越損益金	500	500	1,000	1,000

（解説）

①　会計上の利益剰余金の各科目について，期首の金額及び増減を記載します。

（利益準備金）

期首100，当期中に10増加　⇒　別表５（一）Ⅰ③（増）へ10を記載

（別途積立金）

期首200，当期中に60増加　⇒　別表５（一）Ⅰ③（増）へ60を記載

当期末残高④の利益準備金110及び別途積立金260がそれぞれ会計上の残高と一致していることを確認します。

②　繰越利益剰余金は，別表５（一）Ⅰでは「繰越損益金」欄に記載します。次のよう

に複数の変動事由が想定されますので，洗い替えで記載をします。

（繰越利益剰余金の当期中の増減）

剰余金の配当	110減少	複数の増減（合計500増加）
別途積立金の積立	60減少	
当期純利益	670増加	

期首残高500をそのまま②（減）に記載し，当期末残高1,000を③（増）に記載します。当期末残高④は①－②＋③により，③と同額の1,000が記載されます。

③　ところで，別表４の留保欄の金額は，別表５（一）Ⅰの増減欄に転記される関係になっています。このケースでの別表４は次のようになっています。

【別表４】

区　分	総　額	処　分		
		留　保	社外流出	
	①	②	③	
当期利益又は当期欠損の額	670	570	配　当	100
			その他	
加　算				
減　算				
所　得　金　額	670	570		100

別表４の当期利益の行には，総額欄①に670，留保欄②に570，社外流出欄③に100が記載されます。留保欄②には，損益計算書上の当期純利益670から配当の支払額100を控除した金額570が記載されています。この金額は今期獲得した利益から社外流出した金額を差し引いた金額であり，今期において増加した利益剰余金を意味しています。したがって，留保欄②の570は，当期の増減分として別表５（一）Ⅰ②③に転記される関係にあります。ただし，この570がそのまま転記されるのではなく，実際には株主資本等変動計算書から各科目の変動額として記載しているため，直接に記載する対応関係になっていません。

ここでは，別表４の留保欄②の570が，総額として別表５（一）Ⅰ②③に転記されていることを確認しておきます。

別表４留保欄：570

↓ 別表５(一) Ⅰ増減欄への記載

利益準備金の増加　　：10
別途積立金の増加　　：60
繰越利益剰余金の記載：500（②(減）に500, ③(増）に1,000（=1,000−500))

別表５（一）Ⅰへの記載は，合計で10＋60＋500＝570となります。

よって，別表４留保欄の金額570が３つの科目に分かれて別表５（一）Ⅰに記載されたことが確認できます。

7 別表４留保欄からの記載（租税公課以外）

(1)　留保欄からの記載（租税公課以外）

別表４の調整項目のうち留保欄に記載した項目については，基本的に個別に別表５（一）Ⅰに記載します。なお，留保の調整項目のうち次の租税公課に関する調整項目については，別途，「納税充当金及び未納法人税等の記載」の項で説明します。

（租税公課の調整）

・損金経理をした法人税及び地方法人税
・損金経理をした道府県民税及び市町村民税
・損金経理をした納税充当金
・納税充当金から支出した事業税等の金額　など

(2)　当期新たに発生した項目

当期において新たに発生した留保の調整項目の記載は次のとおりです。

イ　加算・留保の調整　⇒ 別表５（一）Ⅰの③欄に＋の数値 を記載

当期に新たに発生した会計と税務の差異は，原則として③欄に記載します。加算・留保の調整が行われていますから，別表５（一）Ⅰでは利益積立金額が増加する記載が必要です。③欄にプラスで記載することにより，利益積立金額が増加します。

ロ　減算・留保の調整　⇒ 別表５（一）Ⅰの③欄に△の数値 を記載

当期に新たに発生した会計と税務の差異は，原則として③欄に記載します。減算・留保の調整が行われていますから，別表５（一）Ⅰでは利益積立金額が減少する記載が必要です。③欄にマイナスで記載することにより，利益積立金額が減少します。

（注）②（減）には別表４の減算・留保を，③（増）には別表４の加算・留保を記載する方法もあります。

留保の調整が新たに発生した場合について，具体的に確認してみましょう。

具体例

イ 「売上高計上もれ　100（加算・留保)」の調整を行った場合

【別表４】

区　分		総　額	処　分		
			留　保	社外流出	
		①	②	③	
当期利益又は当期欠損の額				配　当	
				その他	
加算	売上高計上もれ	100	100		
減算					
所　得　金　額		100	100		

【別表５（一）Ⅰ】

区　分	期首現在利益積立金額	当期の増減		差引翌期首現在利益積立金額
		減	増	
	①	②	③	④
売掛金			100	100

（解説）

「売上高計上もれ　100（加算)」は，加算・留保の調整であるため，別表５（一）Ⅰに転記されます。所得金額が100増加するとともに，利益積立金額が100増加します。したがって，会計上の利益剰余金に追加で「＋100」の記載をすることにより，税務上の利益積立金額となります。そのため，別表５（一）Ⅰ③に「売掛金　100（増加)」の記載をします。

会計上の利益剰余金　＋　売掛金100　＝　税務上の利益積立金額

この加算調整は，新たに発生した加算・留保の調整であるため，別表５（一）Ⅰの③

欄にプラスで転記することになります。通常，別表５（一）Ⅰでは貸借対照表の勘定科目を用いて，「売掛金」として記載をします。

なお，今期発生した会計と税務のズレは，翌期以降のいずれかの年度で解消されます。このズレが解消されるまでは，「売掛金　100」は別表５（一）Ⅰに記載され，繰り越されていきます。別表５（一）Ⅰを見れば，会計と税務のズレが100あることを確認できるのです。最終的に，このズレが解消する場合には，今期と逆の調整，すなわち減算・留保の調整が行われます。

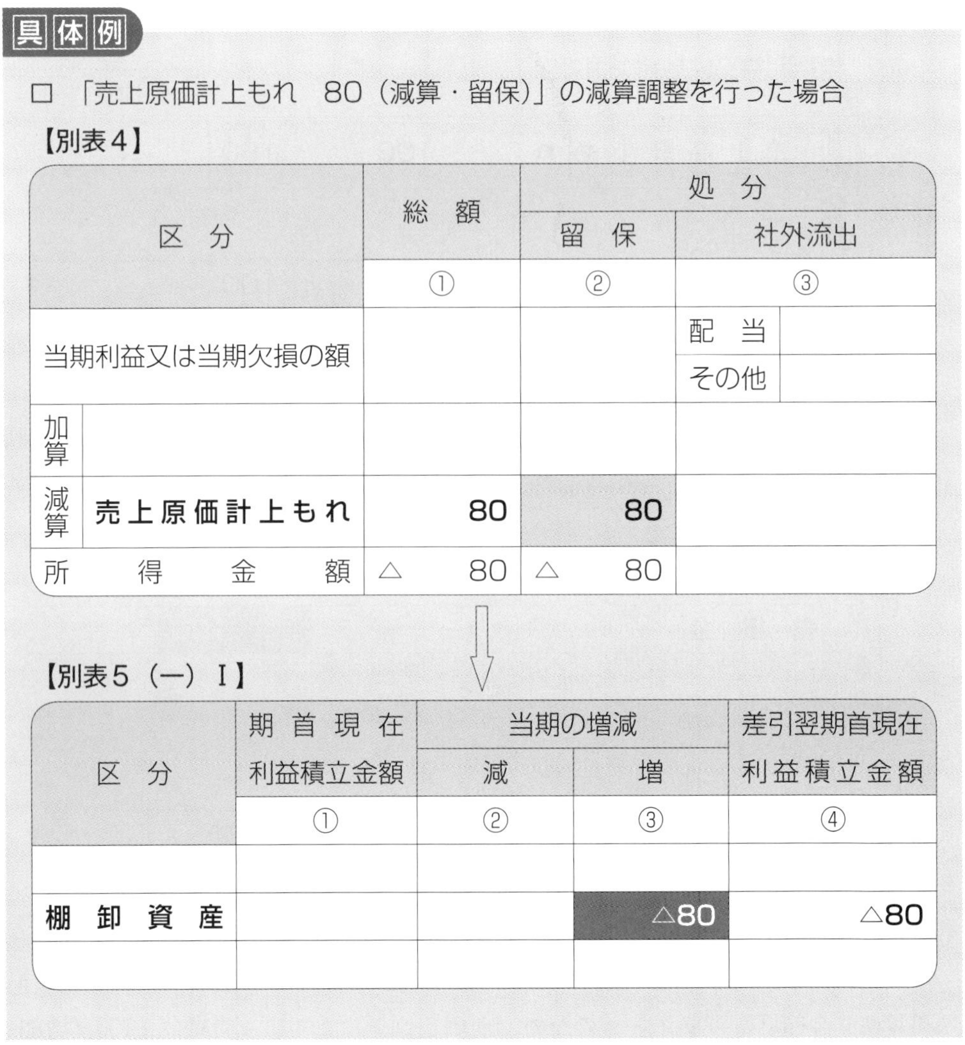

具体例

□「売上原価計上もれ　80（減算・留保)」の減算調整を行った場合

【別表４】

区分		総額	処分		
			留保	社外流出	
		①	②	③	
当期利益又は当期欠損の額				配当	
				その他	
加算					
減算	売上原価計上もれ	80	80		
所得金額		△　80	△　80		

【別表５（一）Ⅰ】

区分	期首現在利益積立金額	当期の増減		差引翌期首現在利益積立金額
		減	増	
	①	②	③	④
棚卸資産			△80	△80

（解説）

「売上原価計上もれ　80（減算)」は，減算・留保の調整であるため，別表５（一）Ⅰに転記されます。所得金額が80減少するとともに，利益積立金額が80減少します。したがって、会計上の利益剰余金に追加で△80の記載をすることにより,税務上の利益積立金額となります。そのため，別表５（一）Ⅰ③に「棚卸資産　△80（増加）」の記載をします。

会計上の利益剰余金　－　棚卸資産80　＝　税務上の利益積立金額

この減算調整は，新たに発生した減算・留保の調整であるため，別表５（一）Ⅰの③欄に△で転記することになります。通常，別表５（一）Ⅰでは貸借対照表の勘定科目を用いて，「棚卸資産」として記載をします。

なお，今期発生した会計と税務のズレは，翌期以降のいずれかの年度で解消されます。このズレが解消されるまでは，「棚卸資産　△80」は別表５（一）Ⅰに記載され，繰り越されていきます。別表５（一）Ⅰを見れば，会計と税務のズレが△80あることを確認できるのです。最終的に，このズレが解消する場合には，今期と逆の調整，すなわち加算・留保の調整が行われます。

(3) 前期以前の認容等

前期以前に行った留保の調整について，会計と税務の差異が解消する場合の記載は次のとおりです。

イ　減算・留保の調整（認容等）⇒ 別表５（一）Ⅰの②欄に＋の数値 を記載

前期以前に発生した会計と税務の差異が当期に解消する場合には，原則として②欄に記載します。以前に加算・留保の調整が行われており，当期は逆に減算・留保の調整が行われますから，別表５（一）Ⅰでは利益積立金額を減らす記載が必要です。②欄にプラスで記載することにより，利益積立金額が減少します。

ロ　加算・留保の調整（認容等）⇒ 別表５（一）Ⅰの②欄に△の数値 を記載

前期以前に発生した会計と税務の差異が当期に解消する場合には，原則として②欄に記載します。以前に減算・留保の調整が行われており，当期は逆に加算・留保の調整が行われますから，別表５（一）Ⅰでは利益積立金額を増やす記載が必要です。②欄にマイナスで記載することにより，利益積立金額が増加します。

（注）②（減）には別表４の減算・留保を，③（増）には別表４の加算・留保を記載する方法もあります。

認容等の調整が行われる場合について，具体的に確認してみましょう。

具体例

イ 「売上高計上もれ認容　100（減算・留保）」の減算調整を行った場合

【別表４】

区分		総額	処分		
			留保	社外流出	
		①	②	③	
当期利益又は当期欠損の額		100	100	配当	
				その他	
加算					
減算	**売上高計上もれ認容**	**100**	**100**		
所得金額		0	0		

【別表５（一）Ｉ】

区分	期首現在利益積立金額	当期の増減		差引翌期首現在利益積立金額
		減	増	
	①	②	③	④
売掛金	**100**	**100**		0
繰越損益金			100	100

（解説）

「売上高計上もれ認容　100（減算）」は，減算・留保の調整であるため，別表５（一）Ｉに転記されます。所得金額が100減少するとともに，利益積立金額が100減少します。したがって，別表５（一）Ｉ②に「売掛金　100（減少）」の記載が必要です。

この減算調整は，前期以前に行った加算・留保の調整について，当期に会計と税務のズレが解消したことを意味します。したがって，別表５（一）Ｉの期首には，このズレがあることを示す「売掛金　100」の記載があり，この売掛金100は，当期のズレの解消により消えることになりますから，別表５（一）Ｉの②欄に＋の数値で転記します。④（期末残高）は①－②＋③で算出されますから，②欄は＋（プラス）で記載します。つまり，①と同符号で記載します。

なお，この別表４での減算調整により，会計と税務のズレは解消されましたので，別

表5（一）Ⅰの「売掛金」の期末残高はゼロになります。

当期首：会計上の利益剰余金　＋　売掛金100　＝　税務上の利益積立金額

↓ 売上高計上もれ認容100（減算・留保）

当期末：会計上の利益剰余金　＝　税務上の利益積立金額

具体例

□「売上原価計上もれ認容　80（加算・留保）」の加算調整を行った場合

【別表4】

区分		総額	処分		
			留保	社外流出	
		①	②	③	
当期利益又は当期欠損の額		△　80	△　80	配当	
				その他	
加算	**売上原価計上もれ認容**	**80**	**80**		
減算					
所得金額		0	0		

【別表5（一）Ⅰ】

区分	期首現在利益積立金額	当期の増減		差引翌期首現在利益積立金額
		減	増	
	①	②	③	④
棚卸資産	△80	△80		0
繰越損益金			△80	△80

（解説）

「売上原価計上もれ認容　80（加算）」は，加算・留保の調整であるため，別表5（一）Ⅰに転記されます。所得金額が80増加するとともに，利益積立金額が80増加します。したがって，別表5（一）Ⅰ②に「棚卸資産　△80」の記載が必要です。

この加算調整は，前期以前に行った減算・留保の調整について，会計と税務のズレが解消したことを意味します。したがって，別表５（一）Ⅰの期首には，このズレがあることを示す「棚卸資産　△80」の記載があり，この△80はこのズレの解消により消えることになりますから，別表５（一）Ⅰの②欄に△の数値で転記します。④（期末残高）は①－②＋③で算出されますから，②欄は△で記載します。つまり，①と同符号で記載します。

なお，この別表４での減算調整により，会計と税務のズレは解消しましたので，別表５（一）Ⅰの「棚卸資産」の期末残高はゼロとなります。

当期首：会計上の利益剰余金　－　棚卸資産80　＝　税務上の利益積立金額

↓ 売上原価計上もれ認容80（加算・留保）

当期末：会計上の利益剰余金　＝　税務上の利益積立金額

2　別表５（一）の構造と記載

8 納税充当金及び未納法人税等の記載

納税充当金及び未納法人税等の記載は，別表４の留保欄の金額と連動している部分と，別表４の調整額とは関係なく，中間・確定申告税額を記載する部分の２つから成ります。ただし，別表４の留保欄と連動する部分については，別表４の留保欄の金額をそのまま別表５（一）Ⅰの増減欄に記載する関係にはなっていないため，別表４との繋がりがわかりづらくなっています。

(1)　納税充当金の記載

納税充当金は，会計上では「未払法人税等」という勘定科目になります。通常，会計上では納税充当金という科目は使用しません。

「納税充当金」欄は，会計上の未払法人税等の増減を記載して，期末現在の残高を算出します。

（納税充当金の記載）

区　分	期首現在利益積立金額	当期の増減		差引翌期首現在利益積立金額
		減	増	
	①	②	③	④
納　税　充　当　金	期首残高	当期取崩額	当期繰入額	期末残高

①期首残高：期首現在の納税充当金の残高を記載します。前期の別表５（一）Ⅰの④欄の金額を繰り越して記載します。

②（減）　：当期において取り崩した納税充当金の額を記載します。

③（増）　：当期において繰り入れた納税充当金の額を記載します。

④期末残高：当期末の納税充当金の額を①－②＋③により算出して記載します。この④の残高は，貸借対照表の未払法人税等の金額と一致します。また，この金額が翌期の①欄に繰り越されます。

期首の納税充当金が全額取り崩されている場合には，①期首の金額と同額が②（減）に記載され，③（増）の当期繰入額がそのまま④期末残高となります。

納税充当金は債務未確定であるために，税務上は損金の額に算入されません。別表４

では，その繰入額は全額が加算調整されます。この加算調整は留保欄に記載されます。したがって，納税充当金の残高は，税務上は利益積立金額を構成することになります。つまり，「会計上の利益剰余金＋納税充当金＝税務上の利益積立金額」という関係になります。よって，納税充当金は会計上の利益剰余金に対してプラス項目として記載します。

なお，②（減）と③（増）は，別表４の留保欄から転記される関係にありますが，必ずしも別表４の留保欄の金額を個別に転記する関係にはなっていません。

(2) 未納法人税等の記載

未納法人税等は，利益積立金額の計算上控除する項目として記載します。所得処分としての性格を持っている法人税と住民税（道府県民税と市町村民税）が△で記載されます。一方で事業税は未納法人税等としては記載しません。

なお，②（減）は，別表４の留保欄から転記される関係になっている一方で，③（増）は中間申告税額及び確定申告税額を記載します。ただし，②（減）は，別表４留保欄の金額を個別に転記する関係にはなっていません。

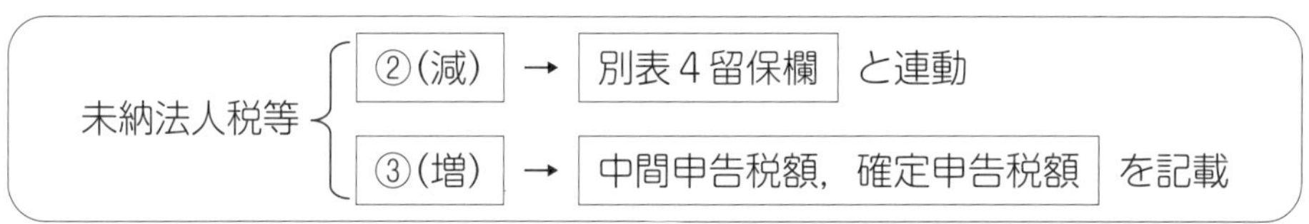

【別表５（一）Ⅰ】

<table>
<tr><th colspan="2" rowspan="3">区　分</th><th rowspan="2">期首現在
利益積立金額</th><th colspan="3">当期の増減</th><th rowspan="2">差引翌期首現在
利益積立金額</th></tr>
<tr><th>減</th><th colspan="2">増</th></tr>
<tr><th>①</th><th>②</th><th colspan="2">③</th><th>④</th></tr>
<tr><td colspan="2"></td><td></td><td></td><td colspan="2"></td><td></td></tr>
<tr><td rowspan="6">未納法人税等</td><td rowspan="2">未納法人税</td><td rowspan="2">△</td><td rowspan="2">△</td><td>中間</td><td>△</td><td rowspan="2">△</td></tr>
<tr><td>確定</td><td>△</td></tr>
<tr><td rowspan="2">未納道府県民税</td><td rowspan="2">△</td><td rowspan="2">△</td><td>中間</td><td>△</td><td rowspan="2">△</td></tr>
<tr><td>確定</td><td>△</td></tr>
<tr><td rowspan="2">未納市町村民税</td><td rowspan="2">△</td><td rowspan="2">△</td><td>中間</td><td>△</td><td rowspan="2">△</td></tr>
<tr><td>確定</td><td>△</td></tr>
</table>

↑ 別表４留保欄 と連動　↑ 中間・確定申告税額

（注）未納法人税には，地方法人税を含みます。

未納法人税等は，すべて「△」を付して記載します。なお，実際の別表５（一）Ⅰには既に△が印字されています。

①期首残高：期首現在の未納税額を記載します。実際には，前期の別表５（一）Ⅰの④欄の金額を繰り越して記載します。通常は前期確定申告分の税額です。

②（減）　：①欄と③欄のうち，当期中に納付した金額を記載します。滞納がなければ，通常は①欄の金額と③欄のうち「中間」の金額の合計額となります。
②に記載する金額は，別表４留保欄と連動する関係にあります。

③（増）　：上段の「中間」には，当期の中間申告税額を記載します。また，下段の「確定」には，当期の確定申告税額を記載します。

④期末残高：④欄には①－②＋③（中間＋確定）により期末現在未納税額を算出して記載します。滞納がなければ，通常は③欄の「確定」の金額と同額になります。

なお，実際の別表５（一）Ⅰには，未納法人税の下に「未払通算税効果額」欄がありますが，グループ通算制度を選択している場合のみ使用しますので，本書においては説明を省略しています。

納税充当金と未納法人税等の記載について具体的に数値を使って見ていきましょう。

具体例

（前期確定申告税額の納付時）

当期（3月決算）の5月に，前期の確定申告を行うとともに確定申告税額（法人税2,000，道府県民税100，市町村民税300，事業税600　合計3,000）を納付して，次の処理を行っています。これによって未払法人税等の残高はゼロとなっています。

（借）未払法人税等　3,000 ／（貸）現金預金　3,000

（当期中間申告税額の納付時）

当期の11月に，中間申告を行うとともに中間申告税額（法人税1,500，道府県民税80，市町村民税220，事業税400　合計2,200）を納付して次の処理を行っています。

（借）法人税等　2,200 ／（貸）現金預金　2,200

（当期確定申告税額の未払計上）

当期末に，当期確定申告税額（法人税3,000，道府県民税200，市町村民税500，事業税1,300　合計5,000）を算出して，同額を未払法人税等に計上しています。

（借）法　人　税　等　　5,000　／（貸）未払法人税等　　5,000

この場合の別表4と別表5（一）Ⅰは次のように記載されます。

【別表4】

区　分		総　額	処　分		
			留　保	社外流出	
		①	②	③	
当期利益又は当期欠損の額				配　当	
				その他	
加算	損金経理をした法人税	1,500	1,500		
	損金経理をした住民税	300	300		
	損金経理をした納税充当金	5,000	5,000		
減算	納税充当金支出事業税等	600	600		
所　得　金　額					

【別表５（一）Ⅰ】

<table>
<tr><th colspan="2" rowspan="3">区　分</th><th>期首現在</th><th colspan="3">当期の増減</th><th>差引翌期首現在</th></tr>
<tr><th>利益積立金額</th><th>減</th><th colspan="2">増</th><th>利益積立金額</th></tr>
<tr><th>①</th><th>②</th><th colspan="2">③</th><th>④</th></tr>
<tr><td colspan="2"></td><td></td><td></td><td colspan="2"></td><td></td></tr>
<tr><td colspan="2">納税充当金</td><td>3,000</td><td>3,000</td><td colspan="2">5,000</td><td>5,000</td></tr>
<tr><td rowspan="6">未納法人税等</td><td rowspan="2">未納法人税</td><td rowspan="2">△　2,000</td><td rowspan="2">△　3,500</td><td>中間</td><td>△　1,500</td><td rowspan="2">△　3,000</td></tr>
<tr><td>確定</td><td>△　3,000</td></tr>
<tr><td rowspan="2">未納道府県民税</td><td rowspan="2">△　100</td><td rowspan="2">△　180</td><td>中間</td><td>△　80</td><td rowspan="2">△　200</td></tr>
<tr><td>確定</td><td>△　200</td></tr>
<tr><td rowspan="2">未納市町村民税</td><td rowspan="2">△　300</td><td rowspan="2">△　520</td><td>中間</td><td>△　220</td><td rowspan="2">△　500</td></tr>
<tr><td>確定</td><td>△　500</td></tr>
</table>

（解説）

別表５（一）Ⅰの納税充当金及び未納法人税等の網掛の部分が，別表４の留保欄と連動する部分です。

別表４の留保欄と別表５（一）Ⅰの対応関係をみると，直接金額が対応しているのは，別表４の「損金経理をした納税充当金　5,000（加算）」と別表５（一）Ⅰ③の「納税充当金　5,000」だけであり，それ以外の別表４の調整は別表５（一）Ⅰへ直接転記される関係になっていないことがわかります。

ただし，別表４の留保欄と別表５（一）Ⅰは，次のように総額では一致しています。

別表４留保欄＝1,500＋300＋5,000－600　＝6,200 ←┐
別表５（一）Ⅰ＝5,000－3,000＋3,500＋180＋520＝6,200 ←┘ 一致

したがって，個々には対応していませんが，総額としては別表４留保欄と別表５（一）Ⅰが対応しているということが確認できます。

ここで，さらに別表４の留保欄の調整が，個々にどのように別表５（一）Ⅰに繋がっているかを見ていきます。

①　損金経理をした納税充当金　5,000（加算・留保）

【別表４】

区分		総額	処分		
			留保	社外流出	
		①	②	③	
当期利益又は当期欠損の額				配当	
				その他	
加算	損金経理をした法人税	1,500	1,500		
	損金経理をした住民税	300	300		
	損金経理をした納税充当金	5,000	5,000		
減算	納税充当金支出事業税等	600	600		
所得金額					

【別表５（一）Ⅰ】

区分		期首現在利益積立金額	当期の増減			差引翌期首現在利益積立金額
			減	増		
		①	②	③		④
納税充当金		3,000		5,000		
未納法人税等	未納法人税	△　2,000	△	中間	△	△
				確定	△	
	未納道府県民税	△　100	△	中間	△	△
				確定	△	
	未納市町村民税	△　300	△	中間	△	△
				確定	△	

（解説）

「損金経理をした納税充当金　5,000（加算）」の加算調整は別表５（一）Ⅰに個別に転記されていることが確認できます。

② 損金経理をした法人税　1,500

【別表4】

区分		総額	処分		
			留保	社外流出	
		①	②	③	
当期利益又は当期欠損の額				配当	
				その他	
加算	損金経理をした法人税	1,500	1,500		
	損金経理をした住民税	300	300		
	損金経理をした納税充当金	5,000	5,000		
減算	納税充当金支出事業税等	600	600		
所得金額					

【別表5（一）Ⅰ】

区分		期首現在利益積立金額	当期の増減			差引翌期首現在利益積立金額
			減	増		
		①	②	③		④
納税充当金		3,000				
未納法人税等	未納法人税	△ 2,000	△ 2,000	中間	△ 1,500	△
			△ 1,500	確定	△	
	未納道府県民税	△ 100	△	中間	△	△
				確定	△	
	未納市町村民税	△ 300	△	中間	△	△
				確定	△	

（解説）

「損金経理をした法人税　1,500（加算）」は，中間申告分法人税額を納付したときに損金経理を行っているため，別表4で加算・留保の調整を行ったものです。この調整は別表5（一）Ⅰの未納法人税等の②（減）に転記される関係になっています。別表4では，加算・留保ですから利益積立金額を増加させる項目となります。別表5（一）Ⅰの②（減）に△で記載することによって，利益積立金額が増加することになります。

②（減）は，未納法人税等のうち納付した金額を記載する欄です。実際の記載では，前期の確定申告税額の納付2,000と当期の中間申告税額の納付1,500の両方があり，②（減）欄にはこの合計額2,000＋1,500＝3,500が記載されるため，別表4の加算調整1,500とは直接には対応していないように見えます。

②（減）に記載することによって，会計上の利益剰余金では費用となっている中間法人税部分を費用計上前の状態に戻し（＋1,500），③（増）中間に△1,500を記載して，改めて控除する形式になっています。

③　損金経理をした住民税　300

【別表4】

区　分		総　額	処　分		
			留　保	社外流出	
		①	②	③	
当期利益又は当期欠損の額				配　当	
				その他	
加算	損金経理をした法人税	1,500	1,500		
	損金経理をした住民税	300	300		
	損金経理をした納税充当金	5,000	5,000		
減算	納税充当金支出事業税等	600	600		
所　得　金　額					

【別表５（一）Ⅰ】

<table>
<tr><th rowspan="3" colspan="2">区　分</th><th>期首現在</th><th colspan="3">当期の増減</th><th>差引翌期首現在</th></tr>
<tr><th>利益積立金額</th><th>減</th><th colspan="2">増</th><th>利益積立金額</th></tr>
<tr><th>①</th><th>②</th><th colspan="2">③</th><th>④</th></tr>
<tr><td colspan="2"></td><td></td><td></td><td colspan="2"></td><td></td></tr>
<tr><td colspan="2">納税充当金</td><td>3,000</td><td></td><td colspan="2"></td><td></td></tr>
<tr><td rowspan="6">未納法人税等</td><td rowspan="2">未納法人税</td><td rowspan="2">△　2,000</td><td rowspan="2">△</td><td>中間</td><td>△</td><td rowspan="2">△</td></tr>
<tr><td>確定</td><td>△</td></tr>
<tr><td rowspan="2">未納道府県民税</td><td rowspan="2">△　100</td><td>△　100</td><td>中間</td><td>△　80</td><td rowspan="2">△</td></tr>
<tr><td>△　80</td><td>確定</td><td>△</td></tr>
<tr><td rowspan="2">未納市町村民税</td><td rowspan="2">△　300</td><td>△　300</td><td>中間</td><td>△　220</td><td rowspan="2">△</td></tr>
<tr><td>△　220</td><td>確定</td><td>△</td></tr>
</table>

（解説）

「損金経理をした住民税（道府県民税及び市町村民税）　300（加算）」は，中間申告分道府県民税80と中間申告分市町村民税220を納付したときに損金経理を行っているため，別表４で加算・留保の調整を行ったものです。この調整は別表５（一）Ⅰの未納道府県民税の②（減）と未納市町村民税の②（減）に転記される関係になっています。別表４では，加算・留保ですから利益積立金額を増加させる調整となって，別表５（一）Ⅰの②（減）に△で記載することによって，利益積立金額が増加することになります。

②（減）は，未納法人税等のうち納付した金額を記載する欄です。実際の記載では，前期の確定申告税額の納付と当期の中間申告税額の納付の両方があり，②（減）欄はこの合計額（道府県民税100＋80＝180，市町村民税300＋220＝520）が記載されるため，別表４の加算調整300（道府県民税80，市町村民税220）とは直接には対応していないように見えます。

②（減）に記載することによって，会計上の利益剰余金では費用となっている中間道府県民税及び市町村民税部分を費用計上前の状態に戻し（＋300），③（増）中間に△80と△220を記載して，改めて控除する形式になっています。

④　納税充当金支出事業税等　600

【別表４】

区　分		総　額	処　分		
			留　保	社外流出	
		①	②	③	
当期利益又は当期欠損の額				配　当	
				その他	
加算	損金経理をした法人税	1,500	1,500		
	損金経理をした住民税	300	300		
	損金経理をした納税充当金	5,000	5,000		
減算	納税充当金支出事業税等	600	600		
所　得　金　額					

【別表５（一）Ⅰ】

区　分		期首現在利益積立金額	当期の増減			差引翌期首現在利益積立金額
			減	増		
		①	②	③		④
納　税　充　当　金		3,000	3,000			
未納法人税等	未納法人税	△　2,000	△　2,000	中間	△　1,500	△
			△　1,500	確定	△	
	未納道府県民税	△　100	△　100	中間	△　80	△
			△　80	確定	△	
	未納市町村民税	△　300	△　300	中間	△　220	△
			△　220	確定	△	

（解説）

「納税充当金支出事業税等　600（減算）」は，前期の確定申告税額を納付したときに，未払法人税等（納税充当金）を取り崩す処理を行っているため，確定申告事業税を損金算入するために，別表4で減算・留保の調整を行ったものです。この調整は別表5（一）Ⅰの納税充当金の②（減）と未納法人税等の②（減）の各行に転記される関係になっています。

別表4では減算・留保ですから利益積立金額を減少させる調整となって，別表5（一）Ⅰの納税充当金の②（減）に3,000（利益積立金額のマイナス），未納法人税等の②（減）に法人税△2,000，道府県民税△100，市町村民税△300（それぞれ利益積立金額のプラス）で記載することによって，合計600の利益積立金額が減少（△3,000＋2,000＋100＋300＝△600）することになります。

別表4	納税充当金支出事業税等	△ 600

⇕ 一致

別表5（一）Ⅰ		
	納税充当金②（減）	△3,000
	未納法人税②（減）	2,000
	未納道府県民税②（減）	100
	未納市町村民税②（減）	300
	合　計	△600

未納法人税等の②（減）は，納付した税額を記載する欄です。実際には，前期の確定申告税額の納付と当期の中間申告税額の納付があり，②（減）欄はこれらの合計額が記載されるため，別表4の調整とは直接には対応していないように見えます。

（別の考え方）

「納税充当金支出事業税等　600」の減算調整に関しては，次のように考えることもできます。

前期確定申告税額を納付した際には，納税充当金を取り崩す処理をしていますが，この仕訳を次のように両建てで考えます。

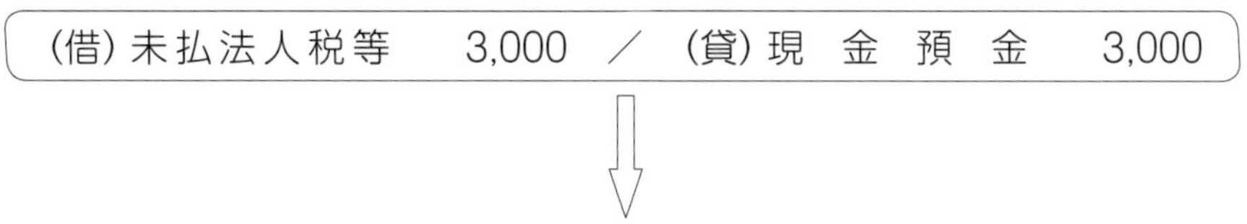

まず，納付した税額は，全額を損金経理します。

(借) 法人税等　3,000 ／ (貸) 現金預金　3,000

次に未払法人税等は全額を戻し入れます。

(借) 未払法人税等	3,000	(貸) 法人税等 (納税充当金戻入益)	3,000

このような両建の処理をした場合の別表4の調整は，次のようになります。

【別表4】

区分		総額	処分		
			留保	社外流出	
		①	②	③	
当期利益又は当期欠損の額				配当	
				その他	
加算	損金経理をした法人税	2,000	2,000		
	損金経理をした住民税	400	400		
	損金経理をした納税充当金				
減算	納税充当金支出事業税等	3,000	3,000		
所得金額					

【別表5（一）Ⅰ】

区分		期首現在利益積立金額	当期の増減			差引翌期首現在利益積立金額
			減	増		
		①	②	③		④
納税充当金		3,000	3,000			
未納法人税等	未納法人税	△ 2,000	△ 2,000	中間	△ 1,500	△
			△ 1,500	確定	△	
	未納道府県民税	△ 100	△ 100	中間	△ 80	△
			△ 80	確定	△	
	未納市町村民税	△ 300	△ 300	中間	△ 220	△
			△ 220	確定	△	

（解説）

確定申告税額を法人税等3,000として損金経理していますので，このうち法人税2,000と住民税400（道府県民税100，市町村民税300）は損金不算入として加算・留保の調整をします。一方で，未払法人税等（納税充当金）を戻し入れたことにより生じる納税充当金戻入益（実際には「法人税等」のマイナス）は益金不算入として減算・留保の調整を行います。これらの調整を相殺すれば，最初の「納税充当金支出事業税等　600」の減算調整と一致します。

別表４	損金経理をした法人税	2,000（加算）
	損金経理をした住民税	400（加算）
	納税充当金支出事業税等	3,000（減算）
	合計	△600

⇕

別表４	納税充当金支出事業税等	△600（減算）

この別表４での調整を前提に，別表５（一）Ｉを記載すると，別表４の３つの調整が，それぞれ別表５（一）Ｉの納税充当金及び未納法人税等の②（減）に個別に記載されているのが確認できます。

9 別表5（一）Ⅱの概要

(1) 別表5（一）Ⅱとは

別表5（一）Ⅱは,「資本金等の額の計算に関する明細書」です。資本金等の額は,株主から拠出を受けた出資金を表しています。なお，税務上は，資本金と資本剰余金を区別せず，この2つを合わせた概念が「資本金等の額」になります。

会計上の資本金及び資本剰余金と税務上の資本金等の額は通常一致します。欠損塡補，組織再編，自己株式の取得，資本の払戻しなど特殊な取引を行った場合に，会計と税務で金額がズレることがあります。

資本金等の額は，住民税の均等割額や事業税の外形標準課税における資本割などの計算に使用されます。地方税申告書を作成する際には，別表5（一）Ⅱで算出された期末の資本金等の額を使用します。

(2) 別表5（一）Ⅱの記載

別表5（一）Ⅱは，次のように，期首現在資本金等の額①に当期の増減②③を加減して期末の資本金等の額④を算出します。また，会計上の資本金＋資本剰余金に税務調整を記載し，税務上の資本金等の額を算出します。このように別表5（一）Ⅱは，ヨコの構造とタテの構造でとらえることができます。

【別表5（一）Ⅱ】

区　分	期首現在資本金等の額	当期の増減		差引翌期首現在資本金等の額
		減	増	
	①	②	③	④
資　本　金				
資本準備金				
差引合計額				

期首残高	期中の増減	期末残高

① ヨコの構造

ヨコの構造は，期首現在資本金等の額①に当期の増減②③を加減して期末の資本金等の額④を算出しています。

①（期首残高） － ②（減） ＋ ③（増） ＝ ④（期末残高）

ここで，ヨコの関係は，④期末残高＝①－②＋③により計算します。当期末の資本金等の額は④欄で計算されます。

②　タテの構造

タテの構造は，会計上の資本金＋資本剰余金に税務調整を記載し，税務上の資本金等の額を算出します。

（区　分）	（科　目）	（記載方法）
資本金 及び 資本剰余金	資本金 資本準備金 その他資本剰余金	株主資本等変動計算書から転記

＋

その他特殊項目	自己株式の取得 組織再編成による増減 など	特殊な場合に記載

通常は，会計上の資本金及び資本剰余金と一致します。実際の記載をする場合には，株主資本等変動計算書から金額を記載することになります。

(3)　具体的な記載

株主資本等変動計算書が次のようになっている場合に，資本金及び資本準備金の増減について別表５（一）Ⅱに転記します。なお，期末の資本金等の額の各項目については，貸借対照表の資本金や資本準備金などと一致します。

【株主資本等変動計算書】

区　分	株　主　資　本				
	資本金	資　本　剰　余　金			…
		資本準備金	その他資本剰余金	資本剰余金合計	
当期首残高	1,000	500		500	…
当期変動額					
新株の発行	400	400		400	
当期変動額合計	400	400		400	
当期末残高	1,400	900		900	…

【別表5（一）Ⅱ】

区　分	期首現在資本金等の額	当期の増減		差引翌期首現在資本金等の額
		減	増	
	①	②	③	④
資　本　金	1,000		400	1,400
資本準備金	500		400	900
差引合計額	1,500		800	2,300

3　別表５（二）の構造と記載

1 別表５（二）の概要

別表５（二）は，「租税公課の納付状況等に関する明細書」です。この明細書は，利益積立金額の計算上控除する法人税等の税額の発生及び納付の状況並びに納税充当金の積立て又は取崩しの状況を明らかにするために記載することとされています。つまり，別表５（二）は租税公課の発生・納付状況をまとめて一覧表にしたものです。

上段から中段にかけて，租税公課の発生及び納付状況を記載し，下段では，納税充当金の異動状況を記載します。

別表５（二）では，次のような点に留意しておく必要があります。

(1)　別表５（二）を記載して，別表４の租税公課に関する調整を行う
(2)　中間・確定税額は，別表１や地方税申告書で算出した申告税額を記載する
(3)　別表５（二）は，別表５（一）Ⅰの未納法人税等の金額と連動している

(1)　別表５（二）を記載して，別表４の租税公課に関する調整を行う

別表５（二）は，租税公課に関する納付状況や納付時の会計処理を一覧表としてまとめたものです。別表５（二）を見れば，租税公課に関する状況が把握できます。そして，別表５（二）から，別表４において所得計算上の必要な調整を行います。

(2)　中間・確定税額は，別表１や地方税申告書で記載した申告税額を記載する

別表５（二）において，納付すべき税額（中間申告税額，確定申告税額）を記載する欄がありますが，この金額は法人税，道府県民税，市町村民税及び事業税のそれぞれの申告書を作成して算出した税額を記載します。なお，事業税は，その性格上，記載方法が他の税とは異なりますので注意が必要です。

(3)　別表５（二）は，別表５（一）Ⅰの未納法人税等の金額と連動している

別表５（二）において記載した発生税額や納付税額は，別表５（一）Ⅰの未納法人税等の記載内容と同じです。したがって，これらの数値は連動していることになります。また，別表５（二）の納税充当金の計算についても，別表５（一）Ⅰにおける納税充当金の記載と一致する関係にあります。

実務上のポイント！

別表５（二）を作成し，そこから別表４における租税公課に関する調整を行います。また，別表５（二）と別表５（一）Ⅰの未納法人税等の数値は連動しています。

別表５（二）

租税公課の納付状況等に関する明細書

事業年度	・　・ ・　・	法人名	

別表五(二)

税目及び事業年度				期首現在未納税額	当期発生税額	当期中の納付税額 充当金取崩しによる納付	仮払経理による納付	損金経理による納付	期末現在未納税額 ①+②-③-④-⑤
				①	②	③	④	⑤	⑥
法人税及び地方法人税		・　・	1	円		円	円	円	円
		・　・	2						
	当期分	中間	3		円				
		確定	4						
		計	5						
道府県民税		・　・	6						
		・　・	7						
	当期分	中間	8						
		確定	9						
		計	10						
市町村民税		・　・	11						
		・　・	12						
	当期分	中間	13						
		確定	14						
		計	15						
事業税及び特別法人事業税		・　・	16						
		・　・	17						
		当期中間分	18						
		計	19						
その他	損金算入のもの	利子税	20						
		延滞金（延納に係るもの）	21						
			22						
			23						
	損金不算入のもの	加算税及び加算金	24						
		延滞税	25						
		延滞金（延納分を除く。）	26						
		過怠税	27						
			28						
			29						

納税充当金の計算

期首納税充当金		30	円	取崩額 その他	損金算入のもの	36	円
繰入額	損金経理をした納税充当金	31			損金不算入のもの	37	
		32				38	
	計 (31) ＋ (32)	33			仮払税金消却	39	
取崩額	法人税額等 (５の③)＋(10の③)＋(15の③)	34			計 (34)＋(35)＋(36)＋(37)＋(38)＋(39)	40	
	事業税及び特別法人事業税 (19の③)	35		期末納税充当金 (30) ＋ (33) － (40)		41	

通算法人の通算税効果額又は連結法人税個別帰属額及び連結地方法人税個別帰属額の発生状況等の明細

事業年度		期首現在未決済額	当期発生額		当期中の決済額 支払額	受取額	期末現在未決済額
		①	②		③	④	⑤
・　・ ・　・	42	円			円	円	円
・　・ ・　・	43						
当期分	44		中間	円			
			確定				
計	45						

2 別表5（二）の構造と記載方法

(1) ヨコの構造

別表5（二）のヨコの構造は，別表5（一）と基本的に同じです。①期首未納税額に②当期発生税額を加え，そこから③④⑤の納付税額を控除して，⑥期末現在の未納税額を算出しています。

① （期首未納税額） ＋ ② （当期発生税額） － ③・④・⑤（当期中の納付税額）
＝ ⑥ （期末未納税額）

【別表5（二）の一部】

	期首現在未納税額	当期発生税額	当期中の納付税額			期末現在未納税額
			充当金取崩しによる納付	仮払経理による納付	損金経理による納付	
	①	②	③	④	⑤	⑥

① 期首現在未納税額

期首現在の未納税額を記載します。

・前期の別表5（二）の⑥期末現在未納税額を転記します。滞納がなければ，前期確定申告分の税額が記載されることになりますが，それ以外に未納税額があれば合わせて記載します。

・なお，事業税の前期確定申告分の税額は，法人税や住民税と異なり，②「当期発生税額」に記載します。また，その他の租税については，①期首未納税額に数値を記載することは通常ないと思われます。

② 当期発生税額

当期に発生した税額を記載します。

・法人税，道府県民税，市町村民税
　当期中間申告分の税額及び当期確定申告分の税額を記載します。
・事業税
　前期確定申告分の税額及び当期中間分の税額を記載します。これは，事業税は実際に申告したときに発生したと考えるためです。法人税や住民税とは記載方法が異なります。
・その他
　当期に発生した税額を記載します。

③④⑤　当期中の納付税額

当期に納付した税額を記載します。納付の際の会計処理に応じて③から⑤に区分して記載します。

③　充当金取崩しによる納付
　納付の際に納税充当金を取り崩す会計処理をした場合に記載します。
（借）未払法人税等　×××　／　（貸）現金預金　×××
④　仮払経理による納付
　納付の際に仮払金等として処理した場合（資産計上した場合）に記載します。
（借）仮払税金　×××　／　（貸）現金預金　×××
⑤　損金経理による納付
　納付の際に費用処理（損金経理）した場合に記載します。
（借）法人税等　×××　／　（貸）現金預金　×××

法人税，住民税及び事業税については，一般的に前期末において納税充当金の繰入を行っているため，前期確定申告分の税額は「充当金取崩しによる納付」に，当期中間申告分の税額は「損金経理による納付」に記載する場合が多いと思われます。

なお，当期確定申告分の税額は，当期中に納付することはないため，③から⑤への記載はありません。

その他の租税公課については，基本的に⑤損金経理が多いと思われます。

⑥　期末現在未納税額

当期末現在における未納税額を記載します。

①＋②－③－④－⑤＝⑥により，期末現在の未納税額を算出して記載します。
・法人税，道府県民税，市町村民税
通常は，当期確定申告分の税額だけが⑥の期末残高となります。
・事業税
当期確定申告分の税額は，②に記載しませんので，通常は⑥の期末残高はゼロになります。
・その他
通常は，⑥の期末残高はゼロになります。

(2) タテの構造

法人税，道府県民税，市町村民税，事業税については，個別に記載箇所が定められており，所定の箇所に記載します。これ以外の租税公課については，「その他」の部分に損金算入のものと損金不算入のものに区分して記載します。

（イ）法人税（法人税には地方法人税が含まれます。）

法人税の基本税額（別表１（一）の「差引所得に対する法人税額」に相当する税額）を記載します。法人税に係る利子税，延滞税，過少申告加算税，無申告加算税及び重加算税の額についてはこの欄には記載しません。これらは「その他」の「利子税」，「加算税及び加算金」及び「延滞税」の該当欄に記載します。

・[１][２]の①期首現在未納税額には，前期の別表５（二）の⑥期末現在未納税額の金額を記載します。なお，前期分の申告後に既往年度について更正等があった場合には，更正等の後の法人税額を基礎として記載します。
・中間［３］の②当期発生税額には，当期の中間申告分の税額を記載します。
・確定［４］の②当期発生税額には，別表１（一）の「差引確定法人税額」の金額を記載します。中間分の法人税額が確定分の法人税額を超える場合には，確定［４］には，その超える金額を△印を付して記載します。なお，この金額は当期末現在において未納ですから，②の金額がそのまま⑥に記載されます。
・①期首現在未納税額又は②当期発生税額に記載した法人税額を，当期中に納付した場合に，その納付税額を納税充当金を取り崩して納付したか，仮払金として納付したか，又は損金経理により納付したかにより，それぞれ③から⑤の該当欄に区分して記載します。
・[５]計の「当期中の納付税額」の各欄③④⑤を合計した金額は，別表５（一）Ⅰの「未納法人税（附帯税を除く。）」の「②減」の金額と一致します。

【別表５（二）】

区分			期首現在未納税額	当期発生税額	当期中の納付税額			期末現在未納税額
					充当金取崩しによる納付	仮払経理による納付	損金経理による納付	
			①	②	③	④	⑤	⑥
法人税		1						
	前期分	2	×××		×××			
	当期分 中間	3		×××			×××	
	当期分 確定	4		×××				×××
	計	5						

（ロ）道府県民税

基本税額（均等割額を含みます。）について記載します。加算金及び延滞金についてはこの欄には記載しません。

・「法人税」の各欄の記載方法に準じて記載します。
・[10] 計の「当期中の納付税額」の各欄③④⑤を合計した金額は，別表５（一）Ⅰの「未納道府県民税」の「②減」の金額と一致します。

【別表５（二）】

区分			期首現在未納税額	当期発生税額	当期中の納付税額			期末現在未納税額
					充当金取崩しによる納付	仮払経理による納付	損金経理による納付	
			①	②	③	④	⑤	⑥
道府県民税		6						
	前期分	7	×××		×××			
	当期分 中間	8		×××			×××	
	当期分 確定	9		×××				×××
	計	10						

（ハ）市町村民税

基本税額（均等割額を含みます。）について記載します。加算金及び延滞金についてはこの欄には記載しません。

・「道府県民税」の各欄の記載方法に準じて記載します。
・[15] 計の「当期中の納付税額」の各欄③④⑤を合計した金額は、別表５（一）Ⅰの「未納市町村民税」の「②減」の金額と一致します。

【別表５（二)】

区分			期首現在未納税額	当期発生税額	当期中の納付税額			期末現在未納税額
					充当金取崩しによる納付	仮払経理による納付	損金経理による納付	
			①	②	③	④	⑤	⑥
市町村民税		11						
	前期分	12	×××		×××			
	当期分 中間	13		×××			×××	
	当期分 確定	14		×××				×××
	計	15						

（ニ）事業税

基本税額について記載します。加算金及び延滞金についてはこの欄には記載しません。

・[16] [17] [18] については,「道府県民税」の［６］［７］［８］の各欄の記載方法に準じて記載します。
・前期の確定分の税額は①期首現在未納税額ではなく,［17］の②当期発生税額に記載します。したがって,当期の「確定」税額を記載する欄はありません。
・「当期中の納付税額」の各欄に記載した金額のうち前事業年度までに既に損金の額に算入された事業税の額がある場合には,その既に損金の額に算入された事業税の額に相当する金額は,別表４において加算調整の記載をします。
・⑤損金経理による納付には,未払金として経理した金額を含めて記載します。
・特別法人事業税の額は,事業税の額に含めて記載します。

【別表5（二）】

区分			期首現在未納税額	当期発生税額	当期中の納付税額			期末現在未納税額
					充当金取崩しによる納付	仮払経理による納付	損金経理による納付	
			①	②	③	④	⑤	⑥
事業税		16						
	前期分	17		×××----►	×××			
	中間	18		×××--------	----------	----------	► ×××	
	計	19						

（ホ）その他

上記以外の租税公課について，「その他」に，損金算入のものと損金不算入のものに区分して記載します。

・「法人税」の各欄の記載に準じて記載します。
・⑤損金経理による納付には，未払金として経理した金額を含めて記載します。そして，その後は期首及び期末の未納税額に記載しません。
・「損金算入のもの」の［21］延滞金（延納に係るもの）には，地方税法の規定による納期限の延長を受けた期間に係る延滞金について記載し，その他の期間に係る延滞金については「損金不算入のもの」の［26］延滞金（延納分を除く。）に記載します。

【別表５（二)】

				期首現在未納税額	当期発生税額	当期中の納付税額			期末現在未納税額
						充当金取崩しによる納付	仮払経理による納付	損金経理による納付	
				①	②	③	④	⑤	⑥
その他	損金算入のもの	利子税	20						
		延滞金	21						
		印紙税	22		×××			×××	
			23						
	損金不算入のもの	加算税等	24						
		延滞税	25		×××			×××	
		延滞金	26						
		過怠税	27						
			28						
			29						

(3) 納税充当金

期首現在の納税充当金，繰入額，取崩額及び期末現在の納税充当金の異動状況を記載します。

［30］期首納税充当金

期首現在の納税充当金の残高を記載します。前期の別表５（二)［41］期末納税充当金の額を記載します。

［31］損金経理をした納税充当金

当期に繰り入れた納税充当金の額を記載します。

［34］取崩額・法人税額等

納税充当金を取り崩して納付した金額のうち，法人税，道府県民税及び市町村民税の合計額（(［５］の③）＋（［10］の③）＋（［15］の③)）を記載します。

［35］取崩額・事業税

納税充当金を取り崩して納付した金額のうち，事業税分（［19］の③）を記載します。

［36］取崩額・損金算入のもの

［20］利子税から［23］までの③充当金取崩しによる納付の金額の合計額を記載します。

［37］取崩額・損金不算入のもの

［24］加算税及び加算金から［29］までの③充当金取崩しによる納付の金額の合計額を記載します。

［38］取崩額・その他

納税充当金の取崩額のうち［34］法人税額等から［37］損金不算入のものまで及び［39］仮払税金消却以外により取り崩した金額を記載します。

［39］取崩額・仮払税金消却

前期以前に納付した税金を仮払金等として経理していた金額について，当期において納税充当金を取り崩して消却した金額を記載します。

［41］期末納税充当金

期末現在の納税充当金の残高を［30］＋［33］－［40］により記載します。

【別表５（二）】

<table>
<tr><th colspan="9">納税充当金の計算</th></tr>
<tr><td colspan="2">期首納税充当金</td><td>30</td><td>×××</td><td rowspan="5">取崩額</td><td rowspan="4">その他</td><td>損金算入のもの</td><td>36</td><td></td></tr>
<tr><td rowspan="3">繰入額</td><td>損金経理をした納税充当金</td><td>31</td><td>×××</td><td>損金不算入のもの</td><td>37</td><td></td></tr>
<tr><td></td><td>32</td><td></td><td></td><td>38</td><td></td></tr>
<tr><td>計</td><td>33</td><td></td><td>仮払税金消却</td><td>39</td><td></td></tr>
<tr><td rowspan="2">取崩額</td><td>法人税額等</td><td>34</td><td>×××</td><td colspan="2">計</td><td>40</td><td>×××</td></tr>
<tr><td>事業税</td><td>35</td><td>×××</td><td colspan="3">期末納税充当金</td><td>41</td><td>×××</td></tr>
</table>

(4)　経理処理別の具体的な記載

租税公課を納付した場合に，その納付税額を経理処理別に３つに区分して③～⑤に記載することとされています。

①　納税充当金を取崩した場合

租税公課を納付したときに，納税充当金を取り崩す処理を行った場合には，「③充当金取崩しによる納付」欄に記載します。前期確定申告分の税額を納付した場合に，通常この処理が行われます。仮に，前期確定申告分の法人税500を納付して下記のように会計処理をした場合は，次のように記載されます。

（借）納税充当金　500　／　（貸）現金預金　500

【別表５（二)】

			期首現在未納税額	当期発生税額	当期中の納付税額			期末現在未納税額
					充当金取崩しによる納付	仮払経理による納付	損金経理による納付	
			①	②	③	④	⑤	⑥
法人税	前期分		500		500			0
	当期分	中間						
		確定						
	計							

② 仮払経理した場合

租税公課を納付したときに，仮払税金等として処理した場合には，「④仮払経理による納付」欄に記載します。当期中間申告分の税額が，確定申告により還付される場合などにこのような処理が行われることがあります。仮に，当期中間申告分の法人税500を納付して下記のように会計処理をした場合は，次のように記載されます。

（借）仮 払 税 金　500 ／（貸）現 金 預 金　500

【別表５（二)】

			期首現在未納税額	当期発生税額	当期中の納付税額			期末現在未納税額
					充当金取崩しによる納付	仮払経理による納付	損金経理による納付	
			①	②	③	④	⑤	⑥
法人税	前期分							
	当期分	中間		500		500		0
		確定						
	計							

③ 損金経理した場合

租税公課を納付したときに，損金経理した場合には，「⑤損金経理による納付」欄に記載します。当期中間申告分の税額については，通常この処理が行われます。仮に，当期中間申告分の法人税500を納付して下記のように会計処理をした場合は，次のように記載されます。

（借）法 人 税 等　500 ／（貸）現 金 預 金　500

【別表5（二）】

		期首現在未納税額	当期発生税額	当期中の納付税額			期末現在未納税額
				充当金取崩しによる納付	仮払経理による納付	損金経理による納付	
		①	②	③	④	⑤	⑥
法人税	前期分						
	当期分 中間		500			500	0
	当期分 確定						
	計						

（注）［42］～［45］は，グループ通算制度を選択している場合に使用しますので，本書においては説明を省略しています。

3 別表５（二）と別表４・別表５（一）Ⅰの関係

別表４の租税公課の調整は別表５（二）の金額から連動して行われます。また，別表５（二）と別表５（一）Ⅰの未納法人税等についても金額的に連動しています。

(1)　別表５（二）と別表４

別表５（二）と別表４の租税公課の調整は連動して行われます。したがって，通常，別表５（二）を作成することによって，別表４の調整も自動的に行えることになります。

①　法人税（地方法人税を含みます。）

別表４では，法人税の加算調整が行われますが，この調整金額は，別表５（二）の④（仮払経理による納付）と⑤（損金経理による納付）の合計額になります。

④（仮払経理による納付）の金額がある場合には，「仮払租税公課認定損（減算・留保）」等の調整を行った後に加算調整を行いますので，加算調整と減算調整の両建の調整となります。

【別表５(二)】　「計５」の「仮払経理による納付④」及び「損金経理による納付⑤」の法人税額の合計額

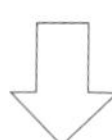

【 別　表　4】　「損金経理をした法人税及び地方法人税（附帯税を除く。）２」

②　道府県民税及び市町村民税

別表４では，道府県民税及び市町村民税の加算調整が行われますが，この調整金額は，別表５（二）の④（仮払経理による納付）と⑤（損金経理による納付）の合計額になります。

④（仮払経理による納付）の金額がある場合には，「仮払租税公課認定損（減算・留保）」等の調整を行った後に加算調整を行いますので，加算調整と減算調整の両建の調整となります。

【別表５(二)】　「計10」及び「計15」の「仮払経理による納付④」及び「損金経理による納付⑤」

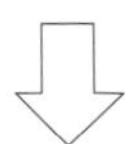

【別　表　4】　「損金経理をした道府県民税及び市町村民税３」

③　**事業税**

事業税を納付する際に納税充当金を取り崩す処理を行った場合には，別表４で減算調整が行われますが，この調整金額は，別表５（二）の納税充当金の取崩額［35］事業税（又は［19］の③）の金額になります。ただし，その他に納税充当金を取り崩した場合には，［36］から［38］の金額も含めて減算調整を行います。

④（仮払経理による納付）の金額がある場合には，「仮払租税公課認定損（減算・留保)」等の調整を行います。

【別表５(二)】　「事業税35」から「38」までの金額の合計額

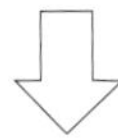

【 別　表　4】　「納税充当金から支出した事業税等の金額13」

④　**附帯税**

加算税及び加算金，延滞税，延滞金（延納分を除く。），過怠税など損金の額に算入されない附帯税を支払った場合には，別表４で加算調整が行われますが，この調整金額は，別表５（二）「その他」の加算税及び加算金等の③（充当金取崩しによる納付）から⑤（損金経理による納付）の合計額になります。

③（充当金取崩しによる納付）の金額がある場合には，「納税充当金支出事業税等の金額（減算・留保)」，また④（仮払経理による納付）の金額がある場合には，「仮払租税公課認定損（減算・留保)」の調整を行った後に加算調整を行います。したがって，加算調整と減算調整の両建の調整となります。

【別表５(二)】 「加算税及び加算金24」から「過怠税27」までの「充当金取崩しによる納付③」から「損金経理による納付⑤」の各欄の金額の合計額

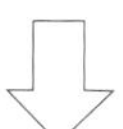

【 別 表 4】 「損金経理をした附帯税（利子税を除く。），加算金，延滞金（延納分を除く。）及び過怠税５」

⑤ 納税充当金

別表４では，納税充当金の繰入額について加算調整が行われますが，この調整金額は，別表５（二）の「損金経理をした納税充当金31」の金額になります。

【別表５(二)】 「損金経理をした納税充当金31」の金額

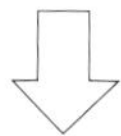

【 別 表 4】 「損金経理をした納税充当金４」

(2) 別表５（二）と別表５（一）Ⅰ

別表５（二）と別表５（一）Ⅰ未納法人税等は，次のように連動しています。

【別表５（二）】		【別表５（一）Ⅰ】
①期首現在未納税額	⇔	①期首現在利益積立金額
②当期発生税額：中間	⇔	③増：中間
②当期発生税額：確定	⇔	③増：確定
③④⑤当期中の納付税額	⇔	②減
⑥期末現在未納税額	⇔	④差引翌期首現在利益積立金額

(3) 具体例

別表５（二）と別表４及び別表５（一）Ⅰは互いに連動しています。この関係について具体的に数値を使って確認しましょう。

（前期確定申告税額の納付時）

当期（３月決算）の５月に，前期の確定申告を行うとともに確定申告税額（法人税

2,000，道府県民税100，市町村民税300，事業税600　合計3,000）を納付して，次の処理を行っています。これによって未払法人税等の残高はゼロとなっています。

（借）未払法人税等　3,000　／（貸）現　金　預　金　3,000

（当期中間申告税額の納付時）

当期の11月に，中間申告を行うとともに中間申告税額（法人税1,500，道府県民税80，市町村民税220，事業税400　合計2,200）を納付して次の処理を行っています。

（借）法　人　税　等　2,200　／（貸）現　金　預　金　2,200

（当期確定申告税額の未払計上）

当期末に，当期確定申告税額（法人税3,000，道府県民税200，市町村民税500，事業税1,300　合計5,000）を算出して，同額を未払法人税等に計上しています。

（借）法　人　税　等　5,000　／（貸）未払法人税等　5,000

①　法人税

前期確定申告分の税額2,000は納税充当金を取り崩して納付しています。また，中間申告分の税額1,500は損金経理しています。当期確定申告税額は3,000です。

【別表5（二）】

			期首現在未納税額	当期発生税額	当期中の納付税額			期末現在未納税額
					充当金取崩しによる納付	仮払経理による納付	損金経理による納付	
			①	②	③	④	⑤	⑥
法人税	前期分		2,000		2,000			0
	当期分	中間		1,500			1,500	0
		確定		3,000				3,000
	計		2,000	4,500	2,000		1,500	3,000

（解説）

前期確定申告分の税額2,000は納税充当金を取り崩す処理をしていますから③に，当期中間申告分の税額1,500は損金経理していますから⑤へ記載します。当期確定申告税額3,000は，当期中には納付していませんので⑥に未納税額として記載されます。

【別表４】

区分		総額	処分	
			留保	社外流出
		①	②	③
加算	損金経理をした法人税	1,500	1,500	
	損金経理をした住民税			
	損金経理をした納税充当金			
減算	納税充当金支出事業税等			

（解説）

前期確定申告分の税額2,000は納税充当金を取り崩す処理をしていますから，別表４での調整はありません。また，当期中間申告分の税額1,500は損金経理していますから，別表４では1,500を加算調整します。

【別表５（一）Ⅰ】

区分		期首現在利益積立金額	当期の増減			差引翌期首現在利益積立金額
			減	増		
		①	②	③		④
納税充当金			2,000			
未納法人税等	未納法人税	△　2,000	△　3,500	中間	△　1,500	△　3,000
				確定	△　3,000	
	未納道府県民税	△	△	中間	△	△
				確定	△	
	未納市町村民税	△	△	中間	△	△
				確定	△	

別表５（一）Ⅰと別表５（二）は次のように対応しています。

【別表５（二）】

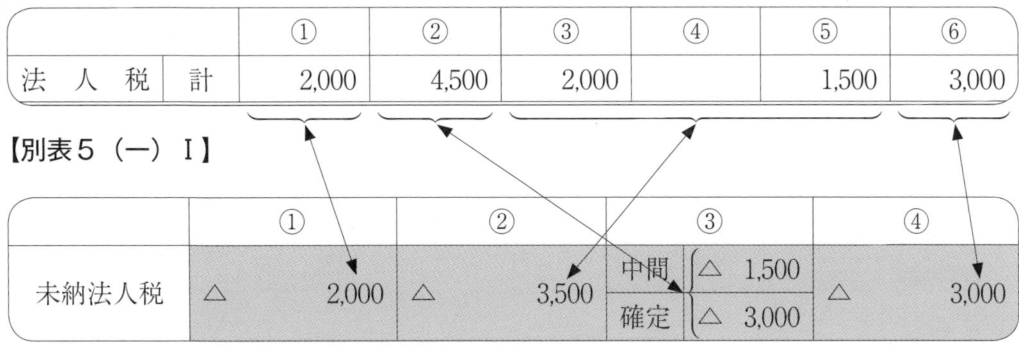

	①	②	③	④	⑤	⑥
法人税計	2,000	4,500	2,000		1,500	3,000

【別表５（一）Ｉ】

	①	②	③		④
未納法人税	△　2,000	△　3,500	中間	△　1,500	△　3,000
			確定	△　3,000	

（解説）

別表５（一）Ｉの②3,500減は，別表５（二）③2,000と⑤1,500の合計の3,500が，また，別表５（一）Ｉの③増は，別表５（二）②の中間1,500と確定3,000が記載されます。

② 道府県民税及び市町村民税

前期確定申告分の税額（100と300）は納税充当金を取り崩して納付しています。また，中間申告分の税額（80と220）は損金経理しています。当期確定申告税額は200と500です。

【別表５（二）】

		期首現在未納税額	当期発生税額	当期中の納付税額			期末現在未納税額
				充当金取崩しによる納付	仮払経理による納付	損金経理による納付	
		①	②	③	④	⑤	⑥
道府県民税	前期分	100		100			0
	当期分 中間		80			80	0
	当期分 確定		200				200
	計	100	280	100		80	200
市町村民税	前期分	300		300			0
	当期分 中間		220			220	0
	当期分 確定		500				500
	計	300	720	300		220	500

（解説）

前期確定申告分の税額（100と300）は納税充当金を取崩す処理をしていますから③に，

当期中間申告分の税額（80と220）は損金経理していますから⑤へ記載します。当期確定申告税額（200と500）は，当期中には納付していませんので⑥に未納税額として記載されます。

【別表4】

区分		総額	処分	
			留保	社外流出
		①	②	③
加算	損金経理をした法人税			
	損金経理をした住民税	300	300	
	損金経理をした納税充当金			
減算	納税充当金支出事業税等			

（解説）

前期確定申告分の税額（100と300）は納税充当金を取り崩す処理をしていますから，別表4での調整はありません。また，当期中間申告分の税額（80と220の合計300）は損金経理していますから，別表4では300を加算調整します。

【別表5（一）Ⅰ】

区分		期首現在利益積立金額	当期の増減			差引翌期首現在利益積立金額
			減	増		
		①	②	③		④
納税充当金			400			
未納法人税等	未納法人税	△	△	中間	△	△
				確定	△	
	未納道府県民税	△ 100	△ 180	中間	△ 80	△ 200
				確定	△ 200	
	未納市町村民税	△ 300	△ 520	中間	△ 220	△ 500
				確定	△ 500	

別表5（一）Ⅰと別表5（二）は次のように対応しています。

【別表５（二）】

		①	②	③	④	⑤	⑥
道府県民税	計	100	280	100		80	200
市町村民税	計	300	720	300		220	500

【別表５（一）Ⅰ】

	①	②	③			④
未納道府県民税	△　100	△　180	中間	△	80	△　200
			確定	△	200	
未納市町村民税	△　300	△　520	中間	△	220	△　500
			確定	△	500	

（解説）

別表５（一）Ⅰの②減は，別表５（二）③（100と300）と⑤（80と220）が，また，別表５（一）Ⅰの③増は，別表５（二）②の中間（80と220）と確定（200と500）が記載されます。

③　事業税

前期確定申告分の税額600は納税充当金を取り崩して納付しています。また，中間申告分の税額400は損金経理しています。当期確定申告税額は1,300です。

【別表５（二）】

		期首現在未納税額	当期発生税額	当期中の納付税額 充当金取崩しによる納付	仮払経理による納付	損金経理による納付	期末現在未納税額
		①	②	③	④	⑤	⑥
事業税	前期分		600	600			0
	当期中間分		400			400	0
	計		1,000	600		400	0

（解説）

前期確定申告分の税額600は，①期首ではなく，②当期発生税額に記載します。そして，納付時には納税充当金を取り崩す処理をしていますから③に記載します。また，当期中間申告分の税額400は損金経理していますから⑤へ記載します。当期確定申告分の税額1,300は，当期の別表５（二）には記載しません。

【別表４】

区　分		総　額	処　分	
			留　保	社外流出
		①	②	③
加算	損金経理をした法人税			
	損金経理をした住民税			
	損金経理をした納税充当金			
減算	納税充当金支出事業税等	600	600	

（解説）

前期確定申告分の税額600は納税充当金を取り崩して納付していますから，別表４では減算調整をします。別表５（二）③充当金取崩しによる納付600が別表４の減算調整へつながります。

【別表５（一）Ⅰ】

区　分		期首現在利益積立金額	当期の増減			差引翌期首現在利益積立金額
			減	増		
		①	②	③		④
納税充当金			600			
未納法人税等	未納法人税	△	△	中間	△	△
				確定	△	
	未納道府県民税	△	△	中間	△	△
				確定	△	
	未納市町村民税	△	△	中間	△	△
				確定	△	

（解説）

未納法人税等の欄には，事業税は記載しません。したがって，事業税を納付した際に納税充当金を取り崩した金額600が納税充当金の②減に記載されるのみです。

④　**納税充当金**

前期確定申告税額（法人税2,000，道府県民税100，市町村民税300，事業税600　合計3,000）は，納税充当金を取り崩して納付しています。また，当期確定申告税額（法人税3,000，道府県民税200，市町村民税500，事業税1,300　合計5,000）は納税充当金に繰入しています。取崩額のうち事業税分が別表４での減算調整になります。また，納税充当金の繰入額は全額別表４で加算調整されます。別表５（一）Ｉの納税充当金は，別表５（二）の納税充当金の異動と一致します。

【別表５（二）】

<table>
<tr><th colspan="9">納税充当金の計算</th></tr>
<tr><td colspan="2">期首納税充当金</td><td>30</td><td>3,000</td><td rowspan="4">取崩額</td><td rowspan="4">その他</td><td>損金算入のもの</td><td>36</td><td></td></tr>
<tr><td rowspan="3">繰入額</td><td>損金経理をした納税充当金</td><td>31</td><td>5,000</td><td>損金不算入のもの</td><td>37</td><td></td></tr>
<tr><td></td><td>32</td><td></td><td></td><td>38</td><td></td></tr>
<tr><td>計</td><td>33</td><td>5,000</td><td>仮払税金消却</td><td>39</td><td></td></tr>
<tr><td rowspan="2">取崩額</td><td>法人税額等</td><td>34</td><td>2,400</td><td></td><td colspan="2">計</td><td>40</td><td>3,000</td></tr>
<tr><td>事業税</td><td>35</td><td>600</td><td colspan="3">期末納税充当金</td><td>41</td><td>5,000</td></tr>
</table>

（解説）

前期確定申告税額（法人税2,000，道府県民税100，市町村民税300，事業税600　合計3,000）は，納税充当金を取り崩して納付しています。この取崩額のうち法人税と住民税の合計額2,400は［34］に，事業税600は［35］に記載します。また，納税充当金の繰入額5,000は［31］に記載します。

【別表４】

<table>
<tr><th colspan="2" rowspan="3">区分</th><th rowspan="2">総額</th><th colspan="2">処分</th></tr>
<tr><th>留保</th><th>社外流出</th></tr>
<tr><th>①</th><th>②</th><th>③</th></tr>
<tr><td rowspan="3">加算</td><td>損金経理をした法人税</td><td></td><td></td><td></td></tr>
<tr><td>損金経理をした住民税</td><td></td><td></td><td></td></tr>
<tr><td>損金経理をした納税充当金</td><td>5,000</td><td>5,000</td><td></td></tr>
<tr><td>減算</td><td>納税充当金支出事業税等</td><td>600</td><td>600</td><td></td></tr>
</table>

（解説）

納税充当金を取り崩して納付した事業税600は，別表４において減算調整されます。また，納税充当金の繰入額5,000は，損金の額に算入されませんので加算調整されます。

【別表5（一）Ⅰ】

<table>
<tr><th colspan="2" rowspan="3">区　分</th><th>期首現在
利益積立金額</th><th colspan="3">当期の増減</th><th>差引翌期首現在
利益積立金額</th></tr>
<tr><th rowspan="2">①</th><th>減</th><th colspan="2">増</th><th rowspan="2">④</th></tr>
<tr><th>②</th><th colspan="2">③</th></tr>
<tr><td colspan="2">納税充当金</td><td>3,000</td><td>3,000</td><td colspan="2">5,000</td><td>5,000</td></tr>
<tr><td rowspan="6">未納法人税等</td><td rowspan="2">未納法人税</td><td rowspan="2">△</td><td rowspan="2">△</td><td>中間</td><td>△</td><td rowspan="2">△</td></tr>
<tr><td>確定</td><td>△</td></tr>
<tr><td rowspan="2">未納道府県民税</td><td rowspan="2">△</td><td rowspan="2">△</td><td>中間</td><td>△</td><td rowspan="2">△</td></tr>
<tr><td>確定</td><td>△</td></tr>
<tr><td rowspan="2">未納市町村民税</td><td rowspan="2">△</td><td rowspan="2">△</td><td>中間</td><td>△</td><td rowspan="2">△</td></tr>
<tr><td>確定</td><td>△</td></tr>
</table>

（解説）

別表5（二）の納税充当金の計算の部分が，そのまま別表5（一）Ⅰの納税充当金の欄に連動して記載されます。

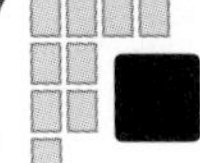

■ 別表４と別表５の具体的記載例

ここでは，次の設例に基づいて実際の別表４及び別表５の記載について例示します。

【設　例】

内国法人A株式会社（食料品の小売業を営む法人である。以下「A社」という。）の当期（×1年４月１日から×2年３月31日）における法人税の申告に際し，必要な資料は次のとおりである。

１．損益計算書の末尾

当期における損益計算書の末尾は次のとおりである。

税引前当期純利益	374,339,800円
法人税，住民税及び事業税	139,515,000円
当期純利益	234,824,800円

２．法人税，住民税及び事業税に関する事項

当期の損益計算書の「法人税，住民税及び事業税」勘定の内訳は次のとおりである。なお，当期確定申告分の税額はすべて確定した数値である。

①	当期中間申告分法人税（地方法人税を含むものとします。）	30,000,000円
②	当期中間申告分道府県民税	1,500,000円
③	当期中間申告分市町村民税	5,000,000円
④	当期中間申告分事業税	10,000,000円
⑤	当期確定申告分法人税（地方法人税を含むものとします。）	60,000,000円
⑥	当期確定申告分道府県民税	3,000,000円
⑦	当期確定申告分市町村民税	10,000,000円
⑧	当期確定申告分事業税	20,000,000円
⑨	預金利子に係る源泉所得税（復興特別所得税を含むものとします。）	15,000円

3．未払法人税等に関する事項

① 前期末における「未払法人税等」勘定の金額は53,500,000円であり，当期の５月に前期確定申告分の法人税，住民税及び事業税につき当該「未払法人税等」を取り崩して納付している。

なお，その内訳は次のとおりである。

イ	前期確定申告分法人税（地方法人税を含むものとします。）	35,000,000円
ロ	前期確定申告分道府県民税	1,800,000円
ハ	前期確定申告分市町村民税	5,700,000円
ニ	前期確定申告分事業税	11,000,000円

② 当期末において，上記２．⑤～⑧の当期確定申告税額に充てるために未払法人税等を93,000,000円計上している。

４．株主資本等変動計算書

株　主　資　本　等　変　動　計　算　書

自×1年４月１日　至×2年３月31日

（単位：円）

株主資本			
資　本　金	当期首残高		300,000,000
	当期変動額		−
	当期末残高		300,000,000
資本剰余金			
資本準備金	当期首残高		100,000,000
	当期変動額		−
	当期末残高		100,000,000
利益剰余金			
利益準備金	当期首残高		75,000,000
	当期変動額		−
	当期末残高		75,000,000
その他利益剰余金			
別途積立金	当期首残高		220,000,000
	当期変動額	積立	40,000,000
	当期末残高		260,000,000
繰越利益剰余金	当期首残高		357,231,500
	当期変動額	剰余金の配当	△50,000,000
		別途積立金の積立	△40,000,000
		当期純利益	234,824,800
	当期末残高		502,056,300
利益剰余金合計	当期首残高		652,231,500
	当期変動額		184,824,800
	当期末残高		837,056,300
株主資本合計			1,237,056,300

（注）上記表中の「剰余金の配当」は，×1年５月28日に開催された前期に係る定時株主総会において決議された，前期末確定配当である。なお，×2年５月28日に開催される当期に係る定時株主総会における当期末確定配当の額は40,000,000円である。

5．別表４における調整項目

① 当社が当期中に取得した器具備品について当期に減価償却超過額が300,000円生じている。

② 当社が数年前に取得した車両運搬具について，前期以前における減価償却超過額が800,000円生じていたが，当期において減価償却不足額が100,000円生じたため，100,000円を認容する。

③ 当期に仮払金として計上した旅費交通費が250,000円あるが，当期の費用であることが判明したため，その金額を損金算入する。

④ 交際費等の損金不算入額が455,000円ある。

⑤ 役員給与のうち損金不算入とされる金額が7,000,000円ある。

⑥ 寄附金の損金不算入額が900,000円ある。

6．その他の事項

上記のほか，損益計算書の租税公課勘定の内訳は次のとおりである。

① 印紙税　　220,000円

② 固定資産税　　1,360,000円

【解　説】

1．損益計算書の末尾

当期純利益（税引後）を別表４の「当期利益又は当期欠損の額」の「総額」①欄に記載する。

2．法人税，住民税及び事業税

① 当期中間申告分法人税，道府県民税及び市町村民税

イ 別表４

加算・留保の調整を行う。

ロ 別表５（一）Ⅰ

未納法人税等の③欄「中間」に記載する。

①欄と③欄「中間」の合計額を②欄に記載する。

ハ 別表５（二）

当期分「中間」の「当期発生税額」②欄に記載するとともに，「損金経理による納付」⑤欄に記載する。

②　当期中間申告分事業税

イ　別表４

調整はない。

ロ　別表５（一）Ⅰ

記載はない。

ハ　別表５（二）

当期中間分の「当期発生税額」②欄に記載するとともに，「損金経理による納付」⑤欄に記載する。

③　当期確定申告分法人税，道府県民税及び市町村民税

イ　別表４

下記④の当期確定申告分事業税との合計額を未払法人税等（納税充当金）として計上しているため，その未払法人税等の額につき加算・留保の調整を行う。

ロ　別表５（一）Ⅰ

未納法人税等の③欄「確定」に記載するとともにその金額を④欄に転記する。

ハ　別表５（二）

当期確定分の「当期発生税額」②欄に記載するとともに，「期末現在未納税額」⑥欄に記載する。

④　当期確定申告分事業税

イ　別表４

上記③の当期確定申告分法人税，道府県民税及び市町村民税との合計額を未払法人税等（納税充当金）として計上しているため，その未払法人税等の額につき加算・留保の調整を行う。

ロ　別表５（一）Ⅰ

記載はない。

ハ　別表５（二）

事業税は当期においてはまだ認識しないため，記載はない。

⑤　預金利子に係る源泉所得税

イ　別表４

税額控除の適用を受けるため，加算・社外流出の調整を行う。

ロ　別表５（一）Ⅰ

社外流出項目のため，記載はない。

ハ　別表５（二）

その他「損金不算入のもの」の「当期発生税額」②欄に記載するとともに，「損金経理による納付」⑤欄に記載する。

３．未払法人税等

①　別表４

イ　前期分

事業税11,000,000円部分について減算・留保の調整を行う。

ロ　当期分

未払法人税等（納税充当金）として計上した金額の全額について加算・留保の調整を行う。

②　別表５（一）Ⅰ

イ　前期分

①欄に記載し，全額を取り崩しているため②欄で消却する。

ロ　当期分

③欄に記載し，その金額を④欄に転記する。

③　別表５（二）

イ　前期分

まず，「期首納税充当金」30欄に記載する。

次に「取崩額」のうち，法人税，道府県民税及び市町村民税の合計額については「法人税額等」34欄に，事業税については「事業税」35欄に記載する。

また，取崩額の合計（＝期首納税充当金）を40欄に記載する。

ロ　当期分

「繰入額」のうち，「損金経理をした納税充当金」31欄に記載するとともに，「期末納税充当金」41欄に記載する。

４．株主資本等変動計算書

①　別表４

別表４に記載が必要なのは「当期純利益」及び「剰余金の配当」である。

イ　当期純利益

上記１．にあるとおり，別表４の「当期利益又は当期欠損の額」の「総額」①欄に記載する。

ロ　剰余金の配当（×1年５月28日決議分）

別表４の「当期利益又は当期欠損の額」の「社外流出」③欄に記載する。

また，これによって，「当期利益又は当期欠損の額」の「留保」②欄の数値は「総額」①欄から「社外流出」③欄を控除した金額となる。

②　別表５（一）Ⅰ

別表５（一）Ⅰに記載するのは次の各項目である。

イ　利益準備金，別途積立金

前期末残高を①欄，当期増加額を③欄，当期末残高を④欄にそれぞれ記載する。

ロ　繰越利益剰余金（繰越損益金）

前期末残高を①欄に記載するとともに②欄に同額を記載する。また，当期末残高を③欄に記載し，その金額を④欄に転記する。

③　別表５（一）Ⅱ

資本金及び資本準備金について，それぞれ前期末残高を①欄に記載し，当期末残高を④欄に記載する。

５．別表４における調整項目

①　器具備品減価償却超過額

イ　別表４

減価償却超過額は損金不算入項目であるため，加算・留保の調整を行う。

ロ　別表５（一）Ⅰ

③欄に記載するとともに，その金額を④欄に転記する。

②　車両運搬具減価償却超過額認容

イ　別表４

前期以前の減価償却超過額を認容するため，減算・留保の調整を行う。

ロ　別表５（一）Ⅰ

まず，①欄には前期から繰り越されてきた減価償却超過額800,000円を記載する。

次に，当期に認容する金額100,000円については，②欄に記載する。

したがって，④欄に記載される金額は上記残額の700,000円となる。

③　仮払旅費交通費

イ　別表４

仮払金が当期の損金であることが判明したため，減算・留保の調整を行う。

ロ　別表5（一）Ｉ

③欄に△の数値を記載するとともに，その金額を④欄に転記する。

④　交際費等の損金不算入額，役員給与の損金不算入額，寄附金の損金不算入額

イ　別表4

いずれも社外流出項目であるため，別表4で加算・社外流出の調整を行う。

ロ　別表5（一）Ｉ

社外流出項目のため，記載はない。

6．その他の事項（印紙税及び固定資産税）

イ　別表5（二）

その他「損金算入のもの」の「当期発生税額」②欄に記載するとともに，「損金経理による納付」⑤欄に記載する。

別表４

所得の金額の計算に関する明細書（簡易様式）

事業年度	×1・4・1 ×2・3・31	法人名	A株式会社

区分			総額 ①	処分 留保 ②	処分 社外流出 ③	
当期利益又は当期欠損の額		1	円 234,824,800	円 184,824,800	配当	50,000,000円
					その他	
加算	損金経理をした法人税及び地方法人税（附帯税を除く。）	2	30,000,000	30,000,000		
加算	損金経理をした道府県民税及び市町村民税	3	6,500,000	6,500,000		
加算	損金経理をした納税充当金	4	93,000,000	93,000,000		
加算	損金経理をした附帯税（利子税を除く。）、加算金、延滞金（延納分を除く。）及び過怠税	5			その他	
加算	減価償却の償却超過額	6	300,000	300,000		
加算	役員給与の損金不算入額	7	7,000,000		その他	7,000,000
加算	交際費等の損金不算入額	8	455,000		その他	455,000
加算	通算法人に係る加算額（別表四付表「5」）	9			外※	
加算		10				
加算						
加算						
加算						
加算	小計	11	137,255,000	129,800,000		7,455,000
減算	減価償却超過額の当期認容額	12	100,000	100,000		
減算	納税充当金から支出した事業税等の金額	13	11,000,000	11,000,000		
減算	受取配当等の益金不算入額（別表八(一)「13」又は「26」）	14			※	
減算	外国子会社から受ける剰余金の配当等の益金不算入額（別表八(二)「26」）	15			※	
減算	受贈益の益金不算入額	16			※	
減算	適格現物分配に係る益金不算入額	17			※	
減算	法人税等の中間納付額及び過誤納に係る還付金額	18				
減算	所得税額等及び欠損金の繰戻しによる還付金額等	19			※	
減算	通算法人に係る減算額（別表四付表「10」）	20			※	
減算	仮払旅費交通費認定損	21	250,000	250,000		
減算						
減算						
減算						
減算	小計	22	11,350,000	11,350,000	外※	0 0
仮計 (1)＋(11)−(22)		23	360,729,800	303,274,800	外※	0 57,455,000
対象純支払利子等の損金不算入額（別表十七(二の二)「29」又は「34」）		24			その他	
超過利子額の損金算入額（別表十七(二の三)「10」）		25	△		※	△
仮計 ((23)から(25)までの計)		26	360,729,800	303,274,800	外※	0 57,455,000
寄附金の損金不算入額（別表十四(二)「24」又は「40」）		27	900,000		その他	900,000
法人税額から控除される所得税額（別表六(一)「6の③」）		29	15,000		その他	15,000
税額控除の対象となる外国法人税の額（別表六(二の二)「7」）		30			その他	
分配時調整外国税相当額及び外国関係会社等に係る控除対象所得税額等相当額（別表六(五の二)「5の②」＋別表十七(三の六)「1」）		31			その他	
合計 (26)＋(27)＋(29)＋(30)＋(31)		34	361,644,800	303,274,800	外※	0 58,370,000
中間申告における繰戻しによる還付に係る災害損失欠損金額の益金算入額		37			※	
非適格合併又は残余財産の全部分配等による移転資産等の譲渡利益額又は譲渡損失額		38			※	
差引計 (34)＋(37)＋(38)		39	361,644,800	303,274,800	外※	0 58,370,000
更生欠損金又は民事再生等評価換えが行われる場合の再生等欠損金の損金算入額（別表七(三)「9」又は「21」）		40	△		※	△
通算対象欠損金額の損金算入額又は通算対象所得金額の益金算入額（別表七の三「5」又は「11」）		41			※	
差引計 (39)＋(40)±(41)		43	361,644,800	303,274,800	外※	0 58,370,000
欠損金又は災害損失金等の当期控除額（別表七(一)「4の計」＋別表七(四)「10」）		44	△		※	△
総計 (43)＋(44)		45	361,644,800	303,274,800	外※	0 58,370,000
残余財産の確定の日の属する事業年度に係る事業税及び特別法人事業税の損金算入額		51	△	△		
所得金額又は欠損金額		52	361,644,800	303,274,800	外※	0 58,370,000

㊎

別表四（簡易様式）

別表5（一）Ｉ

利益積立金額及び資本金等の額の計算に関する明細書

事業年度	×1・4・1 ×2・3・31	法人名	A株式会社

別表五(一)

Ｉ　利益積立金額の計算に関する明細書

区分		期首現在利益積立金額 ①	当期の増減 減 ②	当期の増減 増 ③	差引翌期首現在利益積立金額 ①−②＋③ ④
利益準備金	1	75,000,000円	円	円	75,000,000円
別途積立金	2	220,000,000		40,000,000	260,000,000
車両運搬具	3	800,000	100,000		700,000
器具備品	4			300,000	300,000
仮払旅費交通費	5			△250,000	△250,000
	6				
	7				
	8				
	9				
	10				
	11				
	12				
	13				
	14				
	15				
	16				
	17				
	18				
	19				
	20				
	21				
	22				
	23				
	24				
繰越損益金（損は赤）	25	357,231,500	357,231,500	502,056,300	502,056,300
納税充当金	26	53,500,000	53,500,000	93,000,000	93,000,000
未納法人税等（退職年金等積立金に対するものを除く。） 未納法人税及び未納地方法人税（附帯税を除く。）	27	△35,000,000	△65,000,000	中間 △30,000,000 確定 △60,000,000	△60,000,000
未払通算税効果額（附帯税の額に係る部分の金額を除く。）	28			中間 確定	
未納道府県民税（均等割額を含む。）	29	△1,800,000	△3,300,000	中間 △1,500,000 確定 △3,000,000	△3,000,000
未納市町村民税（均等割額を含む。）	30	△5,700,000	△10,700,000	中間 △5,000,000 確定 △10,000,000	△10,000,000
差引合計額	31	664,031,500	331,831,500	525,606,300	857,806,300

Ⅱ　資本金等の額の計算に関する明細書

区分		期首現在資本金等の額 ①	当期の増減 減 ②	当期の増減 増 ③	差引翌期首現在資本金等の額 ①−②＋③ ④
資本金又は出資金	32	300,000,000円	円	円	300,000,000円
資本準備金	33	100,000,000			100,000,000
	34				
	35				
差引合計額	36	400,000,000			400,000,000

別表５（二）

租税公課の納付状況等に関する明細書

事業年度	×1・4・1 ×2・3・31	法人名	A株式会社

別表五(二)

税目及び事業年度				期首現在未納税額 ①	当期発生税額 ②	当期中の納付税額 充当金取崩しによる納付 ③	当期中の納付税額 仮払経理による納付 ④	当期中の納付税額 損金経理による納付 ⑤	期末現在未納税額 ①+②−③−④−⑤ ⑥
法人税及び地方法人税		・　・	1	円		円	円	円	円
		X0・4・1 X1・3・31	2	35,000,000		35,000,000			0
	当期分	中間	3		30,000,000 円			30,000,000	0
		確定	4		60,000,000				60,000,000
		計	5	35,000,000	90,000,000	35,000,000	0	30,000,000	60,000,000
道府県民税		・　・	6						
		X0・4・1 X1・3・31	7	1,800,000		1,800,000			0
	当期分	中間	8		1,500,000			1,500,000	0
		確定	9		3,000,000				3,000,000
		計	10	1,800,000	4,500,000	1,800,000	0	1,500,000	3,000,000
市町村民税		・　・	11						
		X0・4・1 X1・3・31	12	5,700,000		5,700,000			0
	当期分	中間	13		5,000,000			5,000,000	0
		確定	14		10,000,000				10,000,000
		計	15	5,700,000	15,000,000	5,700,000	0	5,000,000	10,000,000
事業税及び特別法人事業税		・　・	16						
		X0・4・1 X1・3・31	17		11,000,000	11,000,000			0
		当期中間分	18		10,000,000			10,000,000	0
		計	19	0	21,000,000	11,000,000	0	10,000,000	0
その他	損金算入のもの	利子税	20						
		延滞金（延納に係るもの）	21						
		印紙税	22		220,000			220,000	0
		固定資産税	23		1,360,000			1,360,000	0
	損金不算入のもの	加算税及び加算金	24						
		延滞税	25						
		延滞金（延納分を除く。）	26						
		過怠税	27						
		源泉所得税等	28		15,000			15,000	0
			29						

納税充当金の計算

項目		No	金額	項目		No	金額
期首納税充当金		30	53,500,000 円	取崩額 その他	損金算入のもの	36	円
繰入額	損金経理をした納税充当金	31	93,000,000		損金不算入のもの	37	
		32				38	
	計 (31)+(32)	33	93,000,000		仮払税金消却	39	
取崩額	法人税額等 (5の③)+(10の③)+(15の③)	34	42,500,000		計 (34)+(35)+(36)+(37)+(38)+(39)	40	53,500,000
	事業税及び特別法人事業税 (19の③)	35	11,000,000	期末納税充当金 (30)+(33)−(40)		41	93,000,000

通算法人の通算税効果額又は連結法人税個別帰属額及び連結地方法人税個別帰属額の発生状況等の明細

事業年度	No	期首現在未決済額 ①	当期発生額 ②	当期中の決済額 支払額 ③	当期中の決済額 受取額 ④	期末現在未決済額 ⑤
・　・	42	円		円	円	円
・　・	43					
当期分	44		中間 円 確定			
計	45					

4 別表４と別表５の具体的記載例

1 修正申告とは

納税申告書を提出した法人は，国税通則法の規定により，次のいずれかに該当する場合には，その申告について更正があるまでは，その申告に係る課税標準等又は税額等を修正する納税申告書を税務署長に提出することができます。

① 先の納税申告書の提出により納付すべきものとしてこれに記載した税額に不足額があるとき
② 先の納税申告書に記載した純損失等の金額が過大であるとき
③ 先の納税申告書に記載した還付金の額に相当する税額が過大であるとき
④ 先の納税申告書に当該申告書の提出により納付すべき税額を記載しなかった場合において，その納付すべき税額があるとき

簡単に言うと，納付税額が過少であった場合や，申告書で算出した欠損金額が過大であったような場合に，正しい申告書を再作成して提出することを修正申告といいます。法人税の修正申告は，特別な用紙を使うわけではなく，確定申告書と同じ用紙を使い，別表１では「確定申告書」ではなく「修正確定申告書」として提出します。

なお，修正申告は，納付税額が過少であった場合や欠損金額が過大であった場合に行うもので，逆に，納付税額が過大である場合や欠損金額が過少である場合には，更正の請求を行います。

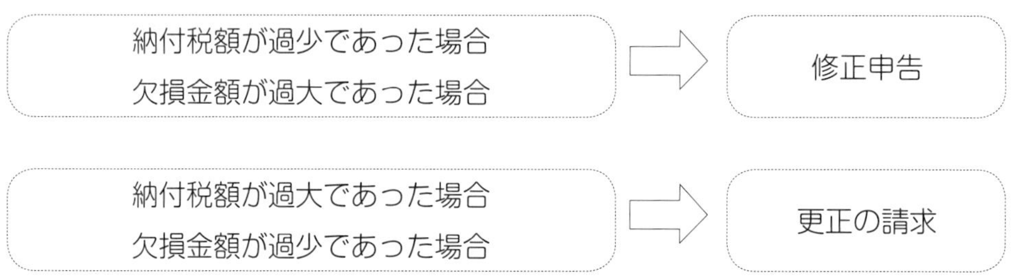

2 修正申告の方法

(1)　修正申告の方法

修正申告を行う際には，所得計算上の調整をどのように行うのかなど，次のような検討すべき点があります。

① 修正事項の申告調整をどのように行うのか。
② 翌期以降において，修正事項について会計上で受入経理を行うのか。

修正申告を行うべき事項が発見された場合には，過年度の決算は修正せず，申告書別表４で修正を行います。例えば前期の決算・申告に関して「売上高の計上もれ」が発見された場合であっても，過去において確定した決算が変更されることはありません。一旦，定時株主総会で承認された過年度の決算において，後から売上高を追加計上するということはできません。したがって，このような修正すべき事項はすべて申告書別表４において申告調整を行うことになります。

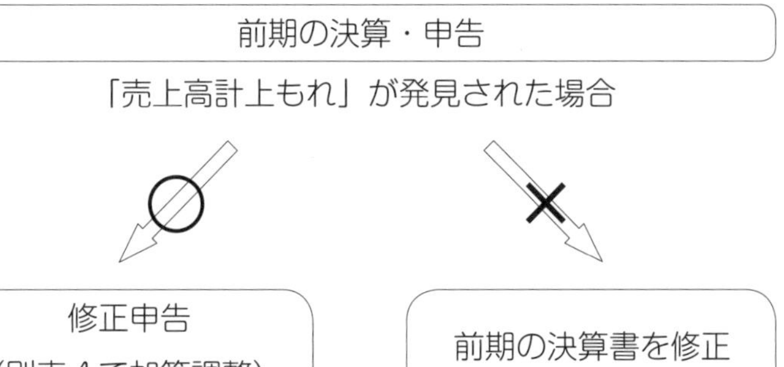

なお，修正申告は，通常の確定申告書とは異なる「特別な」申告書を使用するわけではありません。当初提出した確定申告書に修正が生じたために，正しい申告書を作成し直して，それを再提出するというものです。したがって，修正申告書は，通常の確定申告書と同じ用紙を使用し，「確定申告書」ではなく，「修正確定申告書」として提出します。

修正申告においては，当初の申告書に記載した所得金額が増加又は繰越欠損金が減少したり，納付すべき税額が増加あるいは還付される税額が減少しますので，別表４や別表１が修正されるだけでなく，別表５（一）Ｉや別表５（二）における確定申告税額の記載も修正する必要があります。

実務上のポイント！

過年度の間違いを修正する場合に，過去の決算書の修正はできないため，修正申告を行います。

(2) 受入経理

修正すべき事項が，交際費の損金不算入や役員給与の損金不算入などのようにその事業年度だけの修正にとどまる場合と，「売上高計上もれ」や「減価償却超過額」などのように翌事業年度以降にも影響を及ぼす場合があります。翌事業年度以降にも影響を及ぼす修正事項の場合には，翌事業年度において「受入経理」をする場合と，「受入経理」をしない場合の２通りの方法が考えられます。

「減価償却超過額」の場合で考えてみます。例えば，税務調査が行われ，前期において損金経理処理したものが，本来は資産として計上し，減価償却しなければならないものであった場合には「減価償却超過額」の加算調整を修正申告で行います。そして，当期において，①減価償却超過額部分について資産に計上して会計と税務を一致させる場合と，②何も処理をしない場合の２通りの方法が考えられます。この場合に，①の方法が「受入経理をする場合」であり，②の方法が「受入経理をしない場合」となります。

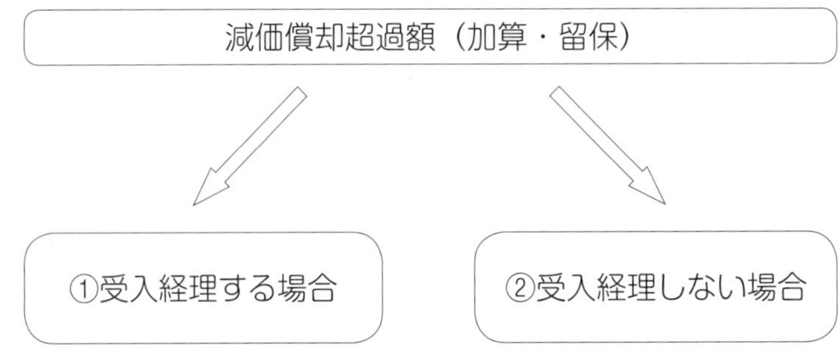

会計上資産性がないと判断して損金経理している場合には，本来は受入経理をすることができないと考えられますが，中小企業の実務においては，受入経理をする場合と受入経理をしない場合の両方の処理が考えられます。

① 受入経理をする場合

前期分の修正申告において生じた「建物減価償却超過額　1,000（加算）」という調整について受入経理をする場合，会計上で次のような仕訳をします。

（借）建　　　　　物　1,000　／　（貸）前期損益修正益　1,000

（注）過年度遡及会計基準を適用している場合は「前期損益修正益」は生じませんが，ここでは説明をわかりやすくするために使用しています。

前期末において，減価償却超過額1,000の部分については，会計上は既に費用処理したのに対して，税務上はまだ建物の帳簿価額として残っている（つまり未だ償却していない）ため，この仕訳を起こすことによって，この帳簿価額のズレを解消します。

この受入経理を行った場合には，前期の修正申告において生じた「減価償却超過額」は，当期の申告書別表４において「認容」（減算）することになります。つまり，受入経理によって会計と税務の帳簿価額のズレが解消されるのです。

よって，受入経理をした場合には，当期以降は，受入経理後の帳簿価額を基礎として通常どおりに償却計算を行い，修正分の認容（減算）以外は別表４での調整は特に必要ありません。

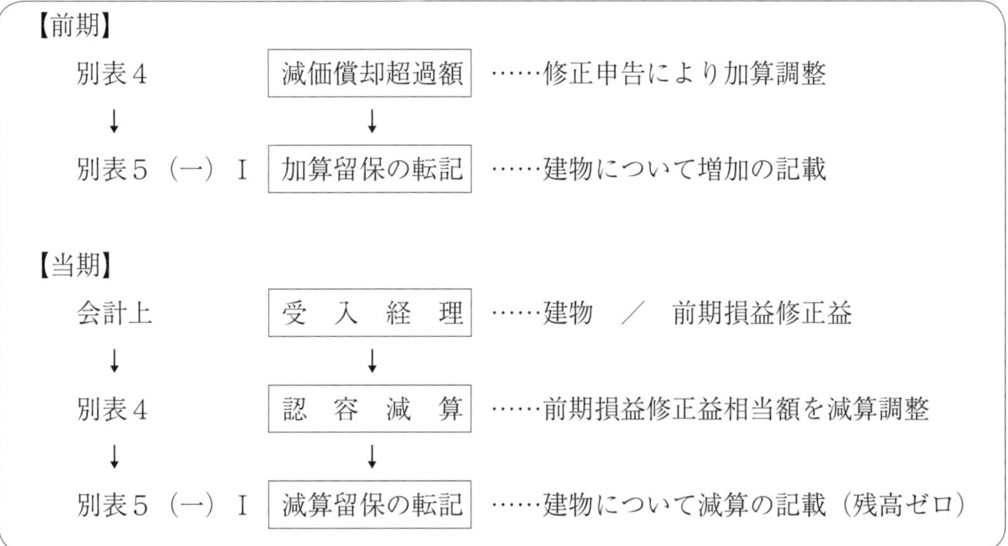

②　受入経理をしない場合

受入経理をしない場合とは，①の仕訳を行わないことです。すなわち，会計上は，何も処理をしないことを意味します。

仕訳なし

したがって，前期末における会計と税務の帳簿価額のズレは解消しないために，ズレたままの状態が続きます。そして，当期以降の償却計算において償却不足額が生じた場合（損金経理償却費＜償却限度額）に，その償却不足額の範囲内で前期から繰り越された償却超過額を認容（減算）していきます。

受入経理をした場合には会計と税務の帳簿価額のズレが当期においてすべて解消する（すなわち全額を認容（減算）する）のに対して，受入経理をしない場合には，会計と税務のズレは，償却不足額の範囲内で少しずつ解消していくことになります。

別表５（一）Ⅰにおいては，受入経理をする場合には，当期首にあった減価償却超過額が当期にすべて認容されて，当期末においてはゼロとなるのに対して，受入経理をしない場合には，減価償却超過額が別表５（一）Ⅰに長年に渡って計上され，少しずつ減少（認容）していくことになります。

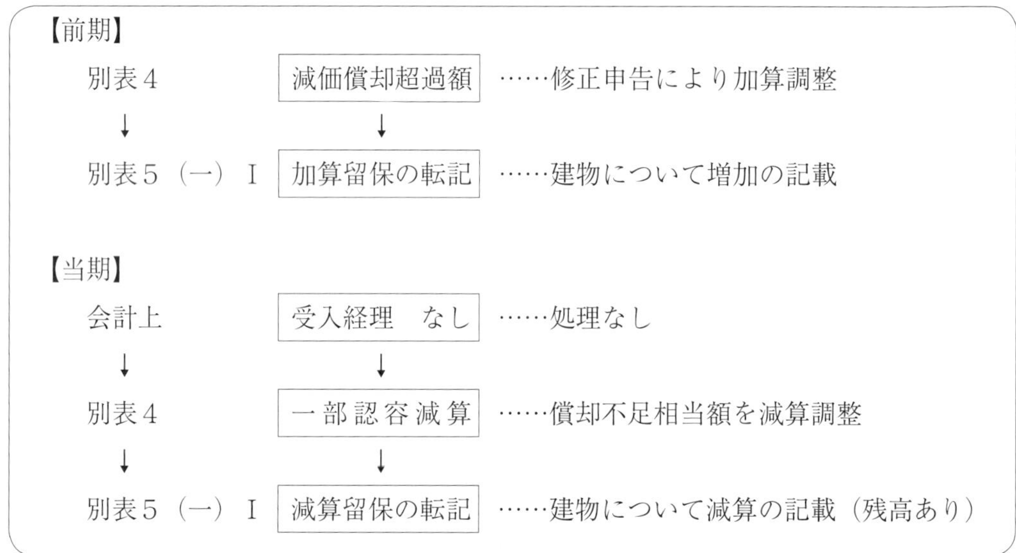

実務上のポイント！

修正申告において留保の調整をした場合には，その後の事業年度において，受入経理をする場合と，受入経理をしない場合の２通りの処理があります。なお，過年度遡及会計基準を適用する場合には，「前期損益修正損（益）」勘定は使用しませんので留意が必要です。

5　修正申告の方法と別表の記載

3 具体的な記載

(1)　前期の修正申告を行う場合

前期の確定申告において「役員給与の損金不算入額　1,000（加算・流出）」の調整が漏れていることが判明したために，当期において修正申告を行うケースで具体的に記載を確認していきます。

①　別表４

当初の別表４は次のようになっていたと仮定します。そして，本来は，別表４で「役員給与の損金不算入額　1,000（加算・流出）」という調整を行うべきだったため，修正申告においては，当初の別表４にこの調整を追加して記載します。

【当初申告・別表４】

区分		総額	処分		
			留保	社外流出	
		①	②	③	
当期利益又は当期欠損の額		8,800	8,800	配当	
				その他	
加算	損金経理をした法人税	1,500	1,500		
	損金経理をした住民税	300	300		
	損金経理をした納税充当金	5,000	5,000		
減算	納税充当金支出事業税等	600	600		
所得金額		15,000	15,000		

【修正申告・別表4】

区　分		総　額	処　分		
			留　保	社外流出	
		①	②	③	
当期利益又は当期欠損の額		8,800	8,800	配　当	
				その他	
加算	損金経理をした法人税	1,500	1,500		
	損金経理をした住民税	300	300		
	損金経理をした納税充当金	5,000	5,000		
	役員給与の損金不算入額	**1,000**			**1,000**
減算	納税充当金支出事業税等	600	600		
所　得　金　額		16,000	15,000		1,000

（解説）

「役員給与の損金不算入額　1,000（加算）」の調整は，総額①と社外流出③に記載します。上述したように，修正申告書は，特別な用紙等があるわけではありませんから，当初提出した別表４に追加して記載します。この追加によって，所得金額が15,000から16,000に1,000増加しています。

実務上のポイント！

修正申告では，当初提出した別表４で漏れていた調整を追加で記載し，または当初記載した調整の金額を修正します。

② 別表５（一）Ｉ

この調整によって，別表５（一）Ｉはどうなるのでしょうか。別表４に追加した加算調整は社外流出項目ですから，所得金額が増加しても，利益積立金額は増減しません。したがって，「役員給与の損金不算入額　1,000（加算・流出）」の調整を追加しても，別表５（一）Ｉには転記は生じません。

ただし，所得金額が1,000増加しましたので，それによって追加で納付すべき税額が発生します。そのため，法人税や住民税の確定申告で納めるべきであった納付税額が増加することになります。ここで，当初の別表５（一）Ｉの未納法人税等に記載していた確定申告分の税額が変更となりますので，修正申告の別表５（一）Ｉでは変更後の税額を記載します。

ここでは，仮に当初申告における納付税額が次のようになっていたと仮定します。

【当初の申告税額】

	年間税額	中間納付額	差引確定申告税額
法人税	4,500	1,500	3,000
道府県民税	280	80	200
市町村民税	720	220	500
事業税	1,700	400	1,300
合計	7,200	2,200	5,000

修正申告では，所得金額が1,000増加して16,000になりましたので，これを基に別表１や地方税の申告書を作成して税額計算を行います。そして，修正申告後の税額が次のように計算されたと仮定します。

【修正後の申告税額】

	年間税額	中間納付額	差引確定申告税額	追加納付税額
法人税	4,800	1,500	3,300	300
道府県民税	300	80	220	20
市町村民税	760	220	540	40
事業税	1,800	400	1,400	100
合計	7,660	2,200	5,460	460

当初申告の別表５（一）Ⅰでは，中間納付額と確定申告税額について，未納法人税等の記載が次のようにされています。

【当初申告・別表５（一）Ⅰ】

区分		期首現在利益積立金額	当期の増減			差引翌期首現在利益積立金額
			減	増		
		①	②	③		④
納税充当金		3,000	3,000		5,000	5,000
未納法人税等	未納法人税	△ 2,000	△ 3,500	中間	△ 1,500	△ 3,000
				確定	△ 3,000	
	未納道府県民税	△ 100	△ 180	中間	△ 80	△ 200
				確定	△ 200	
	未納市町村民税	△ 300	△ 520	中間	△ 220	△ 500
				確定	△ 500	

【修正申告・別表５（一）Ⅰ】

区分		期首現在利益積立金額	当期の増減			差引翌期首現在利益積立金額
			減	増		
		①	②	③		④
納税充当金		3,000	3,000		5,000	5,000
未納法人税等	未納法人税	△ 2,000	△ 3,500	中間	△ 1,500	△ **3,300**
				確定	△ **3,300**	
	未納道府県民税	△ 100	△ 180	中間	△ 80	△ **220**
				確定	△ **220**	
	未納市町村民税	△ 300	△ 520	中間	△ 220	△ **540**
				確定	△ **540**	

（解説）

この場合に，追加の納付税額は合計で460ですが，この金額は，直接別表５（一）Ⅰには記載されません。当初の申告から変更されるのは確定申告税額の部分です。修正申告の場合には，追加の納付税額に目が行きがちですが，追加の納付税額について記載する箇所は別表５（一）Ⅰにはありません。そして注意しておきたいのは，変更されるのは確定申告税額の部分だけであるということです。中間申告税額は，当初申告の記載から当然に変更はありません。

また，決算数値は，修正申告によっても変更はありませんので，納税充当金についての記載も当初申告から変更はありません。決算上は，当初申告における確定申告税額の合計額5,000と同額の未払法人税等（納税充当金）が計上されていましたが，確定申告税額が460増加したために，結果的に納税充当金が同額だけ不足する結果となってしまいます。この追加の納付税額460を実際に納付した際には，その不足額は，通常は損金経理されることになります。

実務上のポイント！

別表５（一）Ⅰには，追加の納付税額は直接記載されません。あくまで，修正後の確定申告税額を記載します。追加の納付税額は別表１に記載されます。

③ 別表５（二）

当初申告における別表５（二）が次のようになっていたとします。

【当初申告・別表５（二）】

		期首現在未納税額	当期発生税額	当期中の納付税額			期末現在未納税額
				充当金取崩しによる納付	仮払経理による納付	損金経理による納付	
		①	②	③	④	⑤	⑥
法人税	前期分	2,000		2,000			0
	当期分 中間		1,500			1,500	0
	当期分 確定		3,000				3,000
	計	2,000	4,500	2,000		1,500	3,000
道府県民税	前期分	100		100			0
	当期分 中間		80			80	0
	当期分 確定		200				200
	計	100	280	100		80	200
市町村民税	前期分	300		300			0
	当期分 中間		220			220	0
	当期分 確定		500				500
	計	300	720	300		220	500
事業税	前期分		600	600			0
	当期中間分		400			400	0
	計		1.000	600		400	0

【修正申告・別表５（二）】

			期首現在未納税額	当期発生税額	当期中の納付税額			期末現在未納税額
					充当金取崩しによる納付	仮払経理による納付	損金経理による納付	
			①	②	③	④	⑤	⑥
法人税	前期分		2,000		2,000			0
	当期分	中間		1,500			1,500	0
		確定		**3,300**				**3,300**
	計		2,000	4,800	2,000		1,500	3,300
道府県民税	前期分		100		100			0
	当期分	中間		80			80	0
		確定		**220**				**220**
	計		100	300	100		80	220
市町村民税	前期分		300		300			0
	当期分	中間		220			220	0
		確定		**540**				**540**
	計		300	760	300		220	540
事業税	前期分			600	600			0
	当期中間分			400			400	0
	計			1.000	600		400	0

（解説）

修正申告では，別表５（一）Ⅰの未納法人税等と同様に，確定申告税額が変更になりましたので，法人税3,000→3,300，道府県民税200→220，市町村民税500→540と変更後の金額に修正して記載します。なお，事業税については，確定申告税額を記載しませんので，修正申告でも同様に記載はありません。

実務上のポイント！

修正申告では，別表５（二）は確定申告税額が修正されます。

別表５（二）のうち，納税充当金の部分については，当初申告で次のように記載されています。

【当初申告】

納税充当金の計算						
期首納税充当金		3,000	取崩額	その他	損金算入のもの	
繰入額	損金経理をした納税充当金	5,000	取崩額	その他	損金不算入のもの	
繰入額			取崩額	その他		
繰入額	計	5,000	取崩額	その他	仮払税金消却	
取崩額	法人税額等	2,400	取崩額	計		3,000
取崩額	事業税	600	期末納税充当金			5,000

【修正申告】（当初申告と同様）

納税充当金の計算						
期首納税充当金		3,000	取崩額	その他	損金算入のもの	
繰入額	損金経理をした納税充当金	5,000	取崩額	その他	損金不算入のもの	
繰入額			取崩額	その他		
繰入額	計	5,000	取崩額	その他	仮払税金消却	
取崩額	法人税額等	2,400	取崩額	計		3,000
取崩額	事業税	600	期末納税充当金			5,000

（解説）

修正申告であっても一旦確定した決算数値は修正になりません。したがって，修正申告においては，納税充当金の計算の部分は，当初申告と全く変わりません。

実務上のポイント！

修正申告をしても，「確定した決算」自体は変更ないため，納税充当金の記載に変更はありません。

⑵　当期の確定申告書（前期の修正申告後）

①　別表５（二）

当期の別表５（二）は，前期の期末現在未納税額を引き継ぎ，それを期首現在未納税額として記載します。この場合，前期の申告について修正が行われたときは，修正申告に基づく未納税額を期首欄に記載します。

それ以外に修正申告に関しての特別な記載はありませんが，前期末において確定申告税額と同額の納税充当金を繰り入れていたとしても，修正申告によって追加の納付税額が生じてきますから，追加税額部分の金額は納税充当金が不足する結果となるため，追加納付税額は，通常，損金経理されることになります。

【別表５（二）】

			期首現在未納税額	当期発生税額	当期中の納付税額			期末現在未納税額
					充当金取崩しによる納付	仮払経理による納付	損金経理による納付	
			①	②	③	④	⑤	⑥
法人税	前期分		3,300		3,000		300	0
	当期分	中間						
		確定						
	計							
道府県民税	前期分		220		200		20	0
	当期分	中間						
		確定						
	計							
市町村民税	前期分		540		500		40	0
	当期分	中間						
		確定						
	計							
事業税	前期分			1,400	1,300		100	0
	当期中間分							
	計							

別表５（二）の納税充当金については，修正申告に関連する特別な記載はありません。

納税充当金の計算						
期首納税充当金		5,000	取崩額	その他	損金算入のもの	
繰入額	損金経理をした納税充当金				損金不算入のもの	
	計				仮払税金消却	
取崩額	法人税額等	3,700		計		5,000
	事業税	1,300	期末納税充当金			0

② 別表4

修正申告に伴う追加納付税額は，通常，損金経理処理が想定されます。したがって，損金経理されている追加納付税額のうち，法人税と住民税は加算調整が行われ，事業税については調整の必要はありません。

【別表4】

区分		総額	処分		
			留保	社外流出	
		①	②	③	
当期利益又は当期欠損の額				配当	
				その他	
加算	損金経理をした法人税	300	300		
	損金経理をした住民税	60	60		
	損金経理をした納税充当金				
減算	納税充当金支出事業税等	1,300	1,300		
所得金額					

③ 別表5（一）Ⅰ

別表5（一）Ⅰの期首現在の「未納法人税等」は，別表5（二）の記載と同様に，修正申告後の税額を記載します。

【別表５（一）Ｉ】

<table>
<tr><td colspan="2" rowspan="3">区　分</td><td>期首現在</td><td colspan="3">当期の増減</td><td>差引翌期首現在</td></tr>
<tr><td>利益積立金額</td><td>減</td><td colspan="2">増</td><td>利益積立金額</td></tr>
<tr><td>①</td><td>②</td><td colspan="2">③</td><td>④</td></tr>
<tr><td colspan="2"></td><td></td><td></td><td colspan="2"></td><td></td></tr>
<tr><td colspan="2">納税充当金</td><td>5,000</td><td>5,000</td><td colspan="2"></td><td></td></tr>
<tr><td rowspan="6">未納法人税等</td><td rowspan="2">未納法人税</td><td rowspan="2">△　3,300</td><td rowspan="2">△　3,300</td><td>中間</td><td>△</td><td rowspan="2">△</td></tr>
<tr><td>確定</td><td>△</td></tr>
<tr><td rowspan="2">未納道府県民税</td><td rowspan="2">△　220</td><td rowspan="2">△　220</td><td>中間</td><td>△</td><td rowspan="2">△</td></tr>
<tr><td>確定</td><td>△</td></tr>
<tr><td rowspan="2">未納市町村民税</td><td rowspan="2">△　540</td><td rowspan="2">△　540</td><td>中間</td><td>△</td><td rowspan="2">△</td></tr>
<tr><td>確定</td><td>△</td></tr>
</table>

（解説）

前期の期末現在の未納法人税等を引き継いで期首現在の未納法人税等として記載します。前期の申告について修正申告が行われたときは，未納法人税等の期首残高は修正申告後の金額を記載します。

実務上のポイント！

① 期首現在の未納税額は，前期の修正申告における期末現在未納税額を引き継いで記載します。

② 修正申告による追加納付税額は，納税充当金が計上されていないため，通常損金経理されます。

4 受入経理に関する記載

(1) 「減価償却超過額」の修正申告を行う場合

修正申告すべき事由が,「減価償却超過額」などの留保項目の場合には，その事業年度だけでなく，翌事業年度以降にも影響を及ぼすことになります。これは，留保項目の調整の場合には，調整内容が別表５（一）Ⅰに記載され，翌事業年度以降において会計と税務のズレが解消する際に，逆の調整（認容・減算）が必要となるためです。

先ほどは「役員給与の損金不算入額　1,000（加算・流出)」を例としましたが，ここでは「建物減価償却超過額　1,000（加算・留保)」の場合で考えます。

【修正申告・別表４】

区分		総額	処分		
			留保	社外流出	
		①	②	③	
当期利益又は当期欠損の額		8,800	8,800	配当	
				その他	
加算	損金経理をした法人税	1,500	1,500		
	損金経理をした住民税	300	300		
	損金経理をした納税充当金	5,000	5,000		
	建物減価償却超過額	**1,000**	**1,000**		
減算	納税充当金支出事業税等	600	600		
所得金額		16,000	16,000		

【修正申告・別表５（一）Ⅰ】

区　分	期首現在利益積立金額	当期の増減		差引翌期首現在利益積立金額
		減	増	
	①	②	③	④
建　　物			1,000	1,000
繰越損益金				

（解説）

「建物減価償却超過額　1,000（加算・留保）」は，留保の調整であるために，所得金額を1,000増加させるとともに利益積立金額を1,000増加させることになり，別表５（一）Ⅰ③増に転記されます。別表４から転記された「建物　1,000」は，利益積立金額を構成し，会計と税務のズレとして翌事業年度に繰り越されていきます。

実務上のポイント！

修正申告により留保の調整を行う場合には，通常の申告と同様に，別表５（一）Ⅰに記載します。

⑵　受入経理をする場合

前期の修正申告によって生じた「建物減価償却超過額　1,000（加算・留保）」について，当期に受入経理を行う場合には，会計上，次の仕訳を行います。

（借）建　　物　1,000　／　（貸）前期損益修正益　1,000

この仕訳を行うことによって，会計上と税務上では，建物の帳簿価額のズレを解消して一致させます。別表４においては「建物減価償却超過額認容　1,000（減算・留保）」の調整を行います。

（注）過年度遡及会計基準は適用しないものとします。

【別表4】

区分		総額	処分		
			留保	社外流出	
		①	②	③	
当期利益又は当期欠損の額		1,000	1,000	配当	
				その他	
加算					
減算	建物減価償却超過額認容	1,000	1,000		
所得金額		0	0		

【別表5（一）Ⅰ】

区分	期首現在利益積立金額	当期の増減		差引翌期首現在利益積立金額
		減	増	
	①	②	③	④
建物	1,000	1,000		0
繰越損益金			1,000	1,000

（解説）

「建物減価償却超過額認容　1,000（減算・留保）」の調整は，留保項目ですから，別表5（一）Ⅰ②に転記されます。その際に，別表5（一）Ⅰの期首にある「建物　1,000」を消却する記載をします。そして，④翌期首現在利益積立金額はゼロとなります。

実務上のポイント！

受入経理をすると，別表4では，減価償却超過額の全額が認容減算されます。

(3)　受入経理をしない場合

前期の修正申告によって生じた「建物減価償却超過額　1,000（加算・留保）」について，当期に「受入経理をしない場合」とは，上記(2)の仕訳を行わないということです。受入経理をする場合には，それによって会計と税務のズレが解消して「建物減価償却超過額　1,000（加算・留保）」のすべてが認容・減算されますが，受入経理をしない場合には，この減算調整は生じません。

ただし，償却計算において償却不足額が生じた場合には，繰越償却超過額と償却不足額のいずれか少ない金額を認容・減算します。例えば，会社が損金経理した償却費が200，償却限度額が300の場合，「建物減価償却超過額認容　100（減算・留保）」の減算調整が生じます。

①　損金経理償却費200－償却限度額300＝償却不足額△100
②　償却不足額100＜繰越償却超過額1,000
③　いずれか少ない金額　∴　減価償却超過額認容100（減算）

【別表４】

区　分		総　額	処　分		
			留　保	社外流出	
		①	②	③	
当期利益又は当期欠損の額				配　当	
				その他	
加算					
減算	建物減価償却超過額認容	100	100		
所　得　金　額					

（解説）

「建物減価償却超過額認容　100（減算・留保）」の調整は，留保項目ですから，別表５（一）Ⅰに転記されます。その際に，別表５（一）Ⅰの期首にある「建物　1,000」の一部を消却する記載をします。そして，1,000－100＝900が④翌期首現在利益積立金額に記載されます。

【別表５（一）Ｉ】

区　分	期首現在利益積立金額	当期の増減		差引翌期首現在利益積立金額
		減	増	
	①	②	③	④
建　物	1,000	100		900
繰越損益金				

（解説）

受入経理をしない場合には，上記のように建物減価償却超過額は，償却不足額が生じた場合に認容されますので，受入経理をする場合のように，別表５（一）Ｉにおける建物の期末残高がゼロになるわけではありません。翌期以降も同様に，償却不足額が生じる都度，認容減算の調整をしていき，別表５（一）Ｉの建物の残高は少しずつ減少していきます。

実務上のポイント！

受入経理をしない場合には，償却不足額が生じる都度，別表４において認容減算が生じます。

(4)　実務での受入経理の判断

受入経理を行うか否かの判断は，一般的に，受入経理の仕訳をすることが可能か否かで決まってくるものと考えられます。

中小企業の実務では，一般的に，受入経理が行われることが多いと考えられます。会計と税務を一致させて処理している場合が多いため，修正申告で帳簿価額にズレが生じた場合に，受入経理を行って両者を一致させるケースが多いと考えられます。

中小企業と異なり，会計監査を受けるような大企業の場合には，財務諸表に与える影響にもよりますが，一般的には，受入経理は行われないものと考えられます。会計処理が間違っていたという場合には受入経理が行われると思われますが（この場合には，本来は過年度遡及会計基準が適用になります。），会計処理には問題ない場合で修正申告が行われた場合には，受入経理をする合理性がないためです。

（受入経理の有無）

中小企業の場合	→　受入経理を行う場合が多い
大 企 業 の 場 合	→　受入経理は行わない場合が多い

5 修正申告と事業税

(1)　事業税の損金算入時期

事業税は，申告納税方式の租税公課であるために，申告書に記載された税額が，その申告書が提出された日の属する事業年度の損金の額に算入されます。また，更正又は決定に係る税額については，その更正又は決定があった日の属する事業年度の損金の額に算入されます。

したがって，修正申告を行う場合においても，事業税の修正申告書を提出した日，又は，更正の日の属する事業年度の損金の額となります。例えば，前々期と前期の２期分の修正申告を当期に行う場合には，法人税とともに事業税の修正申告書を当期に提出しますので，事業税の追加税額は全額が当期の損金となるのが原則です。

(2)　事業税の損金算入時期の特例

(1)にかかわらず，法人税基本通達9-5-2により，その事業年度の直前の事業年度分の事業税（特別法人事業税の額を含みます。）については，その事業年度終了の日までにその全部又は一部につき申告等がなされていない場合であっても，その事業年度の損金の額に算入することができるとされています。

したがって，前々期と前期の２期分の修正申告を当期に行う場合には，前期の修正申告における所得計算において，前々期の事業税の追加の納付税額を損金の額に算入することができます。具体的には，別表４において「未納事業税認定損」として減算・留保の調整を行います。

その後，当期において修正申告書を提出し，追加税額について納税を行ったときに会社が損金経理した金額は「未納事業税否認」として加算・留保の調整を行います。

実務上のポイント！

事業税の申告書を提出していなくとも，修正申告書において，直前期の事業税については損金の額に算入することができます。したがって，別表４で減算調整します。

(3)　具体的な記載

例えば，前々期の申告において「役員給与の損金不算入額　1,000（加算・流出）」の調整が漏れていたために修正申告し，また，前期の申告においても，同様に「役員給与の損金不算入額　1,000（加算・流出）」の調整が漏れていたために修正申告をすると仮定します。いずれも当期において修正申告書を提出します。

①　前々期の修正申告

前々期分の修正申告においては，「役員給与の損金不算入額　1,000」の加算調整を行います。

前々期【修正申告・別表４】

区　分		総　額	処　分		
			留　保	社外流出	
		①	②	③	
当期利益又は当期欠損の額				配　当	
				その他	
加算	役員給与の損金不算入額	1,000			1,000
減算					

②　前期の修正申告

前期分の修正申告においても，「役員給与の損金不算入額　1,000」の加算調整を行います。また，前々期分の修正申告において事業税の追加の納付税額が100生じたとすると，前期中には申告を行っていませんが，基本通達9-5-2により追加の納付税額100を損金の額に算入することができます。

前期【修正申告・別表４】

区　分		総　額	処　分		
			留　保	社外流出	
		①	②	③	
当期利益又は当期欠損の額				配　当	
				その他	
加算	役員給与の損金不算入額	1,000			1,000
減算	未納事業税認定損	100	100		

5　修正申告の方法と別表の記載

前期【修正申告・別表５（一）Ｉ】

区　分	期首現在利益積立金額	当期の増減		差引翌期首現在利益積立金額
		減	増	
	①	②	③	④
未納事業税			△100	△100
繰越損益金				

（解説）

別表４において減算調整した「未納事業税認定損」は，留保項目ですから別表５（一）Ｉに転記されます。

③　当期の申告

当期において前々期分の修正申告を行うとともに，追加税額について納付を行います。納付時には，通常，損金経理が想定されますので，追加の事業税100について次の仕訳が行われます。

（借）法人税等	100	／	（貸）現金預金	100

この場合に，前々期分の事業税は，基本通達9-5-2により前期の損金の額に算入済みですから，損金経理した事業税100は損金不算入とする必要があります。よって，別表４において「未納事業税否認　100（加算・留保）」の調整を行います。

当期【別表４】

区　分		総　額	処　分		
			留　保	社外流出	
		①	②	③	
当期利益又は当期欠損の額				配　当	
				その他	
加算	未納事業税否認	100	100		
減算					

当期【別表５（一）Ｉ】

区　分	期首現在利益積立金額	当期の増減		差引翌期首現在利益積立金額
		減	増	
	①	②	③	④
未納事業税	△100	△100		0
繰越損益金				

（解説）

別表４において加算調整した「未納事業税否認　100（加算・留保）」は，留保項目ですから別表５（一）Ｉに転記されます。この調整により，別表５（一）Ｉの期首①の△100は消却されてゼロとなります。

第2編

ケーススタディ

1 売上高の計上もれがある場合

具体例

会計上，翌期に売上高として計上している1,000については，税務上は当期の売上高とすべきものである。

（考え方）

会計と税務では売上高の認識時期が異なることが考えられます。この場合，会計上の処理にかかわらず，益金の額に算入すべき事業年度の売上高として計上する必要があります。

➡ 当期

（会計処理）

処理なし

（税務上の取扱い）

売　掛　金　1,000 ／ 売　上　高　1,000

会計上は売上高が計上されていない場合において，税務上は売上高として益金の額に算入しなければならないときには，別表４において加算調整を行います。また，利益積立金額にも影響を与えるため，別表５（一）Ⅰにも記載を行います。

【別表４】

区　　分		総　額	処　　分		
			留　保	社外流出	
		①	②	③	
当期利益又は当期欠損の額		0	0	配　当	
				その他	
加算	売上高計上もれ	1,000	1,000		
減算	−				
所得金額又は欠損金額		1,000	1,000		

（解説）

会計上は計上していない売上高を，税務上は当期の益金の額に算入する必要があるため，「売上高計上もれ　1,000（加算）」として加算調整します。この加算調整は，会計上の利益剰余金に対して税務上の利益積立金額を1,000増加させることになるため，「留保」の調整項目になります。したがって，この調整は総額①に記載するとともに，留保②にも記載します。

【別表５（一）Ⅰ】

区　分	期首現在利益積立金額	当期の増減		差引翌期首現在利益積立金額
		減	増	
	①	②	③	④
売　掛　金			1,000	1,000
繰越損益金				

（解説）

別表４の留保欄に記載された「売上高計上もれ　1,000（加算）」の加算調整は，別表５（一）Ⅰ③に「売掛金　1,000（増加）」として記載されます。税務上は売掛金1,000相当額が利益積立金額として認識されます。この記載によって，会計上の利益剰余金に売掛金1,000を加算した金額が税務上の利益積立金額になります。

記載のポイント！

次の追加・修正仕訳をイメージして，別表４と別表５（一）Ⅰの記載をしましょう。

（別表４）

売　掛　金　1,000 ／ 売　上　高　1,000
（所得の増加）

（別表５（一）Ⅰ）

売　掛　金　1,000 ／ 利益積立金額　1,000
（利積の増加）

➡ 翌　期

（会計処理）

売　掛　金　1,000 ／ 売　上　高　1,000

（税務上の取扱い）

処理なし

会計上は翌期に売上高を計上していますが，税務上は当期において既に認識済みですから，翌期においては売上高としては認識しません。したがって，会計上で計上された売上高を別表４において減算調整により取り消します。また，利益積立金額にも影響を与えるため，別表５（一）Ｉにも記載を行います。

【別表４】

区分		総額	処分		
			留保	社外流出	
		①	②	③	
当期利益又は当期欠損の額		1,000	1,000	配当	
				その他	
加算	－				
減算	**売上高計上もれ認容**	**1,000**	**1,000**		
所得金額又は欠損金額		0	0		

（解説）

会計上は売上高として計上されている1,000は，税務上は既に認識済みであるため，益金の額には算入しません。したがって，別表４において「売上高計上もれ認容　1,000（減算）」として減算調整を行います。この減算調整は，税務上の利益積立金額を1,000減少させることになるため，「留保」の調整項目になります。したがって，この調整は総額①に記載するとともに，留保②にも記載します。

【別表５（一）Ｉ】

区分	期首現在利益積立金額	当期の増減		差引翌期首現在利益積立金額
		減	増	
	①	②	③	④
売掛金	**1,000**	**1,000**		**0**
繰越損益金			1,000	1,000

(解説)

別表4の留保欄に記載された「売上高計上もれ認容　1,000（減算）」の減算調整は別表5（一）Ⅰ②に「売掛金　1,000（減少）」として記載されます。この別表4における減算調整は利益積立金額の計算上はマイナス要因となります。この記載によって，会計上の利益剰余金と税務上の利益積立金額の差異は解消します。

記載のポイント！

次の追加・修正仕訳をイメージして，別表4と別表5（一）Ⅰの記載をしましょう。

（別表4）

売 上 高 1,000 ／ 売 掛 金 1,000
（所得の減少）

（別表5（一）Ⅰ）

利益積立金額 1,000 ／ **売 掛 金 1,000**
（利積の減少）

2 仕入高が過大である場合

具体例

当期末に仕入計上した金額のうち600は過大計上であることが判明した。この過大計上額については，翌期において仕入を戻す処理をしている。なお，棚卸資産は適正額が計上されている。

（考え方）

会計上の仕入計上額が過大である場合には，税務上，仕入額を適正額に修正する必要があります。

当期

（会計処理）	（税務上の取扱い）
仕入高　600 ／ 買掛金　600	－ （仕入高600は認識しない）

会計上で計上されている仕入高600が過大計上と判明した場合には，税務上はあくまで適正額で所得計算を行いますので，その仕入高600は認識しません。よって別表４において加算調整を行います。また，利益積立金額にも影響を与えるため，別表５（一）Ⅰにも記載を行います。

【別表４】

区分		総額	処分		
			留保	社外流出	
		①	②	③	
当期利益又は当期欠損の額		△600	△600	配当	
				その他	
加算	仕入高過大計上	600	600		
減算	－				
所得金額又は欠損金額		0	0		

（解説）

過大となっている仕入高600については，別表４で「仕入高過大計上　600（加算）」として加算調整を行います。この加算調整は，会計上の利益剰余金に対して税務上の利益積立金額を600増加させることになるため，「留保」の調整項目になります。したがって，この調整は総額①に記載するとともに，留保②にも記載します。

【別表５（一）Ⅰ】

区　分	期首現在利益積立金額	当期の増減		差引翌期首現在利益積立金額
		減	増	
	①	②	③	④
買　掛　金			600	600
繰越損益金			△600	△600

（解説）

別表４の留保欄に記載された「仕入高過大計上　600（加算）」の加算調整は別表５（一）Ⅰ③に「買掛金　600（増加）」として記載されます。税務上は買掛金600が利益積立金額として認識されます。この記載によって，会計上の利益剰余金に買掛金600を加算した金額が税務上の利益積立金額になります。

記載のポイント！

次の追加・修正仕訳をイメージして，別表４と別表５（一）Ⅰの記載をしましょう。

（別表４）

買　掛　金　600 ／ 仕　入　高　600
（所得の増加）

（別表５（一）Ⅰ）

買　掛　金　600 ／ 利益積立金額　600
（利積の増加）

➡ 翌　期

（会計処理）

買　掛　金　600 ／ 仕　入　高　600

（税務上の取扱い）

－
（仕入戻しは認識しない）

会計上は仕入高の過大計上分を戻し入れる処理をしています。これにより仕入高△600が生じていますが，税務上は認識しませんので別表４において減算調整します。また，利益積立金額にも影響を与えるため，別表５（一）Ｉにも記載を行います。

【別表４】

区　分		総　額	処　分		
			留　保	社外流出	
		①	②	③	
当期利益又は当期欠損の額		600	600	配　当	
				その他	
加算	－				
減算	**仕入高過大計上認容**	**600**	**600**		
所得金額又は欠損金額		0	0		

（解説）

会計上は仕入高のマイナスとして計上されている600は，税務上は認識しませんので，別表４において「仕入高過大計上認容　600（減算）」として減算調整を行います。この減算調整は，税務上の利益積立金額を600減少させることになるため，「留保」の調整項目になります。したがって，この調整は総額①に記載するとともに，留保②にも記載します。

【別表５（一）Ｉ】

区　分	期首現在利益積立金額	当期の増減		差引翌期首現在利益積立金額
		減	増	
	①	②	③	④
買　掛　金	**600**	**600**		**0**
繰越損益金	△600	△600	0	0

（解説）

別表４の留保欄に記載された「仕入高過大計上認容　600（減算）」の減算調整は，別表５（一）Ｉ②に「買掛金　600（減少）」として記載され，「買掛金」の期末残高はゼロになります。この別表４における減算調整は利益積立金額の計算上はマイナス要因となります。この記載によって，会計上の利益剰余金と税務上の利益積立金額の差異は解消します。

記載のポイント！

次の追加・修正仕訳をイメージして，別表４と別表５（一）Ⅰの記載をしましょう。

（別表４）

仕 入 高　600 ／ 買 掛 金　600
（所得の減少）

（別表５（一）Ⅰ）

利益積立金額　600 ／ **買 掛 金**　600
（利積の減少）

3 棚卸資産の計上もれがある場合

具体例

倉庫にある期末棚卸資産2,000が，当期末の在庫に計上されていないことが判明した。この棚卸資産は翌期に販売された。

（考え方）

税務上は，（期首棚卸高＋当期仕入高－期末棚卸高）によって売上原価等が計算されます。この場合の期末棚卸高は実施棚卸を行って確定させます。期末棚卸高に計上もれが生じた場合には，期末棚卸高を修正して売上原価等を適正額に修正する必要があります。

➡ 当　期

（会計処理）

棚卸資産2,000が未計上

（税務上の取扱い）

棚 卸 資 産　2,000 ／ 売 上 原 価　2,000

実施棚卸を行って期末棚卸高を確定させたものの，その後に在庫計上もれ2,000が判明した場合には，税務上は2,000を棚卸資産として計上し，それに応じて売上原価を適正額に修正する必要があります。会計上，売上原価が本来の金額よりも2,000多く計上されていますので，別表４において加算調整を行います。また，利益積立金額にも影響を与えるため，別表５（一）Ⅰにも記載を行います。

【別表４】

区　分		総　額	処　分		
			留　保	社外流出	
		①	②	③	
当期利益又は当期欠損の額		△2,000	△2,000	配　当	
				その他	
加算	棚卸資産計上もれ	2,000	2,000		
減算	－				
所得金額又は欠損金額		0	0		

（解説）

棚卸資産の計上不足額2,000相当額の売上原価は損金の額に算入されませんので，別表４において「棚卸資産計上もれ　2,000（加算）」として加算調整をします。この加算調整は，会計上の利益剰余金に対して税務上の利益積立金額を2,000増加させることになるため，「留保」の調整項目になります。したがって，この調整は総額①に記載するとともに，留保②にも記載します。

【別表５（一）Ｉ】

区　分	期首現在利益積立金額	当期の増減		差引翌期首現在利益積立金額
		減	増	
	①	②	③	④
棚卸資産			**2,000**	**2,000**
繰越損益金			△2,000	△2,000

（解説）

別表４の留保欄に記載された「棚卸資産計上もれ　2,000（加算）」の加算調整は，別表５（一）Ｉ③に「棚卸資産　2,000（増加）」として記載されます。税務上は棚卸資産2,000相当額が利益積立金額として認識されます。この記載によって，会計上の利益剰余金に棚卸資産2,000を加算した金額が税務上の利益積立金額になります。

記載のポイント！

次の追加・修正仕訳をイメージして，別表４と別表５（一）Ｉの記載をしましょう。

（別表４）

棚 卸 資 産　2,000 ／ 売 上 原 価　2,000
（所得の増加）

（別表５（一）Ｉ）

棚 卸 資 産　2,000 ／ 利益積立金額　2,000
（利積の増加）

➡ 翌　期

（会計処理）

処理なし

（税務上の取扱い）

売 上 原 価　2,000 ／ 棚 卸 資 産　2,000

当期末の棚卸高が翌期首の棚卸高となります。その結果，会計上翌期に計上される売上原価は本来の金額よりも少なくなっています。税務上は，棚卸資産として計上された2,000が翌期において売上原価として認識されますので，別表４において減算調整します。また，利益積立金額にも影響を与えるため，別表５（一）Ⅰにも記載を行います。

【別表４】

<table>
<tr><th rowspan="3" colspan="2">区　　分</th><th rowspan="2">総　額</th><th colspan="3">処　　分</th></tr>
<tr><th>留　保</th><th colspan="2">社外流出</th></tr>
<tr><th>①</th><th>②</th><th colspan="2">③</th></tr>
<tr><td rowspan="2" colspan="2">当期利益又は当期欠損の額</td><td rowspan="2">0</td><td rowspan="2">0</td><td>配　当</td><td></td></tr>
<tr><td>その他</td><td></td></tr>
<tr><td>加算</td><td>－</td><td></td><td></td><td></td><td></td></tr>
<tr><td>減算</td><td>**棚卸資産計上もれ認容**</td><td>**2,000**</td><td>**2,000**</td><td></td><td></td></tr>
<tr><td colspan="2">所得金額又は欠損金額</td><td>△2,000</td><td>△2,000</td><td></td><td></td></tr>
</table>

（解説）

会計上は期首の棚卸高が本来の金額よりも2,000少ないために，売上原価も2,000少なくなっています。そこで，別表４において「棚卸資産計上もれ認容　2,000（減算）」として減算調整します。これにより売上原価を2,000追加計上したことになります。この減算調整は，税務上の利益積立金額を2,000減少させることになるため，「留保」の調整項目になります。したがって，この調整は総額①に記載するとともに，留保②にも記載します。

【別表５（一）Ⅰ】

<table>
<tr><th rowspan="3">区　分</th><th rowspan="2">期首現在
利益積立金額</th><th colspan="2">当期の増減</th><th rowspan="2">差引翌期首現在
利益積立金額</th></tr>
<tr><th>減</th><th>増</th></tr>
<tr><th>①</th><th>②</th><th>③</th><th>④</th></tr>
<tr><td>**棚卸資産**</td><td>**2,000**</td><td>**2,000**</td><td></td><td>0</td></tr>
<tr><td>繰越損益金</td><td>△2,000</td><td>△2,000</td><td>△2,000</td><td>△2,000</td></tr>
</table>

（解説）

別表４の留保欄に記載された「棚卸資産計上もれ認容　2,000（減算）」は別表５（一）

Ｉ②に「棚卸資産　2,000（減少)」として記載され,「棚卸資産」の期末残高はゼロになります。この別表４における減算調整は利益積立金額の計算上はマイナス要因となります。この記載によって，会計上の利益剰余金と税務上の利益積立金額の差異は解消します。

記載のポイント！

次の追加・修正仕訳をイメージして，別表４と別表５（一）Ｉの記載をしましょう。

（別表４）	（別表５（一）Ｉ）
売上原価　2,000 ／ 棚卸資産　2,000 （所得の減少）	利益積立金額　2,000 ／ **棚卸資産　2,000** （利積の減少）

4 債務未確定の未払費用を計上している場合

具体例

当期分の事業所税500は「未払事業所税」として損金経理している。この事業所税の申告書は翌期に提出するものである。なお，翌期において事業所税を納付したときには，未払事業所税を取り崩す処理をしている。

（考え方）

会計と税務では費用の認識時期が異なることが考えられます。会計は発生主義により，税務は債務確定主義によって費用の認識をするため，認識時期にずれが生じる場合があります。会計上，未払計上された費用が，税務上認められない場合には，別表４において調整を行います。

当　期

（会計処理）	（税務上の取扱い）
租 税 公 課　500 ／ 未払事業所税　500	－ （未払事業所税は損金の額に算入しない）

会計上，当期分の事業所税を損金経理により未払計上をしています。一方，税務上は，事業所税は申告したときに債務が確定し，その時点で損金として認識されます。したがって，税務上は事業所税は当期の損金の額に算入されませんので，別表４において加算調整を行います。また，利益積立金額にも影響を与えるため，別表５（一）Ⅰにも記載を行います。

【別表4】

区　　分		総　額	処　　分		
			留　保	社外流出	
		①	②	③	
当期利益又は当期欠損の額		△500	△500	配　当	
				その他	
加算	未払事業所税否認	500	500		
減算	−				
所得金額又は欠損金額		0	0		

（解説）

会計上で未払計上した事業所税は債務未確定であるため損金の額に算入されませんので，「未払事業所税否認　500（加算）」として加算調整をします。この加算調整は，会計上の利益剰余金に対して税務上の利益積立金額を500増加させることになるため，「留保」の調整項目になります。したがって，この調整は総額①に記載するとともに，留保②にも記載します。

【別表5（一）Ⅰ】

区　分	期首現在利益積立金額	当期の増減		差引翌期首現在利益積立金額
		減	増	
	①	②	③	④
未払事業所税			500	500
繰越損益金			△500	△500

（解説）

別表4の留保欄に記載された「未払事業所税否認　500（加算）」の加算調整は，別表5（一）Ⅰ③に「未払事業所税　500（増加）」として記載されます。税務上は未払事業所税（負債）は認識されません。この記載によって，会計上の利益剰余金に未払事業所税500を加算した金額が税務上の利益積立金額になります。

記載のポイント！

次の追加・修正仕訳をイメージして，別表４と別表５（一）Ⅰの記載をしましょう。

（別表４）

未払事業所税　500 ／ 租税公課　500
（所得の増加）

（別表５（一）Ⅰ）

未払事業所税　500 ／ 利益積立金額　500
（利積の増加）

➡ 翌　期

（会計処理）

未払事業所税　500 ／ 現金預金　500

（税務上の取扱い）

租税公課　500 ／ 現金預金　500

事業所税の納付時に会計上は「未払事業所税」を取り崩す処理をしています。一方，税務上は，申告・納付時の損金となります。会計上は損金経理されていませんので，別表４において減算調整を行います。また，利益積立金額にも影響を与えるため，別表５（一）Ⅰにも記載を行います。

【別表４】

区分		総額	処分		
			留保	社外流出	
		①	②	③	
当期利益又は当期欠損の額		0	0	配当	
				その他	
加算	−				
減算	未払事業所税認容	500	500		
所得金額又は欠損金額		△500	△500		

（解説）

会計上は，事業所税は損金経理されていませんので，別表４で「未払事業所税認容500（減算）」として減算調整することによって，事業所税を損金の額に算入します。この減算調整は，税務上の利益積立金額を500減少させることになるため，「留保」の調整項目になります。したがって，この調整は総額①に記載するとともに，留保②にも記載します。

【別表５（一）Ⅰ】

区　分	期首現在利益積立金額	当期の増減		差引翌期首現在利益積立金額
		減	増	
	①	②	③	④
未払事業所税	500	500		0
繰越損益金	△500	△500	△500	△500

（解説）

別表４の留保欄に記載された「未払事業所税認容　500（減算）」は，別表５（一）Ⅰ②に「未払事業所税　500（減少）」として記載され，「未払事業所税」の期末残高はゼロになります。この別表４における減算調整は利益積立金額の計算上はマイナス要因となります。この記載によって，会計上の利益剰余金と税務上の利益積立金額の差異は解消します。

記載のポイント！

次の追加・修正仕訳をイメージして，別表４と別表５（一）Ⅰの記載をしましょう。

（別表４）

租税公課　500（所得の減少）／ 未払事業所税　500

（別表５（一）Ⅰ）

利益積立金額　500（利積の減少）／ **未払事業所税　500**

5 定期同額給与等の損金不算入がある場合

具体例

当期は業績が好調であることから，12月に取締役に対して賞与5,000を支給した。なお，当社は同族会社であり事前確定届出給与に関する届出書は提出していない。

（考え方）

役員に対して支給する給与には，税務上，損金算入に制限が置かれています。役員に対して支給する給与のうち，①定期同額給与，②事前確定届出給与，③業績連動給与，のいずれにも該当しないものは，損金の額に算入されません。

（会計処理）

役員給与　5,000 ／ 現金預金　5,000

（税務上の取扱い）

損金の額に算入しない

12月に取締役に対して支給した賞与5,000については，会計上は損金経理されていますが，定期同額給与，事前確定届出給与及び業績連動給与のいずれにも該当しないため，税務上は損金の額に算入されません。したがって，別表４において加算調整を行います。なお，利益積立金額には影響を与えないため，別表５（一）Ｉの記載はありません。

【別表４】

区分		総額	処分		
			留保	社外流出	
		①	②	③	
当期利益又は当期欠損の額		△5,000	△5,000	配当	
				その他	
加算	**役員給与の損金不算入額**	**5,000**		**その他**	**5,000**
減算	－				
所得金額又は欠損金額		0	△5,000		5,000

（解説）

役員への賞与5,000は損金の額に算入されませんので，別表４で「役員給与の損金不算入額　5,000（加算）」として加算調整します。この加算調整は，利益積立金額に影響を与えないため「社外流出」の調整項目になります。したがって，この調整は総額①に記載するとともに，社外流出③にも記載します。

【別表５（一）Ⅰ】

特別な記載はありません。

区　分	期首現在利益積立金額	当期の増減		差引翌期首現在利益積立金額
		減	増	
	①	②	③	④
繰越損益金			△5,000	△5,000

（解説）

別表４の社外流出欄に記載された「役員給与の損金不算入額　5,000（加算）」は社外流出項目であり，利益積立金額に影響を与えないため別表５（一）Ⅰには記載はありません。この調整を行っても，会計上の利益剰余金と税務上の利益積立金額にはズレは生じません。

6 役員賞与引当金の計上を行っている場合

具体例

当期は業績が好調であったために，急遽，役員賞与を支給することとなった。そこで，当期末に役員賞与引当金8,000を損金経理により計上している。この役員賞与は定時株主総会で承認を受けた後に支給し，役員賞与引当金を取り崩す処理をしている。なお，この役員賞与について事前確定届出給与に関する届出書は提出していない。

（考え方）

役員に対して支給する給与のうち，①定期同額給与，②事前確定届出給与，③業績連動給与，のいずれにも該当しないものは，損金の額に算入されないとされています。

税務上，販売費，一般管理費その他の費用は債務確定時に認識されることとされています。役員賞与は翌期に確定・支給されていることから，税務上は翌期に役員賞与を認識しますが，同時に損金不算入とします。

（会計処理）	（税務上の取扱い）
役員賞与引当金繰入額　8,000 ／ 役員賞与引当金　8,000	－ （引当金繰入額は損金の額に算入しない）

会計上は損金経理により役員賞与引当金が計上されています。この役員賞与引当金は当期末現在では債務未確定であるために，税務上は損金の額に算入されませんので，別表４において加算調整を行います。また，利益積立金額にも影響を与えるため，別表５（一）Ⅰにも記載を行います。

【別表4】

区分		総額	処分		
			留保	社外流出	
		①	②	③	
当期利益又は当期欠損の額		△8,000	△8,000	配当	
				その他	
加算	**役員賞与引当金の損金不算入額**	**8,000**	**8,000**		
減算	–				
所得金額又は欠損金額		0	0		

（解説）

会計上で損金経理した役員賞与引当金繰入額は債務未確定であるため損金の額に算入されませんので，「役員賞与引当金の損金不算入額　8,000（加算）」として加算調整をします。この加算調整は，会計上の利益剰余金に対して税務上の利益積立金額を8,000増加させることになるため，「留保」の調整項目になります。したがって，この調整は総額①に記載するとともに，留保②にも記載します。

【別表5（一）Ⅰ】

区分	期首現在利益積立金額	当期の増減		差引翌期首現在利益積立金額
		減	増	
	①	②	③	④
役員賞与引当金			**8,000**	**8,000**
繰越損益金			△8,000	△8,000

（解説）

別表4の留保欄に記載された「役員賞与引当金の損金不算入額　8,000（加算）」の加算調整は別表5（一）Ⅰ③に「役員賞与引当金　8,000（増加）」として記載されます。税務上，役員賞与引当金は負債として認識されません。この記載によって，会計上の利益剰余金に役員賞与引当金8,000を加算した金額が税務上の利益積立金額になります。

記載のポイント！

次の追加・修正仕訳をイメージして，別表４と別表５（一）Ⅰの記載をしましょう。

（別表４）

役員賞与引当金　8,000 ／ 役員賞与引当金繰入額　8,000
（所得の増加）

（別表５（一）Ⅰ）

役員賞与引当金　8,000 ／ 利益積立金額　8,000
（利積の増加）

➡ 翌　期

（会計処理）

役員賞与引当金　8,000 ／ 現 金 預 金　8,000

（税務上の取扱い）

役員賞与を認識し，その役員賞与は損金の額に算入しない

翌期において役員賞与が確定・支給され，その際に役員賞与引当金を取り崩す処理をしています。税務上は，債務の確定によって役員賞与を一旦認識します。したがって，別表４において減算調整します。なお，利益積立金額にも影響を与えるため，別表５（一）Ⅰにも記載を行います。

そして，認識した役員賞与は損金の額に算入されませんので，別表４において加算調整します。この調整は，利益積立金額には影響を与えないため，別表５（一）Ⅰの記載はありません。

【別表４】

区　分		総　額	処　分		
			留　保	社外流出	
		①	②	③	
当期利益又は当期欠損の額		0	0	配　当	
				その他	
加算	役員給与の損金不算入額	8,000		その他	8,000
減算	役員賞与引当金認容	8,000	8,000		
所得金額又は欠損金額		0	△8,000		8,000

（解説）

役員賞与の債務が確定したため，別表４で「役員賞与引当金認容　8,000（減算）」として減算調整します。この減算調整は，税務上の利益積立金額を8,000減少させることになるため，「留保」の調整項目になります。したがって，この調整は総額①に記載するとともに，留保②にも記載します。

減算調整によって一旦認識した役員賞与は，別段の定めにより損金の額に算入されませんので「役員給与の損金不算入額　8,000（加算）」として加算調整をします。この加算調整は，利益積立金額に影響を与えないため「社外流出」の調整項目になります。したがって，この調整は総額①に記載するとともに，社外流出③にも記載します。

【別表５（一）Ⅰ】

区　分	期首現在利益積立金額	当期の増減		差引翌期首現在利益積立金額
		減	増	
	①	②	③	④
役員賞与引当金	8,000	8,000		0
繰越損益金	△8,000	△8,000	△8,000	△8,000

（解説）

別表４の留保欄に記載された「役員賞与引当金認容　8,000（減算）」は，別表５（一）Ⅰ②に「役員賞与引当金　8,000（減少）」として記載され，役員賞与引当金の期末残高はゼロになります。この別表４における減算調整は利益積立金額の計算上はマイナス要因となります。この記載によって，会計上の利益剰余金と税務上の利益積立金額の差異は解消して，両者は一致します。

別表４の社外流出欄に記載された「役員給与の損金不算入額　8,000（加算）」の加算調整は，利益積立金額に影響を与えませんので，別表５（一）Ⅰへの記載はありません。

記載のポイント！

次の追加・修正仕訳をイメージして，別表４と別表５（一）Ⅰの記載をしましょう。

（別表４）

役員賞与（損金不算入）8,000 ／ 役員賞与引当金　8,000
（所得の減少＋所得の増加）

（別表５（一）Ⅰ）

利益積立金額　8,000 ／ 役員賞与引当金　8,000
（利積の減少）

7 過大役員退職給与がある場合

具体例

当期において役員退職給与を15,000支給して損金経理している。なお，退職給与としての適正額は12,000である。

（考え方）

役員に対して支給する退職給与のうち，不相当に高額な部分の金額は，損金の額に算入されないこととされています。

（会計処理）	（税務上の取扱い）
役員退職給与 15,000 ／ 現 金 預 金 15,000	不相当に高額な部分の金額3,000は損金不算入

役員退職給与15,000について会計上は損金経理されています。しかし，このうち役員退職給与の額として相当な金額である12,000までの金額は損金の額に算入されますが，それを超える不相当に高額な部分の金額3,000については，損金の額に算入されません。したがって，別表４において加算調整を行います。なお，利益積立金額には影響を与えないため，別表５（一）Ｉの記載はありません。

【別表４】

区分		総額	処分		
			留保	社外流出	
		①	②	③	
当期利益又は当期欠損の額		△15,000	△15,000	配当	
				その他	
加算	過大役員退職給与の損金不算入額	3,000		その他	3,000
減算	－				
所得金額又は欠損金額		△12,000	△15,000		3,000

（解説）

過大な役員退職給与3,000は損金の額に算入されませんので，別表4で「過大役員退職給与の損金不算入額　3,000（加算）」として加算調整します。この加算調整は，利益積立金額に影響を与えないため「社外流出」の調整項目になります。したがって，この調整は総額①に記載するとともに，社外流出③にも記載します。

【別表5（一）Ⅰ】

特別な記載はありません。

区　分	期首現在利益積立金額	当期の増減		差引翌期首現在利益積立金額
		減	増	
	①	②	③	④
繰越損益金			△15,000	△15,000

（解説）

別表4の社外流出欄に記載された「過大役員退職給与の損金不算入額　3,000（加算）」は社外流出項目であり，利益積立金額に影響を与えないため別表5（一）Ⅰへの記載はありません。この調整を行っても，会計上の利益剰余金と税務上の利益積立金額にはズレは生じません。

8 退職給付引当金を計上している場合

具体例

当社は従業員の将来の退職金の支給に備えて退職給付引当金（役員分は含まれていない。）を計上している。当期における引当金の異動は次のとおりである。

期首残高　5,000
取崩額　　300（退職金の支払い時に取り崩したものである。）
繰入額　　500（決算時に損金経理により繰り入れたものである。）
期末残高　5,200

（考え方）

税務上は，償却費以外の費用について債務確定主義を採っており，期末までに債務の確定していない費用の計上は認められていません。したがって，退職給付引当金の繰入額は損金として認められません。また，退職金を支払った場合には，支払額が損金の額に算入されます。

（会計処理）

退職給付引当金	300	／	現金預金	300
退職給付引当金繰入額	500	／	退職給付引当金	500

（税務上の取扱い）

退職金支給額300は損金の額に算入する
退職給付引当金繰入額500は損金の額に算入しない

会計上は退職金の支払い時に引当金を取り崩す処理をしていますが，債務が確定したため退職金300を損金の額に算入します。したがって，別表４において減算調整を行います。また，利益積立金額にも影響を与えるため，別表５（一）Ⅰにも記載を行います。

退職給付引当金繰入額は，債務未確定であるために税務上損金の額に算入されません。したがって，別表４において加算調整を行います。また，利益積立金額にも影響を与えるため，別表５（一）Ⅰにも記載を行います。

【別表４】

区分		総額	処分		
			留保	社外流出	
		①	②	③	
当期利益又は当期欠損の額		△500	△500	配当	
				その他	
加算	**退職給付引当金の損金不算入額**	**500**	**500**		
減算	**退職給付引当金認容**	**300**	**300**		
所得金額又は欠損金額		△300	△300		

（解説）

退職給与300の債務が確定していますが，会計上損金経理がされていないため別表４において「退職給付引当金認容　300（減算）」として減算調整を行い損金の額に算入します。この減算調整は，税務上の利益積立金額を300減少させることになるため，「留保」の調整項目になります。したがって，この調整は総額①に記載するとともに，留保②にも記載します。

損金経理による退職給付引当金繰入額500は，債務が未確定であるため，「退職給付引当金の損金不算入額　500（加算）」として加算調整をします。この加算調整は，会計上の利益剰余金に対して税務上の利益積立金額を500増加させることになるため，「留保」の調整項目になります。したがって，この調整は総額①に記載するとともに，留保②にも記載します。

【別表５（一）Ⅰ】

区分	期首現在利益積立金額	当期の増減		差引翌期首現在利益積立金額
		減	増	
	①	②	③	④
退職給付引当金	**5,000**	**300**	**500**	**5,200**
繰越損益金	△5,000	△5,000	△5,500	△5,500

（解説）

別表４の留保欄に記載された「退職給付引当金認容　300（減算）」の減算調整は，別表５（一）Ⅰ②に「退職給付引当金　300（減少）」として記載されます。この別表４における減算調整は利益積立金額の計算上はマイナス要因となります。この記載によって，会計上の利益剰余金と税務上の利益積立金額の差異が300解消します。

また，別表４の留保欄に記載された「退職給付引当金の損金不算入額　500（加算）」の加算調整は，別表５（一）Ⅰ③に「退職給付引当金　500（増加）」として記載されます。

退職給付引当金はその全額が税務上は認められませんので，別表５（一）Ⅰの退職給付引当金の期末残高5,200は，貸借対照表の期末引当金残高5,200と一致することになります。

記載のポイント！

次の追加・修正仕訳をイメージして，別表４と別表５（一）Ⅰの記載をしましょう。

（別表４）

退　職　金 （所得の減少）	300	／	退職給付引当金	300
退職給付引当金	500	／	退職給付引当金繰入額 （所得の増加）	500

（別表５（一）Ⅰ）

利益積立金額 （利積の減少）	300	／	退職給付引当金	300
退職給付引当金	500	／	利益積立金額 （利積の増加）	500

1　ケーススタディ(1)　～ 一般的な記載 ～

9 前払費用がある場合

具体例

当期に支払い損金経理している地代家賃2,000のうち500は，翌期分の地代家賃であることが判明した。

（考え方）

当期において支払った費用のうち，翌期に対応する部分の金額は，税務上は原則として当期の損金の額には算入されません。前払費用として繰り越され，翌期において損金の額に算入されます。

当　期

（会計処理）

地代家賃　2,000 ／ 現金預金　2,000

（税務上の取扱い）

地代家賃　1,500 ／ 現金預金　2,000
前払費用　　500 ／

会計上は地代家賃の支払額2,000の全額が損金経理されています。このうち当期に対応する部分の金額1,500は当期の損金の額に算入されますが，翌期に対応する部分の金額500は当期の損金の額には算入されず，前払費用として取り扱われます。したがって，別表４において加算調整を行います。また，利益積立金額にも影響を与えるため，別表５（一）Ⅰにも記載を行います。

【別表４】

区　　分		総　額	処　　分		
			留　保	社外流出	
		①	②	③	
当期利益又は当期欠損の額		△2,000	△2,000	配　当	
				その他	
加算	**前払費用計上もれ**	**500**	**500**		
減算	−				
所得金額又は欠損金額		△1,500	△1,500		

（解説）

会計上損金経理している地代家賃2,000のうち翌期に対応する部分500は，当期の損金の額には算入されないため，別表４において「前払費用計上もれ　500（加算）」として加算調整をします。この加算調整は，会計上の利益剰余金に対して税務上の利益積立金額を500増加させることになるため，「留保」の調整項目になります。したがって，この調整は総額①に記載するとともに，留保②にも記載します。

【別表５（一）Ｉ】

区　分	期首現在利益積立金額	当期の増減		差引翌期首現在利益積立金額
		減	増	
	①	②	③	④
前払費用			**500**	**500**
繰越損益金			△2,000	△2,000

（解説）

別表４の留保欄に記載された「前払費用計上もれ　500（加算）」の加算調整は，別表５（一）Ｉ③に「前払費用　500（増加）」として記載されます。会計上で損金経理されている500が，税務上は前払費用という資産として認識されます。よって会計上の利益剰余金に前払費用500を加算した金額が税務上の利益積立金額になります。

記載のポイント！

次の追加・修正仕訳をイメージして，別表4と別表5（一）Ⅰの記載をしましょう。

（別表4）

前払費用　500 ／ **地代家賃**　500
（所得の増加）

（別表5（一）Ⅰ）

前払費用　500 ／ 利益積立金額　500
（利積の増加）

➡ 翌　期

（会計処理）

なし

（税務上の取扱い）

地代家賃　500 ／ 前払費用　500

会計上は前期において支払額の全額が損金経理されていますので，当期には何も処理は生じません。一方，税務上は前期において前払費用として処理した金額が期間の経過とともに当期の損金の額に算入されます。したがって，別表4において減算調整を行います。また，利益積立金額にも影響を与えるため，別表5（一）Ⅰにも記載を行います。

【別表4】

区　分		総　額	処　分		
			留　保	社外流出	
		①	②	③	
当期利益又は当期欠損の額		0	0	配　当	
				その他	
加算	–				
減算	**前払費用計上もれ認容**	**500**	**500**		
所得金額又は欠損金額		△500	△500		

（解説）

前期において前払費用として処理した500は当期の損金の額に算入されますので，別表4において「前払費用計上もれ認容　500（減算）」として減算調整を行います。この減算調整は，税務上の利益積立金額を500減少させることになるため，「留保」の調整項目になります。したがって，この調整は総額①に記載するとともに，留保②にも記載します。

【別表５（一）Ⅰ】

区　分	期首現在利益積立金額	当期の増減		差引翌期首現在利益積立金額
		減	増	
	①	②	③	④
前払費用	500	500		0
繰越損益金	△2,000	△2,000	△2,000	△2,000

（解説）

別表４の留保欄に記載された「前払費用計上もれ認容　500（減算）」の減算調整は，別表５（一）Ⅰ②に「前払費用　500（減少）」として記載されます。税務上前払費用として認識されていた資産が損金に振り替わり，「前払費用」の期末残高はゼロとなります。この別表４における減算調整は利益積立金額の計算上はマイナス要因となります。この記載によって，会計上の利益剰余金と税務上の利益積立金額の差異は解消します。

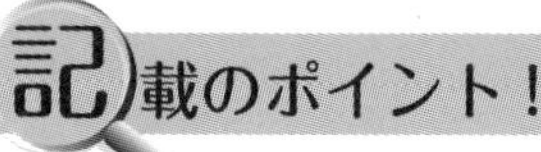

次の追加・修正仕訳をイメージして，別表４と別表５（一）Ⅰの記載をしましょう。

（別表４）

地代家賃　500 ／ 前払費用　500
（所得の減少）

（別表５（一）Ⅰ）

利益積立金額　500 ／ 前払費用　500
（利積の減少）

10 未収収益がある場合

具体例

当期に計上すべき貸付金の受取利息10,000が，翌期の入金時に収益として計上されていることが判明した。

（考え方）

受取利息は期間の経過によって認識され，原則として，当期に対応する部分の金額は当期の益金の額に算入されます。

➡ 当　期

（会計処理）

処理なし

（税務上の取扱い）

未 収 利 息 10,000 ／ 受 取 利 息 10,000

当期に計上すべき受取利息が会計上は未収計上されていませんが，税務上は当期の益金の額に算入します。したがって，別表4において加算調整を行います。また，利益積立金額にも影響を与えるため，別表5（一）Ⅰにも記載を行います。

【別表4】

区　分		総　額	処　分		
			留　保	社外流出	
		①	②	③	
当期利益又は当期欠損の額		0	0	配　当	
				その他	
加算	未収利息計上もれ	10,000	10,000		
減算	−				
所得金額又は欠損金額		10,000	10,000		

（解説）

会計上は受取利息が未収計上されていないため，別表４において「未収利息計上もれ 10,000（加算）」として加算調整を行います。この加算調整は，会計上の利益剰余金に対して税務上の利益積立金額を10,000増加させることになるため，「留保」の調整項目になります。したがって，この調整は総額①に記載するとともに，留保②にも記載します。

【別表５（一）Ⅰ】

区　分	期首現在利益積立金額	当期の増減		差引翌期首現在利益積立金額
		減	増	
	①	②	③	④
未収利息			10,000	10,000
繰越損益金				

（解説）

別表４の留保欄に記載された「未収利息計上もれ　10,000（加算）」の加算調整は，別表５（一）Ⅰ③に「未収利息　10,000（増加）」として記載されます。税務上は未収利息という資産が認識されます。よって会計上の利益剰余金に未収利息10,000を加算した金額が税務上の利益積立金額になります。

記載のポイント！

次の追加・修正仕訳をイメージして，別表４と別表５（一）Ⅰの記載をしましょう。

（別表４）

未収利息 10,000 ／ 受取利息 10,000
（所得の増加）

（別表５（一）Ⅰ）

未収利息 10,000 ／ 利益積立金額 10,000
（利積の増加）

➡ 翌　期

（会計処理）

現金預金 10,000 ／ 受取利息 10,000

（税務上の取扱い）

現金預金 10,000 ／ 未収利息 10,000

会計上は利息の入金時に受取利息が計上されています。一方，税務上は受取利息は前期において認識済みですから，当期の益金の額に算入しません。したがって，別表4において減算調整を行います。また，利益積立金額にも影響を与えるため，別表5（一）Ⅰにも記載を行います。

【別表4】

<table>
<tr><td colspan="2" rowspan="2">区　　分</td><td rowspan="2">総　額</td><td colspan="3">処　　分</td></tr>
<tr><td>留　保</td><td colspan="2">社外流出</td></tr>
<tr><td colspan="2"></td><td>①</td><td>②</td><td colspan="2">③</td></tr>
<tr><td colspan="2" rowspan="2">当期利益又は当期欠損の額</td><td rowspan="2">10,000</td><td rowspan="2">10,000</td><td>配　当</td><td></td></tr>
<tr><td>その他</td><td></td></tr>
<tr><td>加算</td><td>－</td><td></td><td></td><td></td><td></td></tr>
<tr><td>減算</td><td>未収利息計上もれ認容</td><td>10,000</td><td>10,000</td><td></td><td></td></tr>
<tr><td colspan="2">所得金額又は欠損金額</td><td>0</td><td>0</td><td></td><td></td></tr>
</table>

（解説）

会計上計上されている受取利息10,000は，税務上は前期において既に益金の額に算入されていますので，別表4において「未収利息計上もれ認容　10,000（減算）」として減算調整を行います。この減算調整は，税務上の利益積立金額を10,000減少させることになるため，「留保」の調整項目になります。したがって，この調整は総額①に記載するとともに，留保②にも記載します。

【別表5（一）Ⅰ】

<table>
<tr><td rowspan="2">区　分</td><td>期首現在</td><td colspan="2">当期の増減</td><td>差引翌期首現在</td></tr>
<tr><td>利益積立金額</td><td>減</td><td>増</td><td>利益積立金額</td></tr>
<tr><td></td><td>①</td><td>②</td><td>③</td><td>④</td></tr>
<tr><td>未収利息</td><td>10,000</td><td>10,000</td><td></td><td>0</td></tr>
<tr><td>繰越損益金</td><td></td><td></td><td>10,000</td><td>10,000</td></tr>
</table>

（解説）

別表4の留保欄に記載された「未収利息計上もれ認容　10,000（減算）」の減算調整は，別表5（一）Ⅰ②に「未収利息　10,000（減少）」として記載されます。税務上未収利息として認識されていた資産が減少し「未収利息」の期末残高はゼロとなります。この別表４における減算調整は利益積立金額の計算上はマイナス要因となります。この記載によって，会計上の利益剰余金と税務上の利益積立金額の差異は解消します。

記載のポイント！

次の追加・修正仕訳をイメージして，別表４と別表５（一）Ｉの記載をしましょう。

（別表４）

受取利息 10,000 ／ 未収利息 10,000
（所得の減少）

（別表５（一）Ｉ）

利益積立金額 10,000 ／ **未収利息 10,000**
（利積の減少）

1　ケーススタディ(1)　～ 一般的な記載 ～

11 貸倒損失が認められない場合

具体例

取引先に対する貸付金3,000については，回収ができない可能性が高いと判断して，当期においてその全額を貸倒損失として処理した（税務上は認められない。）。

翌期において，破産法が適用され，貸付金の全額が回収不能であることが確定した。

（考え方）

税務上，貸倒損失の計上は恣意性の介入する可能性が高いために，基本通達において損金算入ができる３つのケースを規定しています。①基通9-6-1 金銭債権の全部又は一部の切捨てをした場合の貸倒れ，②基通9-6-2 回収不能の金銭債権の貸倒れ，③基通9-6-3 一定期間取引停止後弁済がない場合等の貸倒れ，のいずれかに該当する場合は損金の額に算入されます。具体例のように，回収できない可能性が高いというだけでは，税務上貸倒損失の計上は認められません。

（会計処理）	（税務上の取扱い）
貸倒損失 3,000 ／ 貸　付　金 3,000	－ （貸倒損失は損金の額に算入されない）

会計上は貸付金が回収できない可能性が高いとして貸倒損失を計上していますが，税務上は，損金の額に算入されません。したがって，別表４において加算調整を行います。また，利益積立金額にも影響を与えるため，別表５（一）Ⅰにも記載を行います。

【別表４】

区分		総額	処分		
			留保	社外流出	
		①	②	③	
当期利益又は当期欠損の額		△3,000	△3,000	配当	
				その他	
加算	**貸倒損失否認**	**3,000**	**3,000**		
減算	−				
所得金額又は欠損金額		0	0		

（解説）

会計上損金経理された貸倒損失は損金の額に算入されないため，別表４において「貸倒損失否認　3,000（加算）」として加算調整を行います。この加算調整は，会計上の利益剰余金に対して税務上の利益積立金額を3,000増加させることになるため，「留保」の調整項目になります。したがって，この調整は総額①に記載するとともに，留保②にも記載します。

【別表５（一）Ｉ】

区分	期首現在利益積立金額	当期の増減		差引翌期首現在利益積立金額
		減	増	
	①	②	③	④
貸付金			**3,000**	**3,000**
繰越損益金			△3,000	△3,000

（解説）

別表４の留保欄に記載された「貸倒損失否認　3,000（加算）」の加算調整は，別表５（一）Ｉ③に「貸付金　3,000（増加）」として記載されます。貸倒処理された貸付金が，税務上はまだ資産として認識されます。よって会計上の利益剰余金に貸付金3,000を加算した金額が税務上の利益積立金額になります。

記載のポイント！

次の追加・修正仕訳をイメージして，別表４と別表５（一）Ⅰの記載をしましょう。

（別表４）

貸　付　金　3,000 ／ **貸倒損失　3,000**
（所得の増加）

（別表５（一）Ⅰ）

貸　付　金　3,000 ／ 利益積立金額　3,000
（利積の増加）

➡ 翌　期

（会計処理）

処理なし

（税務上の取扱い）

貸倒損失　3,000 ／ 貸　付　金　3,000

会計上は既に貸倒損失が損金経理されていますので，当期には何も処理は生じません。一方，税務上は破産法の適用によって回収不能が確定し，貸倒損失として損金の額に算入されます。したがって，別表４において減算調整を行います。また，利益積立金額にも影響を与えるため，別表５（一）Ⅰにも記載を行います。

【別表４】

区　　分		総　額	処　分		
			留　保	社外流出	
		①	②	③	
当期利益又は当期欠損の額		0	0	配　当	
				その他	
加算	−				
減算	**貸倒損失認容**	**3,000**	**3,000**		
所得金額又は欠損金額		△3,000	△3,000		

（解説）

前期において税務上否認された貸倒損失3,000が当期の損金の額に算入されますので，別表４において「貸倒損失認容　3,000（減算）」として減算調整を行います。この減算調整は，税務上の利益積立金額を3,000減少させることになるため，「留保」の調整項目になります。したがって，この調整は総額①に記載するとともに，留保②にも記載します。

【別表５（一）Ｉ】

区　分	期首現在利益積立金額	当期の増減		差引翌期首現在利益積立金額
		減	増	
	①	②	③	④
貸　付　金	3,000	3,000		0
繰越損益金	△3,000	△3,000	△3,000	△3,000

（解説）

別表４の留保欄に記載された「貸倒損失認容　3,000（減算）」の減算調整は，別表５（一）Ｉ②に「貸付金　3,000（減少）」として記載されます。税務上貸付金として認識されていた資産が減少して期末残高はゼロとなります。この別表４における減算調整は利益積立金額の計算上はマイナス要因となります。この記載によって，会計上の利益剰余金と税務上の利益積立金額の差異は解消します。

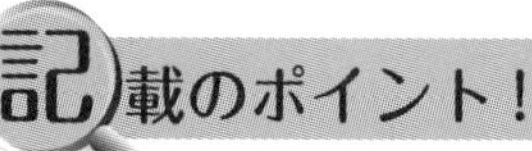

載のポイント！

次の追加・修正仕訳をイメージして，別表４と別表５（一）Ｉの記載をしましょう。

（別表４）

貸倒損失　3,000 ／ 貸　付　金　3,000
（所得の減少）

（別表５（一）Ｉ）

利益積立金額　3,000 ／ **貸　付　金　3,000**
（利積の減少）

1　ケーススタディ(1)　～ 一般的な記載 ～

12 貸倒引当金の繰入限度超過額がある場合

具体例

当期において損金経理により貸倒引当金に繰り入れた金額は9,000であるが，税務上の貸倒引当金繰入限度額は7,000である。

この貸倒引当金は会計上翌期に全額洗い替え処理を行い，貸倒引当金戻入額として翌期の収益に計上している。

（考え方）

将来に発生する貸倒損失の見積り計上である貸倒引当金の繰入は，税務上，原則として認められません。ただし，中小法人では別段の定めにより，繰入限度額に達するまでの金額は損金の額に算入することとされています。

税務上，貸倒引当金は，洗い替え処理をすることとされています。したがって，当期に損金の額に算入された金額は翌期にその全額を益金の額に算入します。

（会計処理）

貸倒引当金繰入額　9,000 ／ 貸倒引当金　9,000

（税務上の取扱い）

貸倒引当金繰入限度額7,000を損金の額に算入する
貸倒引当金繰入超過額2,000は損金の額に算入しない

会計上は損金経理により貸倒引当金繰入額9,000を計上していますが，税務上の繰入限度額は7,000であるために，限度額を超える部分の金額2,000は損金の額に算入されません。したがって，別表４で加算調整を行います。また，利益積立金額にも影響を与えるため，別表５（一）Ｉにも記載を行います。

【別表4】

<table>
<tr><td colspan="2" rowspan="3">区　分</td><td rowspan="2">総　額</td><td colspan="3">処　分</td></tr>
<tr><td>留　保</td><td colspan="2">社外流出</td></tr>
<tr><td>①</td><td>②</td><td colspan="2">③</td></tr>
<tr><td colspan="2" rowspan="2">当期利益又は当期欠損の額</td><td rowspan="2">△9,000</td><td rowspan="2">△9,000</td><td>配　当</td><td></td></tr>
<tr><td>その他</td><td></td></tr>
<tr><td>加算</td><td>貸倒引当金繰入限度超過額</td><td>2,000</td><td>2,000</td><td></td><td></td></tr>
<tr><td>減算</td><td>－</td><td></td><td></td><td></td><td></td></tr>
<tr><td colspan="2">所得金額又は欠損金額</td><td>△7,000</td><td>△7,000</td><td></td><td></td></tr>
</table>

（解説）

会計上損金経理した貸倒引当金繰入額9,000のうち，繰入限度額7,000を超える部分の金額2,000は損金の額に算入されないため，別表４において「貸倒引当金繰入限度超過額　2,000（加算）」として加算調整を行います。この加算調整は，会計上の利益剰余金に対して税務上の利益積立金額を2,000増加させることになるため，「留保」の調整項目になります。したがって，この調整は，総額①に記載するとともに，留保②にも記載します。

【別表５（一）Ⅰ】

<table>
<tr><td rowspan="3">区　分</td><td rowspan="2">期首現在
利益積立金額</td><td colspan="2">当期の増減</td><td rowspan="2">差引翌期首現在
利益積立金額</td></tr>
<tr><td>減</td><td>増</td></tr>
<tr><td>①</td><td>②</td><td>③</td><td>④</td></tr>
<tr><td>貸倒引当金</td><td></td><td></td><td>2,000</td><td>2,000</td></tr>
<tr><td>繰越損益金</td><td></td><td></td><td>△9,000</td><td>△9,000</td></tr>
</table>

（解説）

別表４の留保欄に記載された「貸倒引当金繰入限度超過額　2,000（加算）」の加算調整は，別表５（一）Ⅰ③に「貸倒引当金　2,000（増加）」として記載されます。会計上で貸倒引当金繰入額として計上された金額のうち2,000は，税務上は貸倒引当金としては認識されません。そして同額が利益積立金額として認識されます。この記載によって，会計上の利益剰余金に貸倒引当金2,000を加算した金額が税務上の利益積立金額になります。

記載のポイント！

次の追加・修正仕訳をイメージして，別表４と別表５（一）Ⅰの記載をしましょう。

（別表４）

貸倒引当金　2,000 ／ 貸倒引当金繰入額　2,000
（所得の増加）

（別表５（一）Ⅰ）

貸倒引当金　2,000 ／ 利益積立金額　2,000
（利積の増加）

翌　期

（会計処理）

貸倒引当金　9,000 ／ 貸倒引当金戻入益　9,000

（税務上の取扱い）

7,000を益金の額に算入する
2,000は益金の額に算入しない

前期に繰り入れた貸倒引当金勘定の金額は，その全額を貸倒引当金戻入益として計上します。この場合，会計上の戻入益は9,000ですが，税務上の戻入益は7,000であるため，差額の2,000は益金の額には算入されません。したがって，別表４で減算調整を行います。また，利益積立金額にも影響を与えるため，別表５（一）Ⅰにも記載を行います。

【別表４】

区　分		総　額	処　分		
			留　保	社外流出	
		①	②	③	
当期利益又は当期欠損の額		9,000	9,000	配　当	
				その他	
加算	－				
減算	**貸倒引当金繰入限度超過額認容**	**2,000**	**2,000**		
所得金額又は欠損金額		7,000	7,000		

（解説）

前期において損金不算入とされた貸倒引当金繰入限度超過額の戻入益2,000は，益金の額には算入されませんので，別表４において「貸倒引当金繰入限度超過額認容　2,000

（減算）」として減算調整を行います。この減算調整は，税務上の利益積立金額を2,000減少させることになるため，「留保」の調整項目になります。したがって，この調整は，総額①に記載するとともに，留保②にも記載します。

【別表５（一）Ⅰ】

区　分	期首現在利益積立金額	当期の増減		差引翌期首現在利益積立金額
		減	増	
	①	②	③	④
貸倒引当金	2,000	2,000		0
繰越損益金	△9,000	△9,000	0	0

（解説）

別表４の留保欄に記載された「貸倒引当金繰入限度超過額認容　2,000（減算）」の減算調整は，別表５（一）Ⅰ②に「貸倒引当金　2,000（減少）」として記載されます。税務上は認識されていない貸倒引当金が減少し，「貸倒引当金」の期末残高はゼロとなります。これによって，会計上の利益剰余金と税務上の利益積立金額の差異は解消します。

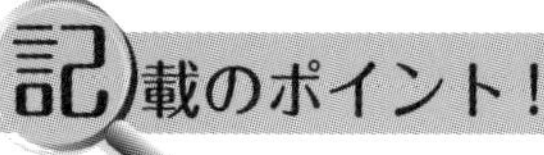

載のポイント！

次の追加・修正仕訳をイメージして，別表４と別表５（一）Ⅰの記載をしましょう。

（別表４）

貸倒引当金戻入益　2,000 ／ 貸倒引当金　2,000
（所得の減少）

（別表５（一）Ⅰ）

利益積立金額　2,000 ／ **貸倒引当金　2,000**
（利積の減少）

⑬ 評価損が否認される場合

具体例

当期末に投資有価証券（取引関係上保有している得意先の上場株式，簿価1,000）の時価が700に下落したため，評価損を300計上しているが，税務上，この評価損300は認められないものである。なお，この投資有価証券は，翌期に600で売却して売却損100を計上している。

（考え方）

税務上，時価のある有価証券の評価損は，「有価証券の価額が著しく低下した」場合に損金として認められます。「価額が著しく低下した」場合とは，①当該有価証券の当該事業年度終了の時における価額がその時の帳簿価額のおおむね50%相当額を下回ることとなり，かつ，②近い将来その価額の回復が見込まれないこと，の２つの要件を満たす場合です。具体例では，この要件を満たさないために，評価損は損金の額には算入されません。なお，翌期にこの投資有価証券を売却していますので，否認された評価損が損金の額に算入されます。

➡ 当　期

（会計処理）	（税務上の取扱い）
投資有価証券評価損　300 ／ 投資有価証券　300	－ （評価損は，損金の額に算入されない）

会計上は損金経理により投資有価証券評価損300を計上していますが，この評価損は税務上認められませんので，当期の損金の額には算入されません。したがって，別表４で加算調整を行います。また，利益積立金額にも影響を与えるため，別表５（一）Ⅰに記載を行います。

【別表４】

区分		総額	処分		
			留保	社外流出	
		①	②	③	
当期利益又は当期欠損の額		△300	△300	配当	
				その他	
加算	投資有価証券評価損否認	300	300		
減算	–				
所得金額又は欠損金額		0	0		

（解説）

会計上損金経理した投資有価証券評価損300は，当期の損金の額には算入されないため，別表４において「投資有価証券評価損否認　300（加算）」として加算調整を行います。この加算調整は，会計上の利益剰余金に対して税務上の利益積立金額を300増加させることになるため，「留保」の調整項目になります。したがって，この調整は，総額①に記載するとともに，留保②にも記載します。

【別表５（一）Ⅰ】

区分	期首現在利益積立金額	当期の増減		差引翌期首現在利益積立金額
		減	増	
	①	②	③	④
投資有価証券			300	300
繰越損益金			△300	△300

（解説）

別表４の留保欄に記載された「投資有価証券評価損否認　300（加算）」の加算調整は，別表５（一）Ⅰ③に「投資有価証券　300（増加）」として記載されます。会計上で評価損として計上された300が，税務上は「投資有価証券」という資産として認識されます。また同額が利益積立金額として認識されます。この記載によって，会計上の利益剰余金に投資有価証券300を加算した金額が税務上の利益積立金額になります。

記載のポイント！

次の追加・修正仕訳をイメージして，別表４と別表５（一）Ⅰの記載をしましょう。

（別表４）

投資有価証券　300 ／ 投資有価証券評価損　300
（所得の増加）

（別表５（一）Ⅰ）

投資有価証券　300 ／ 利益積立金額　300
（利積の増加）

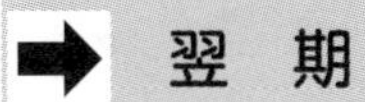

翌　期

（会計処理）

現金預金　600 ／ 投資有価証券　700
投資有価証券売却損　100 ／

（税務上の取扱い）

現金預金　600 ／ 投資有価証券　1,000
投資有価証券売却損　400 ／

会計上は投資有価証券の売却損が600－700＝△100計上されています。一方で，税務上の投資有価証券の簿価は会計上の簿価700＋評価損否認額300＝1,000ですから，売却損は600－1,000＝△400となります。したがって，会計上と税務上の売却損の差額300について別表４で減算調整を行います。また，利益積立金額にも影響を与えるため，別表５（一）Ⅰに記載を行います。

【別表４】

区分		総額	処分		
			留保	社外流出	
		①	②	③	
当期利益又は当期欠損の額		△100	△100	配当	
				その他	
加算	－				
減算	**投資有価証券評価損認容**	**300**	**300**		
所得金額又は欠損金額		△400	△400		

（解説）

会計上と税務上の帳簿価額の差額300が売却損の差額となっていますので，「投資有価証券評価損認容　300（減算）」として減算調整を行います。この減算調整は，税務上の利益積立金額を300減少させることになるため，「留保」の調整項目になります。したがって，この調整は，総額①に記載するとともに，留保②にも記載します。

【別表５（一）Ⅰ】

区　分	期首現在利益積立金額	当期の増減		差引翌期首現在利益積立金額
		減	増	
	①	②	③	④
投資有価証券	300	300		0
繰越損益金	△300	△300	△400	△400

（解説）

別表４の留保欄に記載された「投資有価証券評価損認容　300（減算）」の減算調整は，別表５（一）Ⅰ②に「投資有価証券　300（減少）」として記載されます。期首時点では，税務上「投資有価証券　300」という資産として認識されていたものが，投資有価証券の売却によって減少し，期末残高がゼロとなります。この減少額300が利益積立金額の計算上はマイナス要因となります。この記載によって，会計上の利益剰余金と税務上の利益積立金額の差異は解消します。

記載のポイント！

次の追加・修正仕訳をイメージして，別表４と別表５（一）Ⅰの記載をしましょう。

（別表４）

投資有価証券売却損　300　／　投資有価証券　300
（所得の減少）

（別表５（一）Ⅰ）

利益積立金額　300　／　投資有価証券　300
（利積の減少）

1　ケーススタディ(1)　～ 一般的な記載 ～

14 減価償却超過額がある場合

具体例

会計上当期において計上した建物の減価償却費は800であるが，税務上の減価償却限度額は600である。

（考え方）

税務上，減価償却費は償却費として損金経理した金額のうち，償却限度額に達するまでの金額が損金の額に算入されるとされています。したがって，会計上減価償却費として計上した金額のうち，償却限度額を超える部分の金額は，損金の額に算入されません。

➡ 当　期

（会計処理）

減価償却費　800 ／ 建　物　800

（税務上の取扱い）

減価償却限度額600を損金の額に算入する
減価償却超過額200は損金の額に算入しない

会計上は損金経理により減価償却費800を計上していますが，償却限度額を超える部分の金額800－600＝200は当期の損金の額には算入されません。したがって，別表４で加算調整を行います。また，利益積立金額にも影響を与えるため，別表５（一）Ⅰに記載を行います。

【別表４】

区　分		総　額	処　分		
			留　保	社外流出	
		①	②	③	
当期利益又は当期欠損の額		△800	△800	配　当	
				その他	
加算	**建物減価償却超過額**	**200**	**200**		
減算	－				
所得金額又は欠損金額		△600	△600		

（解説）

会計上損金経理した減価償却費のうち償却限度額を超える金額200は，当期の損金の額には算入されないため，別表４において「建物減価償却超過額　200（加算）」として加算調整を行います。この加算調整は，会計上の利益剰余金に対して税務上の利益積立金額を200増加させることになるため，「留保」の調整項目になります。したがって，この調整は，総額①に記載するとともに，留保②にも記載します。

【別表５（一）Ⅰ】

区　分	期首現在利益積立金額	当期の増減		差引翌期首現在利益積立金額
		減	増	
	①	②	③	④
建　　物			200	200
繰越損益金			△800	△800

（解説）

別表４の留保欄に記載された「建物減価償却超過額　200（加算）」の加算調整は，別表５（一）Ⅰ③に「建物　200（増加）」として記載されます。会計上で減価償却費として計上された200が，税務上は「建物」という資産として認識され，同額が利益積立金額として認識されます。つまり，まだ減価償却はされていないことになります。この記載によって，会計上の利益剰余金に建物200を加算した金額が税務上の利益積立金額になります。

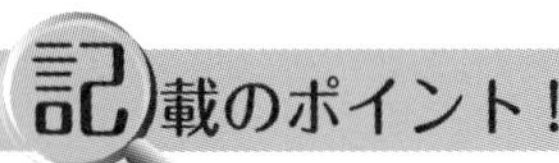

次の追加・修正仕訳をイメージして，別表４と別表５（一）Ⅰの記載をしましょう。

（別表４）

建　　物　200 ／ 減価償却費　200
（所得の増加）

（別表５（一）Ⅰ）

建　　物　200 ／ 利益積立金額　200
（利積の増加）

1　ケーススタディ(1)　～ 一般的な記載 ～

⑮ 減価償却超過額がある資産を売却した場合

具体例

当期において，建物（帳簿価額30,000）を25,000で売却した。この建物には，減価償却超過額の繰越額が2,000ある。

（考え方）

税務上，減価償却費として計上した金額のうち，償却限度額を超える部分の金額は，損金の額に算入されず，減価償却資産の帳簿価額を構成することになります。減価償却超過額の繰越額がある資産を売却した場合には，会計上と税務上で帳簿価額が異なっていますので，売却損益も同額ズレることになり調整が必要となります。

➡ 当　期

（会計処理）

現金預金	25,000	／	建　物	30,000
建物売却損	5,000	／		

（税務上の取扱い）

現金預金	25,000	／	建　物	32,000
建物売却損	7,000	／		

会計上は売却金額25,000と帳簿価額30,000の差額5,000が売却損として計上されています。しかし，税務上の建物の帳簿価額は，会計上の帳簿価額30,000＋減価償却超過額2,000＝32,000であるために，売却金額25,000と帳簿価額32,000の差額7,000が売却損となります。したがって，会計上と税務上の売却損の差額2,000が別表４で減算調整されます。また，利益積立金額にも影響を与えるため，別表５（一）Ⅰに記載を行います。

【別表４】

区分		総額	処分		
			留保	社外流出	
		①	②	③	
当期利益又は当期欠損の額		△5,000	△5,000	配当	
				その他	
加算	−				
減算	**建物減価償却超過額認容**	**2,000**	**2,000**		
所得金額又は欠損金額		△7,000	△7,000		

（解説）

会計上と税務上の帳簿価額の差額2,000が売却損の差額となっていますので，別表４において「建物減価償却超過額認容　2,000（減算）」として減算調整を行います。この減算調整は，税務上の利益積立金額を2,000減少させることになるため，「留保」の調整項目になります。したがって，この調整は，総額①に記載するとともに，留保②にも記載します。

【別表５（一）Ｉ】

区分	期首現在利益積立金額	当期の増減		差引翌期首現在利益積立金額
		減	増	
	①	②	③	④
建物	**2,000**	**2,000**		**0**
繰越損益金			△5,000	△5,000

（解説）

別表４の留保欄に記載された「建物減価償却超過額認容　2,000（減算）」の減算調整は，別表５（一）Ｉ②に「建物　2,000（減少）」として記載されます。期首時点では，税務上「建物　2,000」という資産として認識されていたものが，建物の売却によって減少し，期末残高がゼロとなります。この減少額2,000が，利益積立金額の計算上はマイナス要因となります。この記載によって，会計上の利益剰余金と税務上の利益積立金額の差異は解消します。

記載のポイント！

次の追加・修正仕訳をイメージして，別表4と別表5（一）Ⅰの記載をしましょう。

（別表4）

建物売却損　2,000 ／ 建　　物　2,000
（所得の減少）

（別表5（一）Ⅰ）

利益積立金額　2,000 ／ **建　　物**　2,000
（利積の減少）

⑯ 減損損失を計上している場合

具体例

当期において建物の減価償却費2,000を計上した後，残った帳簿価額の全額15,000を減損損失に計上した。税務上この減損損失は損金として認められるものではない。なお，当期の税務上の減価償却限度額は2,000である。

翌期における税務上の減価償却限度額も，当期と同額の2,000である。

（考え方）

会計上の減損損失の金額は損金の額に算入されず，税務上は償却費として損金経理した金額に含まれます。そして，償却費として損金経理した金額のうち，償却限度額に達するまでの金額が損金の額に算入され，償却限度額を超える部分の金額は，損金の額に算入されません。

減損損失が計上された翌年度は，償却不足額が生じることになります。この場合には，償却不足額と繰越償却超過額のいずれか少ない金額が損金の額に算入されます。

➡ 当　期

（会計処理）

借方	金額		貸方	金額
減価償却費	2,000	／	建　　物	2,000
減 損 損 失	15,000	／	建　　物	15,000

（税務上の取扱い）

減価償却費2,000は損金の額に算入する
減損損失の15,000は損金の額に算入しない

会計上は損金経理により減価償却費2,000及び減損損失15,000を計上しています。減損損失15,000は償却費として損金経理した金額に含まれますので，2,000＋15,000＝17,000が償却費となって償却限度額2,000を超える部分の金額15,000は当期の損金の額には算入されません（結果的に減損損失15,000が損金不算入となります）。したがって，別表４で加算調整を行います。また，利益積立金額にも影響を与えるため，別表５（一）Ⅰに記載を行います。

【別表4】

区　　分		総　額	処　　分		
			留　保	社外流出	
		①	②	③	
当期利益又は当期欠損の額		△17,000	△17,000	配　当	
				その他	
加算	**建物減価償却超過額（減損損失否認）**	**15,000**	**15,000**		
減算	－				
所得金額又は欠損金額		△2,000	△2,000		

（解説）

会計上損金経理した減価償却費と減損損失の合計額17,000のうち償却限度額2,000を超える金額15,000は，当期の損金の額には算入されないため，別表４において「建物減価償却超過額　15,000（加算）」として加算調整を行います。この加算調整は，会計上の利益剰余金に対して税務上の利益積立金額を15,000増加させることになるため，「留保」の調整項目になります。したがって，この調整は，総額①に記載するとともに，留保②にも記載します。

【別表５（一）Ⅰ】

区　分	期首現在利益積立金額	当期の増減		差引翌期首現在利益積立金額
		減	増	
	①	②	③	④
建　　物			**15,000**	**15,000**
繰越損益金			△17,000	△17,000

（解説）

別表４の留保欄に記載された「建物減価償却超過額　15,000（加算）」の加算調整は，別表５（一）Ⅰ③に「建物　15,000（増加）」として記載されます。会計上で損金経理された15,000が，税務上は「建物」という資産として認識され，同額が利益積立金額として認識されます。つまり，まだ損金には算入されておらず，資産として残っていることになります。この記載によって，会計上の利益剰余金に建物15,000を加算した金額が税務上の利益積立金額になります。

次の追加・修正仕訳をイメージして，別表４と別表５（一）Ⅰの記載をしましょう。

（別表４）

建　　物 15,000 ／ 減価償却費(減損損失) 15,000
（所得の増加）

（別表５（一）Ⅰ）

建　　物 15,000 ／ 利益積立金額 15,000
（利積の増加）

➡ 翌　期

（会計処理）

処理なし

（税務上の取扱い）

償却不足額2,000と繰越償却超過額15,000のいずれか少ない金額2,000が損金の額に算入される

会計上は既に帳簿価額がゼロとなっていますので，減価償却費の計上はありません。税務上は償却限度額が2,000ありますので，償却費0－償却限度額2,000＝△2,000の償却不足額が生じます。償却不足額が生じた場合には，繰越償却超過額15,000と比較して少ない金額を損金の額に算入します。したがって，別表４において減算調整をします。また，利益積立金額にも影響を与えるため，別表５（一）Ⅰに記載を行います。

【別表４】

区　分		総　額	処　分		
			留　保	社外流出	
		①	②	③	
当期利益又は当期欠損の額		0	0	配　当	
				その他	
加算	－				
減算	**建物減価償却超過額認容**	**2,000**	**2,000**		
所得金額又は欠損金額		△2,000	△2,000		

（解説）

償却不足額2,000と繰越償却超過額15,000のいずれか少ない金額2,000を，別表４において「建物減価償却超過額認容　2,000（減算）」として減算調整を行います。この減算調整は，税務上の利益積立金額を2,000減少させることになるため，「留保」の調整項目になります。したがって，この調整は，総額①に記載するとともに，留保②にも記載します。

【別表５（一）Ⅰ】

区　分	期首現在利益積立金額	当期の増減		差引翌期首現在利益積立金額
		減	増	
	①	②	③	④
建　　物	15,000	2,000		13,000
繰越損益金	△17,000	△17,000	△17,000	△17,000

（解説）

別表４の留保欄に記載された「建物減価償却超過額認容　2,000（減算）」の減算調整は，別表５（一）Ⅰ②に「建物　2,000（減少）」として記載されます。期首時点では，税務上「建物　15,000」という資産として認識されていたものが，償却超過額の認容によって減少し，期末残高が15,000－2,000＝13,000となります。この減少額2,000が，利益積立金額の計算上はマイナス要因となります。この記載によって，期末現在の会計上の利益剰余金と税務上の利益積立金額の差異は13,000に減少し，翌期に繰り越されていきます。

記載のポイント！

次の追加・修正仕訳をイメージして，別表４と別表５（一）Ⅰの記載をしましょう。

（別表４）

減価償却費　2,000 ／ 建　　物　2,000
（所得の減少）

（別表５（一）Ⅰ）

利益積立金額　2,000 ／ 建　　物　2,000
（利積の減少）

17 交際費等の損金不算入額がある場合

具体例

当期における支出交際費等の額は10,000（飲食費は含まれていない。）である。なお，当期末の資本金の額は2億円である。

（考え方）

法人が支出する交際費等の額については，次の金額が損金の額に算入されません。

(1)　期末資本金が1億円以下の法人（非中小法人等を除く）

支出交際費－大{年間800万円, 接待飲食費×50%}

(2)　期末資本金が1億円を超える法人（非中小法人等を含む）

支出交際費－接待飲食費※×50%　　※資本金100億円超の場合は適用なし

（会計処理）

交際費等 10,000 ／ 現金預金 10,000

（税務上の取扱い）

全額が損金の額に算入されない

資本金が2億円であり，飲食費がないため，支出交際費等の10,000の全額が損金の額に算入されません。したがって，別表4において加算調整を行います。なお，この調整は利益積立金額には影響を与えないため，別表5（一）Ⅰの記載はありません。

【別表4】

区分		総額	処分		
			留保	社外流出	
		①	②	③	
当期利益又は当期欠損の額		△10,000	△10,000	配当	
				その他	
加算	**交際費等の損金不算入額**	**10,000**		**その他**	**10,000**
減算	－				
所得金額又は欠損金額		0	△10,000		10,000

（解説）

交際費等の全額が損金不算入とされるため，別表４において「交際費等の損金不算入額　10,000（加算）」として加算調整します。この加算調整を行っても，それに伴って税務上の利益積立金額は増加しませんので，「社外流出」の調整項目になります。したがって，この調整は，総額①に記載するとともに，社外流出③にも記載します。

【別表５（一）Ⅰ】

特別な記載はありません。

区　分	期首現在利益積立金額	当期の増減		差引翌期首現在利益積立金額
		減	増	
	①	②	③	④
繰越損益金			△10,000	△10,000

（解説）

別表４の社外流出欄に記載された「交際費等の損金不算入額　10,000（加算）」は社外流出項目であるために，この調整を行っても，会計上の利益剰余金と税務上の利益積立金額にはズレは生じません。したがって，利益積立金額には影響がないために，別表５（一）Ⅰの記載はありません。

18 収用等の所得の特別控除額がある場合

具体例

当期において所有していた土地（帳簿価額5,000）について国から道路建設のために収用したい旨の申出を受け9,000で引き渡した。この収用に伴う譲渡益4,000に対しては，措置法65条の２の規定を適用し，所得の特別控除4,000を受けることができる。

（考え方）

収用等によって生じた譲渡益は原則として課税所得を構成しますが，収用等という事情を考慮して，年間5,000万円までの譲渡益については，所得の特別控除を適用することが認められています。

（会計処理）

現金預金	9,000	／	土　　地	5,000
		／	土地譲渡益	4,000

（税務上の取扱い）

譲渡益4,000に対して所得の特別控除が認められる

土地が収用されたことによって土地譲渡益が4,000計上されています。この譲渡益に対しては，収用という事情を考慮して所得の特別控除が認められています。したがって，別表４において減算調整を行います。なお，この調整は利益積立金額には影響を与えないため，別表５（一）Ｉの記載はありません。

【別表4】

区分		総額	処分		
			留保	社外流出	
		①	②	③	
当期利益又は当期欠損の額		4,000	4,000	配当	
				その他	
加算	–				
減算	**収用等の所得の特別控除額**	**4,000**		※	**4,000**
所得金額又は欠損金額		0	4,000		△4,000

（解説）

土地譲渡益4,000について所得の特別控除の適用を受けることができるため，別表4において「収用等の所得の特別控除額　4,000（減算）」として減算調整します。この減算調整を行っても，それに伴って税務上の利益積立金額は減少しませんので，「社外流出」の調整項目になります。したがって，この調整は，総額①に記載するとともに，社外流出③にも記載します。

【別表5（一）Ⅰ】

特別な記載はありません。

区分	期首現在利益積立金額	当期の増減		差引翌期首現在利益積立金額
		減	増	
	①	②	③	④
繰越損益金			4,000	4,000

（解説）

別表4の社外流出欄に記載された「収用等の所得の特別控除額　4,000（減算）」は，社外流出項目であるため会計上の利益剰余金と税務上の利益積立金額にはズレが生じません。したがって，利益積立金額には影響がないために，別表5（一）Ⅰの記載はありません。

19 受取配当等の益金不算入額がある場合

具体例

当期に国内の100%子会社から受取配当金を4,000収受しており，その際，源泉所得税が800（20%）徴収されている。この受取配当金は完全子法人株式等に係るものであり，その全額が益金不算入とされる。また，源泉所得税については，税額控除の適用を受ける。復興特別所得税については考慮しないものとする。

（考え方）

完全子法人株式等に係る受取配当金は，法人間配当の重複課税を排除するために，法人税においては非課税扱いとされるため，益金の額に算入されません。また，源泉所得税は，法人税の前払的性格を有するものとして法人税額から控除することとされ，所得計算上は損金不算入とされています。

（会計処理）

現金預金	3,200	／	受取配当金	4,000
法人税等	800	／		

（税務上の取扱い）

受取配当金は益金の額に算入しない
源泉所得税は損金の額に算入されず，また法人税額から控除する

営業外収益に計上される受取配当金のうち，100%子会社からのもの（完全子法人株式等に係るもの）はその全額を益金の額に算入しないことができます。したがって，別表4で減算調整をします。

源泉所得税は法人税の額から控除することができます。なお，税額控除の適用を受ける場合には，所得計算上は損金の額に算入されません。したがって，別表4において加算調整を行います。

なお，これらの調整は利益積立金額には影響を与えないため，別表5（一）Ⅰの記載はありません。

【別表４】

区分		総額	処分		
			留保	社外流出	
		①	②	③	
当期利益又は当期欠損の額		3,200	3,200	配当	
				その他	
加算	−				
減算	**受取配当等の益金不算入額**	**4,000**		※	**4,000**
法人税額から控除される所得税額		**800**		**その他**	**800**
所得金額又は欠損金額		0	3,200		△3,200

（解説）

受取配当金4,000は益金の額に算入しないことができるため，別表４において「受取配当等の益金不算入額　4,000（減算）」として減算調整します。この減算調整を行っても，それに伴って税務上の利益積立金額は減少しませんので，「社外流出」の調整項目になります。この調整は，総額①に記載するとともに，社外流出③にも記載をします。

また，法人税の額から控除する所得税額は，損金の額に算入されませんので，別表４において「法人税額から控除される所得税額　800（加算）」として加算調整します。この加算調整は，加算欄ではなく，仮計の下に記載します。この加算調整を行っても，それに伴って税務上の利益積立金額は増加しませんので，「社外流出」の調整項目になります。この調整は，総額①に記載するとともに，社外流出③にも記載します。

【別表５（一）Ⅰ】

特別な記載はありません。

区分	期首現在利益積立金額	当期の増減		差引翌期首現在利益積立金額
		減	増	
	①	②	③	④
繰越損益金			3,200	3,200

（解説）

別表４の社外流出欄に記載された「受取配当等の益金不算入額　4,000（減算）」及び「法人税額から控除される所得税額　800（加算）」は社外流出項目であるために，この調整を行っても，会計上の利益剰余金と税務上の利益積立金額にはズレは生じません。したがって，利益積立金額には影響がないために，別表５（一）Ⅰの記載はありません。

20 青色欠損金の当期控除額がある場合

具体例

前期において生じた青色欠損金6,000が当期に繰り越されている。当期の欠損金控除前の所得金額は10,000である。なお，当社の期末資本金は1億円である。

（考え方）

青色申告書を提出した事業年度に生じた青色欠損金は，翌期以降に繰り越して，所得金額から控除します。

（会計処理）	（税務上の取扱い）
処理なし	青色欠損金の繰越額を損金の額に算入する

前期から繰り越された青色欠損金は，当期に生じた所得金額から控除します。したがって，別表４において減算調整を行います。なお，この減算調整は利益積立金額には影響を与えないため，別表５（一）Ｉの記載はありません。

【別表４】

区　分		総　額	処　分		
			留　保	社外流出	
		①	②	③	
当期利益又は当期欠損の額		10,000	10,000	配　当	
				その他	
加算	−				
減算	−				
欠損金等の当期控除額		△6,000		※	△6,000
所得金額又は欠損金額		4,000	10,000		△6,000

（解説）

前期から繰り越された青色欠損金を当期の所得金額から控除します。別表４において「欠損金等の当期控除額　6,000（減算）」として減算調整します。この減算調整を行っても，税務上の利益積立金額は減少しませんので，「社外流出」の調整項目になります。したがって，この調整は，総額①に記載するとともに，社外流出③にも記載します。

【別表５（一）Ⅰ】

特別な記載はありません。

区　分	期首現在利益積立金額	当期の増減		差引翌期首現在利益積立金額
		減	増	
	①	②	③	④
繰越損益金	△6,000	△6,000	4,000	4,000

（解説）

別表４の社外流出欄に記載された「欠損金等の当期控除額　6,000（減算）」は社外流出項目であるために，この調整を行っても，会計上の利益剰余金と税務上の利益積立金額にはズレは生じません。したがって，利益積立金額には影響がないために，別表５（一）Ⅰの記載はありません。

1 課税売上高の計上もれがある場合（税抜経理）

具体例

会計上，翌期の売上高として計上している11,000（うち消費税等1,000）については，税務上は当期の売上高とすべきものである。なお，当社は消費税については税抜経理方式によっている。

（考え方）

会計と税務では売上高の認識時期が異なる場合があります。税務上，売上高を追加して計上する場合には，売上高の修正に伴って消費税等も修正されます。消費税等の処理を税抜経理方式によっている場合には，税抜金額により所得金額の調整を行います。

➡ 当　期

（会計処理）	（税務上の取扱い）
処理なし	売掛金 11,000 ／ 売上高 10,000 ／ 仮受消費税等 1,000

会計上は売上高を計上していなくとも，税務上，益金として認識しなければならないものであれば，会計処理に関係なく売上高として認識します。その際，消費税等が税抜経理方式の場合には，所得金額は税抜金額で調整します。

【別表4】

区分		総額	処分		
			留保	社外流出	
		①	②	③	
当期利益又は当期欠損の額		0	0	配当	
				その他	
加算	**売上高計上もれ**	**10,000**	**10,000**		
減算	–				
所得金額又は欠損金額		10,000	10,000		

(解説)

税抜経理方式によっているため,「売上高計上もれ」の加算調整は税抜売上高10,000によって行います。この加算調整は,会計上の利益剰余金に対して税務上の利益積立金額を10,000増加させることになるため,「留保」の調整項目になります。したがって,この調整は,総額①に記載するとともに,留保②にも記載します。

(別解)

【別表4】

区分		総額	処分		
			留保	社外流出	
		①	②	③	
当期利益又は当期欠損の額		0	0	配当	
				その他	
加算	**売上高計上もれ**	**11,000**	**11,000**		
減算	**未払消費税等認定損**	**1,000**	**1,000**		
所得金額又は欠損金額		10,000	10,000		

(解説)

「売上高計上もれ」の加算調整を税込金額の11,000によって行い,一方で,別途「未払消費税等認定損　1,000（減算)」として減算調整をします。別表4と別表5（一）Ⅰの対応関係を重視した調整です。

【別表5（一）Ⅰ】

区　分	期首現在 利益積立金額	当期の増減		差引翌期首現在 利益積立金額
		減	増	
	①	②	③	④
売　掛　金			**11,000**	**11,000**
未払消費税等			**△1,000**	**△1,000**
繰越損益金			0	0

（解説）

別表4の留保欄に記載された「売上高計上もれ　10,000（加算）」の加算調整は，別表5（一）Ⅰ③に「売掛金　11,000（増加）」及び「未払消費税等　△1,000（増加）」として記載されます。この加算調整によって，貸借対照表上は「売掛金　11,000」及び「未払消費税等　△1,000」が認識されます。そして，会計上の利益剰余金にこれらの調整金額を加減算した金額が税務上の利益積立金額になります。

次の追加・修正仕訳をイメージして，別表4と別表5（一）Ⅰの記載をしましょう。

（別表4）

売　掛　金 11,000 ／ 売　上　高 10,000
（所得の増加）
／ 未払消費税等　1,000

（別表5（一）Ⅰ）

売　掛　金 11,000 ／ 利益積立金額 10,000
（利積の増加）
／ **未払消費税等　1,000**

➡ 翌　期

（会計処理）

売　掛　金 11,000 ／ 売　上　高 10,000
／ 仮受消費税等　1,000

（税務上の取扱い）

－
（売上高は認識しない）

会計上は翌期に売上高を計上していますが，税務上は当期において既に認識済みですから，翌期においては売上を認識しません。したがって，会計上で計上された売上高を別表4において取り消す減算調整を行います。その際，消費税等が税抜経理方式の場合には，所得金額は税抜金額で調整します。

【別表４】

区分		総額	処分		
			留保	社外流出	
		①	②	③	
当期利益又は当期欠損の額		10,000	10,000	配当	
				その他	
加算	–				
減算	**売上高計上もれ認容**	**10,000**	**10,000**		
所得金額又は欠損金額		0	0		

（解説）

会計上は売上高として計上されている10,000は，税務上は既に認識済みであるため，別表４において税抜金額により「売上高計上もれ認容　10,000（減算）」として減算調整をします。この減算調整は税務上の利益積立金額を10,000減少させることになるため，「留保」の調整項目になります。したがって，この調整は，総額①に記載するとともに，留保②にも記載します。

（別解）

【別表４】

区分		総額	処分		
			留保	社外流出	
		①	②	③	
当期利益又は当期欠損の額		10,000	10,000	配当	
				その他	
加算	**未払消費税等認容**	**1,000**	**1,000**		
減算	**売上高計上もれ認容**	**11,000**	**11,000**		
所得金額又は欠損金額		0	0		

（解説）

「売上高計上もれ認容（減算）」の減算調整は税込金額の11,000によって行い，一方で，別途「未払消費税等認容　1,000（加算）」の加算調整をします。別表４と別表５（一）

Ⅰの対応関係を重視した調整です。

【別表５（一）Ⅰ】

区　分	期首現在利益積立金額	当期の増減		差引翌期首現在利益積立金額
		減	増	
	①	②	③	④
売掛金	11,000	11,000		0
未払消費税等	△1,000	△1,000		0
繰越損益金	0	0	10,000	10,000

（解説）

別表４の留保欄に記載された「売上高計上もれ認容　10,000（減算）」の減算調整は，別表５（一）Ⅰ②に「売掛金　11,000（減少）」及び「未払消費税等　△1,000（減少）」として記載します。期首時点では，税務上「売掛金　11,000」及び「未払消費税等　△1,000」という資産・負債が認識されていたものが減少し，期末残高がゼロとなります。この減少額（11,000－1,000＝10,000）が利益積立金額の計算上はマイナス要因となります。この記載によって，会計上の利益剰余金と税務上の利益積立金額の差異は解消します。

次の追加・修正仕訳をイメージして，別表４と別表５（一）Ⅰの記載をしましょう。

（別表４）

売上高 10,000 ／ 売掛金 11,000
（所得の減少）
未払消費税等 1,000 ／

（別表５（一）Ⅰ）

利益積立金額 10,000 ／ **売掛金** 11,000
（利積の減少）
未払消費税等 1,000 ／

2　ケーススタディ(2)　～ 消費税の記載 ～

2 課税売上高の計上もれがある場合（税込経理）

具体例

会計上，翌期の売上高として計上している11,000（うち消費税等1,000）については，税務上は当期の売上高とすべきものである。なお，当社は消費税については税込経理方式によっている。

（考え方）

会計と税務では売上高の認識時期が異なる場合があります。税務上，売上高を追加して計上する場合には，売上高の修正に伴って消費税等も修正されます。消費税等の処理を税込経理方式によっている場合には，税込金額により所得金額の調整を行います。

➡ 当　期

（会計処理）

処理なし

（税務上の取扱い）

売　掛　金 11,000 ／ 売　上　高 11,000

会計上は売上高を計上していなくとも，税務上，益金として認識しなければならないものであれば，会計処理に関係なく売上高として認識します。その際，消費税等が税込経理方式の場合には，所得金額は税込金額で調整します。

【別表４】

区　分		総　額	処　分		
			留　保	社外流出	
		①	②	③	
当期利益又は当期欠損の額		0	0	配　当	
				その他	
加算	売上高計上もれ	11,000	11,000		
減算	−				
所得金額又は欠損金額		11,000	11,000		

（解説）

税込経理方式の場合には，「売上高計上もれ」の加算調整は税込売上高11,000によって行います。この加算調整は，会計上の利益剰余金に対して税務上の利益積立金額を11,000増加させることになるため，「留保」の調整項目になります。したがって，この調整は，総額①に記載するとともに，留保②にも記載します。

【別表５（一）Ⅰ】

区　分	期首現在利益積立金額	当期の増減		差引翌期首現在利益積立金額
		減	増	
	①	②	③	④
売　掛　金			11,000	11,000
繰越損益金			0	0

（解説）

別表４の留保欄に記載された「売上高計上もれ　11,000（加算）」の加算調整は，別表５（一）Ⅰ③に「売掛金　11,000（増加）」として記載されます。この加算調整によって，貸借対照表上は「売掛金　11,000」が認識されます。そして，会計上の利益剰余金にこの調整金額を加算した金額が税務上の利益積立金額になります。

記載のポイント！

次の追加・修正仕訳をイメージして，別表４と別表５（一）Ⅰの記載をしましょう。

（別表４）

売　掛　金 11,000 ／ 売　上　高 11,000
（所得の増加）

（別表５（一）Ⅰ）

売　掛　金 11,000 ／ 利益積立金額 11,000
（利積の増加）

➡ 翌　期

（会計処理）

売　掛　金 11,000 ／ 売　上　高 11,000

（税務上の取扱い）

－
（売上高は認識しない）

会計上は売上高を計上していますが，税務上は既に認識済みですから，売上高は認識しません。したがって，会計上で計上された売上高を別表４において取り消す減算調整を行います。その際，消費税等が税込経理方式の場合には，所得金額は税込金額で調整します。

【別表４】

区　　分		総　額	処　分		
			留　保	社外流出	
		①	②	③	
当期利益又は当期欠損の額		11,000	11,000	配　当	
				その他	
加算	–				
減算	**売上高計上もれ認容**	**11,000**	**11,000**		
所得金額又は欠損金額		0	0		

（解説）

会計上は売上高として計上されている11,000は，税務上は既に認識済みであるため，別表４において税込金額で，「売上高計上もれ認容　11,000（減算）」の減算調整をします。この減算調整は，税務上の利益積立金額を11,000減少させることになるため，「留保」の調整項目になります。したがって，この調整は，総額①に記載するとともに，留保②にも記載をします。

【別表５（一）Ⅰ】

区　分	期首現在利益積立金額	当期の増減		差引翌期首現在利益積立金額
		減	増	
	①	②	③	④
売　掛　金	**11,000**	**11,000**		0
繰越損益金	0	0	11,000	11,000

（解説）

別表４の留保欄に記載された「売上高計上もれ認容　11,000（減算）」の減算調整は，別表５（一）Ⅰ②に「売掛金　11,000（減少）」として記載されます。期首時点では，税務上「売掛金　11,000」という資産が認識されていたものが減少し，期末残高がゼロとなります。この減少額11,000が利益積立金額の計算上はマイナス要因となります。この記載によって，会計上の利益剰余金と税務上の利益積立金額の差異は解消します。

記載のポイント！

次の追加・修正仕訳をイメージして，別表４と別表５（一）Ｉの記載をしましょう。

（別表４）

売　上　高 11,000 ／ 売　掛　金 11,000
（所得の減少）

（別表５（一）Ｉ）

利益積立金額 11,000 ／ 売　掛　金 11,000
（利積の減少）

（参考）

税込経理方式の場合には，消費税1,000は，原則として消費税申告書を提出した事業年度において損金経理され，損金の額に算入されます。

2　ケーススタディ(2)　～ 消費税の記載 ～

3 課税仕入高が過大である場合（税抜経理）

具体例

当期末に仕入計上した金額のうち6,600（うち消費税等600）は過大計上であることが判明した（期末の在庫計上額は適正である。）。この過大計上額については，翌期において仕入を戻す処理をしている。なお，当社は消費税については税抜経理方式によっている。

（考え方）

会計上の仕入計上額が過大である場合には，税務上は適正額で所得計算を行いますので，別表４での修正が必要になります。税務上，過大仕入高を取り消す場合には，仕入高の修正に伴って消費税等も修正されます。消費税等の処理を税抜経理方式によっている場合には，税抜金額により所得金額の調整を行います。

➡ 当　期

（会計処理）

仕 入 高	6,000 ／	買 掛 金	6,600
仮払消費税等	600 ／		

（税務上の取扱い）

－

（仕入高は認識しない）

会計上で計上された仕入高が過大である場合には，税務上はあくまで適正額で所得計算を行いますので，その仕入高は認識しません。その際，消費税等が税抜経理方式の場合には，所得金額は税抜金額で調整します。

【別表４】

区分		総額	処分		
			留保	社外流出	
		①	②	③	
当期利益又は当期欠損の額		△6,000	△6,000	配当	
				その他	
加算	**仕入高過大計上**	**6,000**	**6,000**		
減算	−				
所得金額又は欠損金額		0	0		

（解説）

消費税について税抜経理方式によっている場合には，「仕入高過大計上」の加算調整は税抜金額6,000によって行います。この加算調整は，会計上の利益剰余金に対して税務上の利益積立金額を6,000増加させることになるため，「留保」の調整項目になります。したがって，この調整は，総額①に記載するとともに，留保②にも記載します。

（別解）

【別表４】

区分		総額	処分		
			留保	社外流出	
		①	②	③	
当期利益又は当期欠損の額		△6,000	△6,000	配当	
				その他	
加算	**仕入高過大計上**	**6,600**	**6,600**		
減算	**未払消費税等認定損**	**600**	**600**		
所得金額又は欠損金額		0	0		

（解説）

「仕入高過大計上」の加算調整は税込金額の6,600によって行い，一方で，別途「未払消費税等認定損　600（減算）」として減算調整をします。別表４と別表５（一）Ⅰの対応関係を重視した調整です。

【別表5（一）Ⅰ】

区　分	期首現在利益積立金額	当期の増減		差引翌期首現在利益積立金額
		減	増	
	①	②	③	④
買　掛　金			6,600	6,600
未払消費税等			△600	△600
繰越損益金			△6,000	△6,000

（解説）

別表4の留保欄に記載された「仕入高過大計上　6,000（加算）」の加算調整は，別表5（一）Ⅰ③に「買掛金　6,600（増加）」及び「未払消費税等　△600（増加）」として記載されます。この加算調整によって，貸借対照表上は「買掛金　6,600」及び「未払消費税等　△600」が認識されます。そして，会計上の利益剰余金にこれらの調整金額を加減算した金額が税務上の利益積立金額になります。

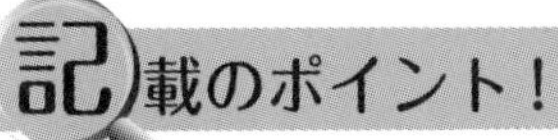

記載のポイント！

次の追加・修正仕訳をイメージして，別表4と別表5（一）Ⅰの記載をしましょう。

（別表4）

買　掛　金　6,600 ／ 仕　入　高　6,000（所得の増加）
／ 未払消費税等　600

（別表5（一）Ⅰ）

買　掛　金　6,600 ／ 利益積立金額　6,000（利積の増加）
／ **未払消費税等　600**

翌　期

（会計処理）

買　掛　金　6,600 ／ 仕　入　高　6,000
／ 仮払消費税等　600

（税務上の取扱い）

－
（仕入高のマイナスは認識しない）

会計上は過大仕入高を取り消す処理をしていますが，税務上は何も認識しません。したがって，会計上の仕入高の戻入額を別表4において取り消す減算調整を行います。その際，消費税等が税抜経理方式の場合には，所得金額は税抜金額で調整します。

【別表4】

<table>
<tr><th colspan="2" rowspan="3">区　　分</th><th rowspan="2">総　額</th><th colspan="3">処　　分</th></tr>
<tr><th>留　保</th><th colspan="2">社外流出</th></tr>
<tr><th>①</th><th>②</th><th colspan="2">③</th></tr>
<tr><td colspan="2" rowspan="2">当期利益又は当期欠損の額</td><td rowspan="2">6,000</td><td rowspan="2">6,000</td><td>配　当</td><td></td></tr>
<tr><td>その他</td><td></td></tr>
<tr><td>加算</td><td>－</td><td></td><td></td><td></td><td></td></tr>
<tr><td>減算</td><td>仕入高過大計上認容</td><td>6,000</td><td>6,000</td><td></td><td></td></tr>
<tr><td colspan="2">所得金額又は欠損金額</td><td>0</td><td>0</td><td></td><td></td></tr>
</table>

（解説）

会計上は仕入高の戻しとして計上されている6,000は，税務上は認識しませんので，別表4において税抜金額で，「仕入高過大計上認容　6,000（減算）」として減算調整をします。この減算調整は，税務上の利益積立金額を6,000減少させることになるため，「留保」の調整項目になります。したがって，この調整は，総額①に記載するとともに，留保②にも記載します。

（別解）

【別表4】

<table>
<tr><th colspan="2" rowspan="3">区　　分</th><th rowspan="2">総　額</th><th colspan="3">処　　分</th></tr>
<tr><th>留　保</th><th colspan="2">社外流出</th></tr>
<tr><th>①</th><th>②</th><th colspan="2">③</th></tr>
<tr><td colspan="2" rowspan="2">当期利益又は当期欠損の額</td><td rowspan="2">6,000</td><td rowspan="2">6,000</td><td>配　当</td><td></td></tr>
<tr><td>その他</td><td></td></tr>
<tr><td>加算</td><td>未払消費税等認容</td><td>600</td><td>600</td><td></td><td></td></tr>
<tr><td>減算</td><td>仕入高過大計上認容</td><td>6,600</td><td>6,600</td><td></td><td></td></tr>
<tr><td colspan="2">所得金額又は欠損金額</td><td>0</td><td>0</td><td></td><td></td></tr>
</table>

（解説）

「仕入高過大計上認容」の減算調整は税込金額の6,600によって行い，一方で，別途「未払消費税等認容　600（加算）」として加算調整をします。別表4と別表5（一）Ⅰの対応関係を重視した調整です。

【別表５（一）Ⅰ】

区　分	期首現在利益積立金額	当期の増減		差引翌期首現在利益積立金額
		減	増	
	①	②	③	④
買　掛　金	**6,600**	**6,600**		0
未払消費税等	**△600**	**△600**		0
繰越損益金	△6,000	△6,000	0	0

（解説）

別表４の留保欄に記載された「仕入高過大計上認容　6,000（減算）」の減算調整は，別表５（一）Ⅰ②に「買掛金　6,600（減少）」及び「未払消費税等　△600（減少）」として記載されます。期首時点では税務上「買掛金　6,600」及び「未払消費税等　△600」という資産・負債が認識されていたものが減少し，期末残高がゼロとなります。この減少額（6,600－600＝6,000）が利益積立金額の計算上はマイナス要因となります。この記載によって，会計上の利益剰余金と税務上の利益積立金額の差異は解消します。

記載のポイント！

次の追加・修正仕訳をイメージして，別表４と別表５（一）Ⅰの記載をしましょう。

（別表４）

仕　入　高　6,000 ／ 買　掛　金　6,600
（所得の減少）
未払消費税等　600 ／

（別表５（一）Ⅰ）

利益積立金額　6,000 ／ **買　掛　金　6,600**
（利積の減少）
未払消費税等　600 ／

4 課税仕入高が過大である場合（税込経理）

具体例

当期末に仕入計上した金額のうち6,600（うち消費税等600）は過大計上であることが判明した（期末の在庫計上額は適正である。）。この過大計上額については，翌期において仕入を戻す処理をしている。なお，当社は消費税については税込経理方式によっている。

（考え方）

会計上の仕入計上額が過大である場合には，税務上は適正額で所得計算を行いますので，別表4での修正が必要になります。税務上，過大仕入高を取り消す場合には，仕入高の修正に伴って消費税等も修正されます。消費税等の処理を税込経理方式によっている場合には，税込金額により所得金額の調整を行います。

➡ 当　期

（会計処理）	（税務上の取扱い）
仕　入　高　6,600 ／ 買　掛　金　6,600	－ （仕入高は認識しない）

会計上で計上された仕入高が過大である場合には，税務上はあくまで適正額で所得計算を行いますので，その仕入高は認識しません。その際，消費税等が税込経理方式の場合には，所得金額は税込金額で調整します。

【別表4】

区　分		総　額	処　分		
			留　保	社外流出	
		①	②	③	
当期利益又は当期欠損の額		△6,600	△6,600	配　当	
				その他	
加算	**仕入高過大計上**	**6,600**	**6,600**		
減算	–				
所得金額又は欠損金額		0	0		

（解説）

税込経理方式の場合には，「仕入高過大計上」の加算調整は税込金額6,600によって行います。この加算調整は，会計上の利益剰余金に対して税務上の利益積立金額を6,600増加させることになるため，「留保」の調整項目になります。したがって，この調整は，総額①に記載するとともに，留保②にも記載します。

【別表5（一）Ⅰ】

区　分	期首現在利益積立金額	当期の増減		差引翌期首現在利益積立金額
		減	増	
	①	②	③	④
買　掛　金			**6,600**	**6,600**
繰越損益金			△6,600	△6,600

（解説）

別表4の留保欄に記載された「仕入高過大計上　6,600（加算）」の加算調整は，別表5（一）Ⅰ③に「買掛金　6,600（増加）」として記載されます。この加算調整によって，貸借対照表上は「買掛金　6,600」が認識されます。そして，会計上の利益剰余金にこの調整金額を加算した金額が税務上の利益積立金額になります。

記載のポイント！

次の追加・修正仕訳をイメージして，別表４と別表５（一）Ｉの記載をしましょう。

（別表４）

買　掛　金　6,600 ／ 仕　入　高　6,600
（所得の増加）

（別表５（一）Ｉ）

買　掛　金　6,600 ／ 利益積立金額　6,600
（利積の増加）

翌　期

（会計処理）

買　掛　金　6,600 ／ 仕　入　高　6,600

（税務上の取扱い）

－
（仕入高のマイナスは認識しない）

会計上は過大仕入高を取り消す処理をしていますが，税務上は何も認識しません。したがって，会計上の仕入高の戻入額を別表４において取り消す減算調整を行います。その際，消費税等が税込経理方式の場合には，所得金額は税込金額で調整します。

【別表４】

区　分		総　額	処　分		
			留　保	社外流出	
		①	②	③	
当期利益又は当期欠損の額		6,600	6,600	配　当	
				その他	
加算	－				
減算	**仕入高過大計上認容**	**6,600**	**6,600**		
所得金額又は欠損金額		0	0		

（解説）

会計上は仕入高の戻しとして計上されている6,600は，税務上は認識しませんので，別表４において税込金額で，「仕入高過大計上認容　6,600（減算）」として減算調整をします。この減算調整は，税務上の利益積立金額を6,600減少させることになるために，「留保」の調整項目になります。したがって，この調整は，総額①に記載するとともに，留保②にも記載をします。

【別表５（一）Ⅰ】

区　分	期首現在利益積立金額	当期の増減		差引翌期首現在利益積立金額
		減	増	
	①	②	③	④
買　掛　金	**6,600**	**6,600**		0
繰越損益金	△6,600	△6,600	0	0

（解説）

別表４の留保欄に記載された「仕入高過大計上認容　6,600（減算）」の減算調整は，別表５（一）Ⅰ②に「買掛金　6,600（減少）」として記載されます。期首時点では，税務上「買掛金　6,600」という（マイナスの）負債が認識されていたものが減少し，期末残高がゼロとなります。この減少額6,600が利益積立金額の計算上はマイナス要因となります。この記載によって，会計上の利益剰余金と税務上の利益積立金額の差異は解消します。

記載のポイント！

次の追加・修正仕訳をイメージして，別表４と別表５（一）Ⅰの記載をしましょう。

（別表４）

仕　入　高　6,600 ／ 買　掛　金　6,600
（所得の減少）

（別表５（一）Ⅰ）

利益積立金額　6,600 ／ **買　掛　金　6,600**
（利積の減少）

5 貸倒損失が認められない場合（税抜経理）

具体例

取引先に対する売掛金3,300（うち消費税等300）については，回収ができない可能性が高いと判断して，当期においてその全額を貸倒損失として処理した（税務上は認められない。）。

翌期において，破産法が適用され，売掛金の全額が回収不能であることが確定した。なお，当社は消費税については税抜経理方式によっている。

（考え方）

会計上，貸倒損失として処理した債権が売掛金である場合には，消費税等の部分については，消費税の申告税額の計算において税額控除することとされています。しかし，会計上の貸倒損失が税務上損金として認められない場合には，消費税における税額控除の適用もありません。消費税等の処理を税抜経理方式によっている場合には，税抜金額により所得金額の調整を行います。

➡ 当　期

（会計処理）

貸倒損失	3,000	／ 売掛金	3,300
仮払消費税等	300	／	

（税務上の取扱い）

貸倒損失は損金の額に算入されない

会計上は売掛金が回収できない可能性が高いとして貸倒損失としていますが，税務上は，損金の額に算入されません。その際，消費税等が税抜経理方式の場合には，所得金額は税抜金額で調整します。

【別表4】

区　　分		総　額	処　　分		
			留　保	社外流出	
		①	②	③	
当期利益又は当期欠損の額		△3,000	△3,000	配　当	
				その他	
加算	**貸倒損失否認**	**3,000**	**3,000**		
減算	–				
所得金額又は欠損金額		0	0		

（解説）

消費税について税抜経理方式によっている場合には，「貸倒損失否認」の加算調整は税抜金額3,000によって行います。この加算調整は，会計上の利益剰余金に対して税務上の利益積立金額を3,000増加させることになるため，「留保」の調整項目になります。したがって，この調整は，総額①に記載するとともに，留保②にも記載します。

（別解）

【別表4】

区　　分		総　額	処　　分		
			留　保	社外流出	
		①	②	③	
当期利益又は当期欠損の額		△3,000	△3,000	配　当	
				その他	
加算	**貸倒損失否認**	**3,300**	**3,300**		
減算	**未払消費税等認定損**	**300**	**300**		
所得金額又は欠損金額		0	0		

（解説）

「貸倒損失否認」の加算調整は税込金額の3,300によって行い，一方で，別途「未払消費税等認定損　300（減算）」として減算調整をします。別表4と別表5（一）Ⅰの対応関係を重視した調整です。

【別表5（一）Ⅰ】

区分	期首現在利益積立金額	当期の増減		差引翌期首現在利益積立金額
		減	増	
	①	②	③	④
売掛金			3,300	3,300
未払消費税等			△300	△300
繰越損益金			△3,000	△3,000

（解説）

別表4の留保欄に記載された「貸倒損失否認　3,000（加算）」の加算調整は，別表5（一）Ⅰ③に「売掛金　3,300（増加）」及び「未払消費税等　△300（増加）」として記載されます。この加算調整によって，貸借対照表上は「売掛金　3,300」及び「未払消費税等　△300」が認識されます。そして，会計上の利益剰余金にこれらの調整金額を加減算した金額が税務上の利益積立金額になります。

記載のポイント！

次の追加・修正仕訳をイメージして，別表4と別表5（一）Ⅰの記載をしましょう。

（別表4）

売　掛　金 3,300 ／ 貸倒損失 3,000
（所得の増加）
／ 未払消費税等 300

（別表5（一）Ⅰ）

売　掛　金 3,300 ／ 利益積立金額 3,000
（利積の増加）
／ 未払消費税等 300

➡ 翌　期

（会計処理）

処理なし

（税務上の取扱い）

貸倒損失 3,000 ／ 売　掛　金 3,300
仮払消費税等 300 ／

会計上は，既に貸倒損失処理されていますので，翌期は何も処理は生じません。税務上は，破産法の適用によって回収不能が確定し，貸倒損失として損金の額に算入されます。したがって，別表4で減算調整を行います。その際，消費税等が税抜経理方式の場合には，所得金額は税抜金額で調整します。

【別表４】

区分		総額	処分		
			留保	社外流出	
		①	②	③	
当期利益又は当期欠損の額		0	0	配当	
				その他	
加算	－				
減算	**貸倒損失認容**	**3,000**	**3,000**		
所得金額又は欠損金額		△3,000	△3,000		

（解説）

税務上否認された貸倒損失3,000が翌期の損金の額に算入されますので，「貸倒損失認容　3,000（減算）」として減算調整を行います。この減算調整は，税務上の利益積立金額を3,000減少させることになるため，「留保」の調整項目になります。したがって，この調整は，総額①に記載するとともに，留保②にも記載します。

（別解）

【別表４】

区分		総額	処分		
			留保	社外流出	
		①	②	③	
当期利益又は当期欠損の額		0	0	配当	
				その他	
加算	**未払消費税等認容**	**300**	**300**		
減算	**貸倒損失認容**	**3,300**	**3,300**		
所得金額又は欠損金額		△3,000	△3,000		

（解説）

「貸倒損失認容」の減算調整は税込金額の3,300によって行い，一方で，別途「未払消費税等認容　300（加算）」として加算調整をします。別表４と別表５（一）Ⅰの対応関係を重視した調整です。

【別表５（一）Ⅰ】

区　分	期首現在利益積立金額	当期の増減		差引翌期首現在利益積立金額
		減	増	
	①	②	③	④
売掛金	**3,300**	**3,300**		0
未払消費税等	**△300**	**△300**		0
繰越損益金	△3,000	△3,000	△3,000	△3,000

（解説）

別表４の留保欄に記載された「貸倒損失認容　3,000（減算）」の減算調整は，別表５（一）Ⅰ②に「売掛金　3,300（減少）」及び「未払消費税等　△300（減少）」として記載されます。期首時点では，税務上「売掛金　3,300」及び「未払消費税等　△300」という資産・負債が認識されていたものが減少し，期末残高がゼロとなります。この減少額（3,300－300＝3,000）が利益積立金額の計算上はマイナス要因となります。この記載によって，会計上の利益剰余金と税務上の利益積立金額の差異は解消します。

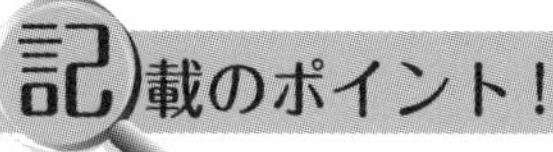

次の追加・修正仕訳をイメージして，別表４と別表５（一）Ⅰの記載をしましょう。

（別表４）

貸倒損失（所得の減少）	3,000	売掛金	3,300
未払消費税等	300		

（別表５（一）Ⅰ）

利益積立金額（利積の減少）	3,000	売掛金	3,300
未払消費税等	300		

3　ケーススタディ(3)　～ 租税公課の記載 ～

1 中間法人税等を損金経理している場合

具体例

当期中間申告分の法人税等1,600（内訳：法人税1,000，道府県民税50，市町村民税150，事業税400）は，法人税等として損金経理している。

（考え方）

損金経理されている法人税等のうち，法人税及び住民税は損金の額に算入されません。一方，事業税は申告時に損金の額に算入されます。

（会計処理）

法人税等　1,600 ／ 現金預金　1,600

（税務上の取扱い）

法人税及び住民税は損金の額に算入しない

会計上は納付した中間申告税額1,600が法人税等として損金経理されています。事業税は損金の額に算入されますが，法人税と住民税は損金の額に算入されません。したがって，別表５（二）及び別表５（一）Ｉに発生及び納付状況を記載するとともに，別表４で加算調整を行います。

【別表5（二）】

		期首現在未納税額	当期発生税額	当期中の納付税額			期末現在未納税額
				充当金取崩しによる納付	仮払経理による納付	損金経理による納付	
		①	②	③	④	⑤	⑥
法人税	前期分						
	当期分 中間		1,000			1,000	0
	当期分 確定						
	計						
道府県民税	前期分						
	当期分 中間		50			50	0
	当期分 確定						
	計						
市町村民税	前期分						
	当期分 中間		150			150	0
	当期分 確定						
	計						
事業税	前期分						
	当期中間分		400			400	0
	計						

（解説）

中間申告税額は②当期発生税額に記載し，また納付時には損金経理がなされていますので，⑤損金経理による納付に記載します。中間申告税額が納付されていますので，⑥期末現在未納税額はゼロとなります。

【別表4】

区分		総額	処分		
			留保	社外流出	
		①	②	③	
当期利益又は当期欠損の額		△1,600	△1,600	配当	
				その他	
加算	損金経理をした法人税	1,000	1,000		
	損金経理をした住民税	200	200		
減算	−				
所得金額又は欠損金額		△400	△400		

（解説）

会計上損金経理した法人税等のうち法人税1,000と住民税200（道府県民税50，市町村民税150）は損金の額に算入されないため，「損金経理をした法人税　1,000（加算）」及び「損金経理をした住民税　200（加算）」として加算調整を行います。この加算調整は，性格的には社外流出と言えますが，別表５（一）Ⅰの記載の関係上，「留保」の調整項目になります。したがって，この調整は，総額①に記載するとともに，留保②にも記載します。

【別表５（一）Ⅰ】

区分		期首現在利益積立金額	当期の増減			差引翌期首現在利益積立金額
			減	増		
		①	②	③		④
繰越損益金					△　1,600	△　1,600
納税充当金						
未納法人税等	未納法人税	△	△　1,000	中間	△　1,000	△　0
				確定	△	
	未納道府県民税	△	△　50	中間	△　50	△　0
				確定	△	
	未納市町村民税	△	△　150	中間	△　150	△　0
				確定	△	

（解説）

別表４の留保欄に記載された「損金経理をした法人税　1,000（加算）」及び「損金経理をした住民税　200（加算）」の加算調整は，別表５（一）Ｉの未納法人税等の「②減」の各欄にそれぞれ記載されます。また，中間申告により発生した税額は「③増」の各欄に記載されます。中間申告した税額を納付している場合には，「②減」と「③増」の両方に記載され，期末残高はゼロとなります。なお，別表５（一）Ｉの未納法人税等は別表５（二）の金額と連動します。

3　ケーススタディ(3)　～ 租税公課の記載 ～

2 源泉税を損金経理している場合

具体例

当期に預金利息1,000に係る源泉所得税額150は，税額控除を受けるため，法人税等として損金経理している。復興特別所得税については考慮しないものとする。

（考え方）

源泉所得税は法人税の前払い的な性格を有するものとして，税額控除が認められています。ただし，税額控除を受ける場合には損金の額に算入されません。

（会計処理）

現金預金　850 ／ 受取利息　1,000
法人税等　150 ／

（税務上の取扱い）

法人税額から控除する
税額控除を受ける所得税は損金の額に算入しない

預金利息に対する源泉税が損金経理されています。税額控除の適用を受ける所得税額は損金の額に算入されません。したがって，別表５（二）発生及び納付状況を記載するとともに，別表４で加算調整を行います。

【別表５（二）】

			期首現在未納税額	当期発生税額	当期中の納付税額			期末現在未納税額
					充当金取崩しによる納付	仮払経理による納付	損金経理による納付	
			①	②	③	④	⑤	⑥
その他	損金算入	利子税						
		延滞金						
	損金不算入	加算税						
		延滞税						
		源泉所得税		150			150	0

（解説）

税額控除を受ける源泉所得税は，「その他」の「損金不算入」の②当期発生税額に記載するとともに，源泉徴収により納付していますので⑤損金経理による納付に記載します。⑥期末現在未納税額はゼロとなります。

【別表４】

<table>
<tr><td colspan="2" rowspan="3">区　　分</td><td rowspan="2">総　額</td><td colspan="3">処　　分</td></tr>
<tr><td>留　保</td><td colspan="2">社外流出</td></tr>
<tr><td>①</td><td>②</td><td colspan="2">③</td></tr>
<tr><td colspan="2" rowspan="2">当期利益又は当期欠損の額</td><td rowspan="2">850</td><td rowspan="2">850</td><td>配　当</td><td></td></tr>
<tr><td>その他</td><td></td></tr>
<tr><td>加算</td><td></td><td></td><td></td><td></td><td></td></tr>
<tr><td>減算</td><td></td><td></td><td></td><td></td><td></td></tr>
<tr><td colspan="2">仮計</td><td>850</td><td>850</td><td></td><td></td></tr>
<tr><td colspan="2">法人税額控除所得税額</td><td>150</td><td></td><td></td><td>150</td></tr>
<tr><td colspan="2">所得金額又は欠損金額</td><td>1,000</td><td>850</td><td></td><td>150</td></tr>
</table>

（解説）

損金経理されている源泉税額は，別表４において「法人税額控除所得税額　150（加算)」として加算調整します。この調整は社外流出項目ですから，総額①及び社外流出③に記載します。

【別表５（一）Ⅰ】

記載はありません。

（解説）

別表４に記載された「法人税額控除所得税額　150（加算)」の加算調整は社外流出項目ですから，利益積立金額には影響を与えません。したがって，別表５（一）Ⅰへの記載はありません。

3　ケーススタディ(3)　～ 租税公課の記載 ～

3 加算税等を損金経理している場合

具体例

当期において課された延滞税600を納付して租税公課として処理している。

（考え方）

延滞税や加算税など罰則的な意味合いで課される税は，所得計算上，損金の額に算入されません。

（会計処理）

租税公課 600	現金預金 600

（税務上の取扱い）

延滞税は損金の額に算入しない

納付すべき税が遅延した場合に罰則的な趣旨で課される延滞税の額は，会計上損金経理されていますが，所得計算上は損金の額に算入されません。したがって，別表５（二）に発生及び納付状況を記載するとともに，別表４で加算調整を行います。なお，別表５（一）Ⅰの記載はありません。

【別表５（二）】

			期首現在未納税額	当期発生税額	当期中の納付税額			期末現在未納税額
					充当金取崩しによる納付	仮払経理による納付	損金経理による納付	
			①	②	③	④	⑤	⑥
その他	損金算入	利子税						
		延滞金						
	損金不算入	加算税						
		延滞税		600			600	0

（解説）

延滞税の額は，「その他」の「損金不算入」の②当期発生税額に記載するとともに，納付がなされていますので⑤損金経理による納付に記載します。⑥期末現在未納税額はゼロとなります。

【別表4】

<table>
<tr><th colspan="2" rowspan="3">区　　分</th><th rowspan="2">総　額</th><th colspan="3">処　　分</th></tr>
<tr><th>留　保</th><th colspan="2">社外流出</th></tr>
<tr><th>①</th><th>②</th><th colspan="2">③</th></tr>
<tr><td colspan="2" rowspan="2">当期利益又は当期欠損の額</td><td rowspan="2">△600</td><td rowspan="2">△600</td><td>配　当</td><td></td></tr>
<tr><td>その他</td><td></td></tr>
<tr><td>加算</td><td>損金経理をした附帯税等</td><td>600</td><td></td><td>その他</td><td>600</td></tr>
<tr><td>減算</td><td>－</td><td></td><td></td><td></td><td></td></tr>
<tr><td colspan="2">所得金額又は欠損金額</td><td>0</td><td>△600</td><td></td><td>600</td></tr>
</table>

（解説）

損金経理されている延滞税の額は損金の額に算入されませんので，別表４において「損金経理をした附帯税等　600（加算）」として加算調整します。この加算調整を行っても，それに伴って税務上の利益積立金額は増加しませんので，「社外流出」の調整項目になります。したがって，この調整は，総額①に記載するとともに，社外流出③にも記載します。

【別表５（一）Ⅰ】

記載はありません。

（解説）

別表４に記載された「損金経理をした附帯税等　600（加算）」の加算調整は社外流出項目ですから，利益積立金額には影響を与えません。したがって，別表５（一）Ⅰへの記載はありません。

3　ケーススタディ(3)　～ 租税公課の記載 ～

4 納税充当金の繰入をしている場合

具体例

当期の確定申告分税額は法人税2,000，道府県民税100，市町村民税300，事業税600と算定されたため，当期末においてその合計額3,000について未払法人税等に計上した。

（考え方）

当期の確定申告分税額は，当期に負担すべき租税公課であるために，会計上，未払法人税等として計上します。税務上はこれを納税充当金の繰入といいます。納税充当金の繰入額は債務未確定のため，所得計算上は損金の額に算入されません。

（会計処理）	（税務上の取扱い）
法 人 税 等　3,000 ／ 未払法人税等　3,000	納税充当金の繰入額は損金の額に算入しない

会計上は，当期の利益に対する法人税等のうち期末現在未納である税額を未払計上しています。しかしながら，所得計算上は，債務が確定していないことから，損金の額に算入されません。したがって，別表５（二）及び別表５（一）Ⅰに繰入及び取崩状況を記載するとともに，別表４で加算調整を行います。

【別表５（二)】

			期首現在未納税額	当期発生税額	当期中の納付税額			期末現在未納税額
					充当金取崩しによる納付	仮払経理による納付	損金経理による納付	
			①	②	③	④	⑤	⑥
法人税	前期分							
	当期分	中間						
		確定		2,000				2,000
	計							
道府県民税	前期分							
	当期分	中間						
		確定		100				100
	計							
市町村民税	前期分							
	当期分	中間						
		確定		300				300
	計							
事業税	前期分							
	当期中間分							
	計							

納税充当金の計算						
期首納税充当金			取崩額	その他	損金算入のもの	
繰入額	損金経理をした納税充当金	3,000			損金不算入のもの	
	計	3,000			仮払税金消却	
取崩額	法人税額等			計		
	事業税		期末納税充当金			3,000

（解説）

納税充当金の繰入をした場合には，別表５（二）の下段の「納税充当金の計算」の損金経理をした納税充当金に記載します。また，当期末残高を記載します。

【別表４】

区　　分		総　額	処　　分		
			留　保	社外流出	
		①	②	③	
当期利益又は当期欠損の額		△3,000	△3,000	配　当	
				その他	
加算	**損金経理をした納税充当金**	**3,000**	**3,000**		
減算	−				
所得金額又は欠損金額		0	0		

（解説）

損金経理されている未払法人税等（納税充当金）の計上額は，損金の額に算入されませんので別表４において「損金経理をした納税充当金　3,000（加算）」として加算調整します。この加算調整は，会計上の利益剰余金に対して税務上の利益積立金額を3,000増加させることになるため，「留保」の調整項目になります。したがって，この調整は，総額①に記載するとともに，留保②にも記載します。

【別表５（一）Ⅰ】

区　分		期首現在利益積立金額	当期の増減			差引翌期首現在利益積立金額
			減	増		
		①	②	③		④
繰越損益金				△	3,000	△　3,000
納税充当金					**3,000**	3,000
未納法人税等	未納法人税	△	△	中間	△	△　2,000
				確定	△　**2,000**	
	未納道府県民税	△	△	中間	△	△　100
				確定	△　**100**	
	未納市町村民税	△	△	中間	△	△　300
				確定	△　**300**	

（解説）

別表４の留保欄に記載された「損金経理をした納税充当金　3,000（加算）」の加算調整は，別表５（一）Ⅰの納税充当金③増の欄に記載されます。また，確定申告税額は未納法人税等の③増の欄に記載されます。なお，別表５（一）Ⅰの納税充当金及び未納法人税等は別表５（二）の金額と連動します。

3　ケーススタディ(3) ～ 租税公課の記載 ～

5 納税充当金を取り崩して納付している場合

具体例

前期の確定申告分税額3,000（内訳：法人税2,000，道府県民税100，市町村民税300，事業税600）を納付し，未払法人税等（期首残高3,000）を取り崩す処理をしている。

（考え方）

前期の確定申告分税額を当期に納付した際には，会計上，未払法人税等を取り崩す処理を行います。なお，事業税の額は申告・納付時に損金の額に算入されます。

（会計処理）	（税務上の取扱い）
未払法人税等　3,000 ／ 現 金 預 金　3,000	事業税の額を損金の額に算入する

前期の確定申告分税額を納付した際に，会計上納税充当金を取り崩しています。したがって，損金経理はされていません。事業税は申告・納付時に損金の額に算入されますが損金経理されていませんので，別表４において減算調整が必要です。したがって，別表５（二）及び別表５（一）Ⅰに発生及び納付状況を記載するとともに，別表４で減算調整を行います。

【別表5（二)】

			期首現在未納税額	当期発生税額	当期中の納付税額 充当金取崩しによる納付	仮払経理による納付	損金経理による納付	期末現在未納税額
			①	②	③	④	⑤	⑥
法人税	前期分		2,000		2,000			0
	当期分	中間						
		確定						
	計							
道府県民税	前期分		100		100			0
	当期分	中間						
		確定						
	計							
市町村民税	前期分		300		300			0
	当期分	中間						
		確定						
	計							
事業税	前期分			600	600			0
	当期中間分							
	計							

納税充当金の計算						
期首納税充当金		3,000	取崩額	その他	損金算入のもの	
繰入額	損金経理をした納税充当金				損金不算入のもの	
	計				仮払税金消却	
取崩額	法人税額等	2,400		計		3,000
	事業税	600	期末納税充当金			0

（解説）

前期の確定申告分税額を①期首現在未納税額（事業税は②当期発生税額）に記載します。納税充当金を取り崩して納税した場合には，③充当金取崩しによる納付に記載するとともに，下段の納税充当金の取崩額の欄に，法人税等と事業税に区分して記載します。

【別表4】

区　分		総　額	処　分		
			留　保	社外流出	
		①	②	③	
当期利益又は当期欠損の額		0	0	配　当	
				その他	
加算	－				
減算	納税充当金支出事業税	600	600		
所得金額又は欠損金額		△600	△600		

（解説）

申告・納付した事業税600は損金の額に算入されますが，損金経理されていませんので別表4において「納税充当金支出事業税　600（減算）」として減算調整します。この減算調整は，会計上の利益剰余金に対して税務上の利益積立金額を600減少させることになるため，「留保」の調整項目になります。したがって，この調整は，総額①に記載するとともに，留保②にも記載します。

【別表5（一）Ⅰ】

区　分		期首現在利益積立金額	当期の増減			差引翌期首現在利益積立金額
			減	増		
		①	②	③		④
繰越損益金		△　3,000	△　3,000	△　3,000		△　3,000
納税充当金		3,000	3,000			0
未納法人税等	未納法人税	△　2,000	△　2,000	中間	△	△　0
				確定	△	
	未納道府県民税	△　100	△　100	中間	△	△　0
				確定	△	
	未納市町村民税	△　300	△　300	中間	△	△　0
				確定	△	

（解説）

別表４の留保欄に記載された「納税充当金支出事業税　600（減算）」の減算調整は，別表５（一）Ⅰには直接記載しません。別表５（一）Ⅰの納税充当金及び未納法人税等の②減の各欄に分かれて記載されます。別表５（一）Ⅰの納税充当金及び未納法人税等の増減は別表５（二）の金額と連動します。

3　ケーススタディ(3)　～ 租税公課の記載 ～

6 中間納付額を仮払経理している場合

具体例

当期の中間申告分税額1,500（法人税1,000，道府県民税50，市町村民税150，事業税300）を納付し，仮払税金として処理をしている。

（考え方）

中間申告分税額を会計上仮払税金等として資産計上する場合があります。この場合，税務上は，別表４で減算調整することによって一旦費用として認識し，その後に所定の調整を行います。

（会計処理）	（税務上の取扱い）
仮払税金 1,500 ／ 現金預金 1,500	一旦費用認識（減算調整）した上で，法人税と住民税を損金不算入とする

当期の中間申告分税額を納付した際に，会計上では仮払税金として処理しており，損金経理はされていません。この場合，仮払経理された税額を費用として認識するために一旦減算調整し，その後，法人税及び住民税について損金不算入の加算調整を行います。したがって，別表５（二）及び別表５（一）Ⅰに発生及び納付状況を記載するとともに，別表４で調整を行います。

【別表5（二)】

		期首現在未納税額	当期発生税額	当期中の納付税額			期末現在未納税額
				充当金取崩しによる納付	仮払経理による納付	損金経理による納付	
		①	②	③	④	⑤	⑥
法人税	前期分						
	当期分 中間		1,000		1,000		0
	当期分 確定						
	計						
道府県民税	前期分						
	当期分 中間		50		50		0
	当期分 確定						
	計						
市町村民税	前期分						
	当期分 中間		150		150		0
	当期分 確定						
	計						
事業税	前期分						
	当期中間分		300		300		0
	計						

（解説）

中間申告分税額を②当期発生税額に記載します。そして，納付時に仮払税金等として処理した場合には，④仮払経理による納付の欄に記載します。

【別表4】

区分		総額	処分		
			留保	社外流出	
		①	②	③	
当期利益又は当期欠損の額		0	0	配当	
				その他	
加算	損金経理をした法人税	1,000	1,000		
	損金経理をした住民税	200	200		
減算	仮払税金認定損	1,500	1,500		
所得金額又は欠損金額		△300	△300		

（解説）

会計上で仮払経理した税額1,500を，別表４においてまず一旦「仮払税金認定損　1,500（減算）」として減算調整します。その後，法人税と住民税は損金の額には算入されないため，「損金経理をした法人税　1,000（加算）」及び「損金経理をした住民税　200（加算）」として加算調整をします。加算調整と減算調整を相殺すると300の減算が残ります。これは中間申告事業税部分が損金算入された結果となります。これらの加算調整及び減算調整は，すべて「留保」の調整項目になります。したがって，この調整は，総額①に記載するとともに，留保②にも記載します。

【別表５（一）Ⅰ】

区分		期首現在利益積立金額	当期の増減			差引翌期首現在利益積立金額
			減	増		
		①	②	③		④
仮払税金					△1,500	△1,500
繰越損益金					0	0
納税充当金						
未納法人税等	未納法人税	△	△　1,000	中間	△　1,000	△　0
				確定	△	
	未納道府県民税	△	△　50	中間	△　50	△　0
				確定	△	
	未納市町村民税	△	△　150	中間	△　150	△　0
				確定	△	

（解説）

別表４の留保欄に記載された「仮払税金認定損　1,500（減算）」の減算調整は，別表５（一）Ⅰ③に「仮払税金　△1,500（増加）」として記載されます。会計上では仮払税金という資産として計上されているものが，税務上は資産としては認識されず，同額が利益積立金額のマイナスとして認識されます。この記載によって，会計上の利益剰余金から仮払税金1,500を減算した金額が税務上の利益積立金額になります。

また，法人税と住民税を納付した際には，別表４では「損金経理をした法人税　1,000（加算）」及び「損金経理をした住民税　200（加算）」の加算調整がなされ，別表５（一）Ⅰでは未納法人税等の「②減」の欄に記載されます。なお，別表５（一）Ⅰの未納法人税等は別表５（二）の金額と連動します。

3　ケーススタディ(3)　～ 租税公課の記載 ～

7 納税充当金を取り崩して中間納付している場合

具体例

当期の中間申告分税額1,500（法人税1,000，道府県民税50，市町村民税150，事業税300）については，同額の未払法人税等を計上し，納付時に未払法人税等を取り崩す処理をしている。

（考え方）

中間申告分税額について未払法人税等の計上（納税充当金の繰入）をしておき，納付時には未払法人税等を取り崩す処理を行う場合があります。四半期決算を行っている場合にも，同じ処理が想定されます。前期の確定申告税額について納税充当金を取り崩す処理が行われる場合と同様の処理を行います。

（会計処理）

法人税等　1,500 ／ 未払法人税等　1,500
未払法人税等　1,500 ／ 現金預金　1,500

（税務上の取扱い）

納税充当金繰入額は全額損金の額に算入しない
納税充当金を取り崩して納付した事業税は損金の額に算入する

当期の中間申告分税額について，納税充当金を繰り入れておき，納付時には納税充当金を取り崩す処理が行われています。納税充当金の繰入額はその全額が損金の額に算入されません。また，納税充当金を取り崩して納付した場合には，事業税部分について損金の額に算入します。したがって，別表５（二）及び別表５（一）Ｉに発生及び納付状況を記載するとともに，別表４で調整を行います。

【別表5（二）】

			期首現在未納税額	当期発生税額	当期中の納付税額			期末現在未納税額
					充当金取崩しによる納付	仮払経理による納付	損金経理による納付	
			①	②	③	④	⑤	⑥
法人税	前期分							
	当期分	中間		1,000	1,000			0
		確定						
	計							
道府県民税	前期分							
	当期分	中間		50	50			0
		確定						
	計							
市町村民税	前期分							
	当期分	中間		150	150			0
		確定						
	計							
事業税	前期分							
	当期中間分			300	300			0
	計							

納税充当金の計算						
期首納税充当金			取崩額	その他	損金算入のもの	
繰入額	損金経理をした納税充当金	1,500			損金不算入のもの	
	計	1,500			仮払税金消却	
取崩額	法人税額等	1,200		計		1,500
	事業税	300	期末納税充当金			0

（解説）

中間申告分税額を②当期発生税額に記載するとともに，納付した税額について③充当金取崩しによる納付に記載します。また，下段では，納税充当金の繰入額の記載及び納付時の取崩額を法人税等と事業税に区分して記載します。

【別表4】

区　　分		総　額	処　　分		
			留　保	社外流出	
		①	②	③	
当期利益又は当期欠損の額		△1,500	△1,500	配　当	
				その他	
加算	**損金経理をした納税充当金**	**1,500**	**1,500**		
減算	**納税充当金支出事業税**	**300**	**300**		
所得金額又は欠損金額		△300	△300		

（解説）

中間時に繰り入れたものであっても，納税充当金の繰入額は別表4においてその全額を「損金経理をした納税充当金　1,500（加算）」として加算調整します。また，中間申告分税額の納付時に納税充当金を取り崩す処理をしている場合には，事業税部分について損金算入するために「納税充当金支出事業税　300（減算）」として減算調整をします。これらの調整は，すべて「留保」の調整項目になります。したがって，この調整は，総額①に記載するとともに，留保②にも記載します。

【別表５（一）Ⅰ】

<table>
<tr><th colspan="2" rowspan="3">区　分</th><th rowspan="2">期首現在
利益積立金額</th><th colspan="3">当期の増減</th><th rowspan="2">差引翌期首現在
利益積立金額</th></tr>
<tr><th>減</th><th colspan="2">増</th></tr>
<tr><td>①</td><td>②</td><td colspan="2">③</td><td>④</td></tr>
<tr><td colspan="2"></td><td></td><td></td><td colspan="2"></td><td></td></tr>
<tr><td colspan="2">繰越損益金</td><td></td><td></td><td colspan="2">△　1,500</td><td>△　1,500</td></tr>
<tr><td colspan="2">納税充当金</td><td></td><td>1,500</td><td colspan="2">1,500</td><td>0</td></tr>
<tr><td rowspan="6">未納法人税等</td><td rowspan="2">未納法人税</td><td rowspan="2">△</td><td rowspan="2">△　1,000</td><td>中間</td><td>△　1,000</td><td rowspan="2">△　0</td></tr>
<tr><td>確定</td><td>△</td></tr>
<tr><td rowspan="2">未納道府県民税</td><td rowspan="2">△</td><td rowspan="2">△　50</td><td>中間</td><td>△　50</td><td rowspan="2">△　0</td></tr>
<tr><td>確定</td><td>△</td></tr>
<tr><td rowspan="2">未納市町村民税</td><td rowspan="2">△</td><td rowspan="2">△　150</td><td>中間</td><td>△　150</td><td rowspan="2">△　0</td></tr>
<tr><td>確定</td><td>△</td></tr>
</table>

（解説）

別表４の留保欄に記載された「損金経理をした納税充当金　1,500（加算）」の加算調整は，別表５（一）Ⅰの納税充当金の③増に記載されます。また，別表４の留保欄に記載された「納税充当金支出事業税　300（減算）」の減算調整は，別表５（一）Ⅰの納税充当金及び未納法人税等の②減の欄に記載されます。なお，別表５（一）Ⅰの納税充当金及び未納法人税等は別表５（二）の金額と連動します。

4　ケーススタディ⑷　～ 還付税額の記載 ～

1 中間納付額が還付される場合

具体例

当期中間申告分の法人税等7,500（内訳は，法人税5,000，道府県民税250，市町村民税750，事業税1,500）は，法人税等として損金経理している。なお，当期の課税所得がマイナスとなったため，中間納付額の全額が還付されることとなった。

（考え方）

当期の課税所得はマイナスとなっているため，当期の確定申告での納税は生じません。したがって，中間申告税額の全額が還付されることになります。この場合，中間納付税が損金経理されているため，還付時（翌期）には収益計上されることになります。

➡ 当　期

（会計処理）	（税務上の取扱い）
法 人 税 等　7,500 ／ 現 金 預 金　7,500	法人税及び住民税は損金の額に算入しない

会計上は納付した中間申告税額7,500が法人税等として損金経理されています。この場合，その全額が還付となる場合であっても，所得計算上の取扱いに変わりはありません。すなわち，事業税は損金の額に算入されますが，法人税と住民税は損金の額に算入されません。したがって，別表５（二）及び別表５（一）Ⅰに発生及び納付の状況を記載するとともに，別表４で調整を行います。

【別表5（二）】

			期首現在未納税額	当期発生税額	当期中の納付税額			期末現在未納税額
					充当金取崩しによる納付	仮払経理による納付	損金経理による納付	
			①	②	③	④	⑤	⑥
法人税	前期分							
	当期分	中間		5,000			5,000	0
		確定		△5,000				△5,000
	計							
道府県民税	前期分							
	当期分	中間		250			250	0
		確定		△250				△250
	計							
市町村民税	前期分							
	当期分	中間		750			750	0
		確定		△750				△750
	計							
事業税	前期分							
	当期中間分			1,500			1,500	0
	計							

（解説）

中間申告税額は②当期発生税額に記載し，また，納付時には損金経理がなされていますので⑤損金経理による納付に記載します。申告税額を納付していますので⑥の期末残高はゼロとなります。

確定申告税額は，還付になるためマイナス（△）として記載します。還付税額は中間納付税額と同額です。

【別表4】

区分		総額	処分		
			留保	社外流出	
		①	②	③	
当期利益又は当期欠損の額		△7,500	△7,500	配当	
				その他	
加算	損金経理をした法人税	5,000	5,000		
	損金経理をした住民税	1,000	1,000		
減算	−				
所得金額又は欠損金額		△1,500	△1,500		

（解説）

会計上で損金経理した法人税等7,500のうち法人税5,000と住民税1,000（道府県民税250，市町村民税750）は損金の額に算入されないため，別表４において「損金経理をした法人税　5,000（加算）」及び「損金経理をした住民税　1,000（加算）」として加算調整を行います。この加算調整は，性格的には社外流出ですが，別表５（一）Ⅰの記載の関係上，「留保」の調整項目になります。したがって，この調整は，総額①に記載するとともに，留保②にも記載をします。

【別表５（一）Ⅰ】

<table>
<tr><th rowspan="3" colspan="2">区　分</th><th rowspan="2">期首現在利益積立金額</th><th colspan="3">当期の増減</th><th rowspan="2">差引翌期首現在利益積立金額</th></tr>
<tr><th>減</th><th colspan="2">増</th></tr>
<tr><th>①</th><th>②</th><th colspan="2">③</th><th>④</th></tr>
<tr><td colspan="2"></td><td></td><td></td><td colspan="2"></td><td></td></tr>
<tr><td colspan="2">未収還付法人税</td><td></td><td></td><td colspan="2">5,000</td><td>5,000</td></tr>
<tr><td colspan="2">未収還付道府県民税</td><td></td><td></td><td colspan="2">250</td><td>250</td></tr>
<tr><td colspan="2">未収還付市町村民税</td><td></td><td></td><td colspan="2">750</td><td>750</td></tr>
<tr><td colspan="2">繰越損益金</td><td></td><td></td><td colspan="2">△　7,500</td><td>△　7,500</td></tr>
<tr><td colspan="2">納税充当金</td><td></td><td></td><td colspan="2"></td><td></td></tr>
<tr><td rowspan="6">未納法人税等</td><td rowspan="2">未納法人税</td><td rowspan="2">△</td><td rowspan="2">△　5,000</td><td>中間</td><td>△　5,000</td><td rowspan="2">△　0</td></tr>
<tr><td>確定</td><td>△</td></tr>
<tr><td rowspan="2">未納道府県民税</td><td rowspan="2">△</td><td rowspan="2">△　250</td><td>中間</td><td>△　250</td><td rowspan="2">△　0</td></tr>
<tr><td>確定</td><td>△</td></tr>
<tr><td rowspan="2">未納市町村民税</td><td rowspan="2">△</td><td rowspan="2">△　750</td><td>中間</td><td>△　750</td><td rowspan="2">△　0</td></tr>
<tr><td>確定</td><td>△</td></tr>
</table>

（解説）

別表４の留保欄に記載された「損金経理をした法人税　5,000（加算）」及び「損金経理をした住民税　1,000（加算）」の加算調整は，別表５（一）Ⅰの未納法人税等の「②減」の各欄にそれぞれ記載されます。また，中間申告により発生した税額は「③増」の各欄に記載されます。申告した税額を納付している場合には，「②減」と「③増」の両方に記載され，期末残高はゼロとなります。

確定申告税額は還付となりますので「未収還付法人税」などとしてプラスで記載します。通常，下段の未納法人税等の欄は使用せず繰越損益金より上に記載します。

（会計処理）

現金預金　7,500 ／ 還付法人税等　7,500

（税務上の取扱い）

法人税及び住民税の還付額は益金の額に算入しない

会計上は還付された税額7,500が還付法人税等として収益計上されています。この場合，納付時に損金不算入であった法人税と住民税は益金不算入となります。また，納付時に損金算入であった事業税は益金算入されます。したがって，別表５（二）及び別表５（一）

Ⅰに記載するとともに，別表４で調整を行います。

【別表５（二)】

			期首現在未納税額	当期発生税　額	当期中の納付税額			期末現在未納税額
					充当金取崩しによる納付	仮払経理による納付	損金経理による納付	
			①	②	③	④	⑤	⑥
法人税	前期分		△5,000				△5,000	0
	当期分	中　間						
		確　定						
	計							
道府県民税	前期分		△250				△250	0
	当期分	中　間						
		確　定						
	計							
市町村民税	前期分		△750				△750	0
	当期分	中　間						
		確　定						
	計							
事業税	前期分			△1,500			△1,500	0
	当期中間分							
	計							

（解説）

前期の確定申告税額（還付）が①期首現在未納税額（事業税は②当期発生税額）に記載され，還付時に収益計上されることにより⑤損金経理による納付にマイナス（△）で記載します。これにより⑥期末残高はゼロとなります。

なお，還付の場合には別表５（二）に記載しない方法もあります。

【別表４】

<table>
<tr><th rowspan="3" colspan="2">区　　分</th><th rowspan="2">総　額</th><th colspan="3">処　　分</th></tr>
<tr><th>留　保</th><th colspan="2">社外流出</th></tr>
<tr><th>①</th><th>②</th><th colspan="2">③</th></tr>
<tr><td rowspan="2" colspan="2">当期利益又は当期欠損の額</td><td rowspan="2">7,500</td><td rowspan="2">7,500</td><td>配　当</td><td></td></tr>
<tr><td>その他</td><td></td></tr>
<tr><td>加算</td><td>－</td><td></td><td></td><td></td><td></td></tr>
<tr><td>減算</td><td>法人税等の還付金</td><td>6,000</td><td>6,000</td><td></td><td></td></tr>
<tr><td colspan="2">所得金額又は欠損金額</td><td>1,500</td><td>1,500</td><td></td><td></td></tr>
</table>

（解説）

会計上収益計上されている還付税額のうち，法人税5,000と住民税1,000（道府県民税250，市町村民税750）は益金の額に算入されないため，別表４において「法人税等の還付金　6,000（減算）」として減算調整を行います。この減算は，「留保」の調整項目になります。したがって，この調整は，総額①に記載するとともに，留保②にも記載します。

【別表5（一）Ⅰ】

<table>
<tr><th colspan="2" rowspan="3">区　分</th><th rowspan="2">期首現在
利益積立金額</th><th colspan="3">当期の増減</th><th rowspan="2">差引翌期首現在
利益積立金額</th></tr>
<tr><th>減</th><th colspan="2">増</th></tr>
<tr><th>①</th><th>②</th><th colspan="2">③</th><th>④</th></tr>
<tr><td colspan="2"></td><td></td><td></td><td colspan="2"></td><td></td></tr>
<tr><td colspan="2">未収還付法人税</td><td>5,000</td><td>5,000</td><td colspan="2"></td><td>0</td></tr>
<tr><td colspan="2">未収還付道府県民税</td><td>250</td><td>250</td><td colspan="2"></td><td>0</td></tr>
<tr><td colspan="2">未収還付市町村民税</td><td>750</td><td>750</td><td colspan="2"></td><td>0</td></tr>
<tr><td colspan="2">繰越損益金</td><td>△　7,500</td><td>△　7,500</td><td colspan="2">0</td><td>0</td></tr>
<tr><td colspan="2">納税充当金</td><td></td><td></td><td colspan="2"></td><td></td></tr>
<tr><td rowspan="6">未納法人税等</td><td rowspan="2">未納法人税</td><td rowspan="2">△</td><td rowspan="2">△</td><td>中間</td><td>△</td><td rowspan="2">△</td></tr>
<tr><td>確定</td><td>△</td></tr>
<tr><td rowspan="2">未納道府県民税</td><td rowspan="2">△</td><td rowspan="2">△</td><td>中間</td><td>△</td><td rowspan="2">△</td></tr>
<tr><td>確定</td><td>△</td></tr>
<tr><td rowspan="2">未納市町村民税</td><td rowspan="2">△</td><td rowspan="2">△</td><td>中間</td><td>△</td><td rowspan="2">△</td></tr>
<tr><td>確定</td><td>△</td></tr>
</table>

別表4の留保欄に記載された「法人税等の還付金　6,000（減算）」の減算調整は，別表5（一）Ⅰの未収還付法人税などの各欄の「②減」の各欄にそれぞれ記載され，④期末残高はゼロとなります。

2 中間納付額が還付される場合（未収経理の場合）

具体例

当期中間申告分の法人税等7,500（内訳は，法人税5,000，道府県税250，市町村民税750，事業税1,500）は，当期の課税所得がマイナスとなりその全額が還付されることとなったため，未収還付税金として処理している。

（考え方）

当期の課税所得はマイナスとなっているため，当期の確定申告での納税は生じません。したがって，中間申告税額の全額が還付されることになります。会計上，この還付税額相当額を未収経理しています。すなわち，中間納付税額は損金経理ではなく，資産計上されています。したがって，別表５（二）では仮払経理による納付に記載します。翌期には税額の還付がなされますが，その際には未収還付税金を取り崩す処理が行われます。

（会計処理）

未収還付税金　7,500 ／ 現 金 預 金　7,500

（税務上の取扱い）

一旦費用認識（減算調整）した上で，法人税と住民税を損金不算入とする

会計上は納付した中間申告税額7,500が未収還付税金として経理（仮払経理）されています。この場合，仮払経理された税額を費用として認識するために一旦減算調整し，その後，法人税及び住民税について損金不算入の調整を行います。したがって，別表５（二）及び別表５（一）Ｉに発生及び納付の状況を記載するとともに，別表４で調整を行います。

【別表5（二）】

			期首現在未納税額	当期発生税額	当期中の納付税額			期末現在未納税額
					充当金取崩しによる納付	仮払経理による納付	損金経理による納付	
			①	②	③	④	⑤	⑥
法人税	前期分							
	当期分	中間		5,000		5,000		0
		確定		△5,000				△5,000
	計							
道府県民税	前期分							
	当期分	中間		250		250		0
		確定		△250				△250
	計							
市町村民税	前期分							
	当期分	中間		750		750		0
		確定		△750				△750
	計							
事業税	前期分							
	当期中間分			1,500		1,500		0
	計							

（解説）

中間申告税額は，②当期発生税額に記載します。また，納付税額は会計上では未収経理がなされていますので④仮払経理による納付に記載します。申告税額を納付していますので⑥期末残高はゼロとなります。

確定申告税額は，還付になりますのでマイナス（△）として記載します。還付税額は中間納付税額と同額です。

【別表４】

区分		総額	処分		
			留保	社外流出	
		①	②	③	
当期利益又は当期欠損の額		0	0	配当	
				その他	
加算	損金経理をした法人税	5,000	5,000		
	損金経理をした住民税	1,000	1,000		
減算	仮払税金認定損	7,500	7,500		
所得金額又は欠損金額		△1,500	△1,500		

（解説）

会計上で未収（仮払）経理した税額7,500を，まず別表４において一旦「仮払税金認定損　7,500（減算）」として減算調整します。その後，法人税5,000と住民税1,000（道府県民税250，市町村民税750）は損金の額に算入されないため，別表４において「損金経理をした法人税　5,000（加算）」及び「損金経理をした住民税　1,000（加算）」として加算調整を行います。この加算調整は，性格的には社外流出ですが，別表５（一）Ⅰの記載との関係上，「留保」の調整項目になります。したがって，この調整は，総額①に記載するとともに，留保②にも記載します。

【別表５（一）Ⅰ】

区　分		期首現在利益積立金額	当期の増減			差引翌期首現在利益積立金額
			減	増		
		①	②	③		④
仮払税金					△7,500	△7,500
未収還付法人税					5,000	5,000
未収還付道府県民税					250	250
未収還付市町村民税					750	750
繰越損益金					0	0
納税充当金						
未納法人税等	未納法人税	△	△　5,000	中間	△　5,000	△　0
				確定	△	
	未納道府県民税	△	△　250	中間	△　250	△　0
				確定	△	
	未納市町村民税	△	△　750	中間	△　750	△　0
				確定	△	

（解説）

別表４の留保欄に記載された「仮払税金認定損　7,500（減算）」の減算調整は，別表５（一）Ⅰ③に「仮払税金　△7,500（増加）」として記載します。また，別表４の留保欄に記載された「損金経理をした法人税　5,000（加算）」及び「損金経理をした住民税　1,000（加算）」の加算調整は，別表５（一）Ⅰの未納法人税等の「②減」の各欄にそれぞれ記載されます。また，中間申告により発生した税額は「③増」の各欄に記載されます。申告した税額を納付している場合には，「②減」と「③増」の両方に記載され，期末残高はゼロとなります。

確定申告税額は還付となりますので「未収還付法人税」などとしてプラスで記載します。通常，下段の未納法人税等の欄は使用せず繰越損益金より上に記載します。

（会計処理）

現 金 預 金　7,500 ／ 未収還付税金　7,500

（税務上の取扱い）

仮払税金について益金の額に算入する
法人税及び住民税の還付額は益金の額に算入しない

会計上は，還付された税額7,500は未収還付税金を取り崩す処理をしており，収益計上されていませんので，まず一旦還付税額を加算調整により益金の額に算入し，その後，納付時に損金不算入であった法人税と住民税は益金不算入とします。一方，納付時に損金算入であった事業税は益金算入されます。したがって，別表５（二）及び別表５（一）Ⅰに記載するとともに，別表４で調整を行います。

【別表５（二）】

		期首現在未納税額	当期発生税額	当期中の納付税額			期末現在未納税額
				充当金取崩しによる納付	仮払経理による納付	損金経理による納付	
		①	②	③	④	⑤	⑥
法人税	前期分	△5,000			△5,000		0
	当期分 中間						
	当期分 確定						
	計						
道府県民税	前期分	△250			△250		0
	当期分 中間						
	当期分 確定						
	計						
市町村民税	前期分	△750			△750		0
	当期分 中間						
	当期分 確定						
	計						
事業税	前期分		△1,500		△1,500		0
	当期中間分						
	計						

（解説）

前期の確定申告税額（還付）は①期首現在未納税額（事業税は②当期発生税額）に記載され，還付時に未収還付税金を取り崩しているため④仮払経理による納付にマイナス（△）で記載します。これにより⑥期末残高はゼロとなります。

なお，還付の場合には別表５（二）に記載しない方法もあります。

【別表４】

区　分		総　額	処　分		
			留　保	社外流出	
		①	②	③	
当期利益又は当期欠損の額		0	0	配　当	
				その他	
加算	**前期仮払税金否認**	**7,500**	**7,500**		
減算	**法人税等の還付金**	**6,000**	**6,000**		
所得金額又は欠損金額		1,500	1,500		

（解説）

会計上還付税額は未収還付税金を取り崩す処理をしているため，別表４において「前期仮払税金否認　7,500（加算）」として加算調整をします。この加算調整によって還付税額が収益計上された状態になります。そして，法人税5,000と住民税1,000（道府県民税250，市町村民税750）は益金の額に算入されないため，別表４において「法人税等の還付金　6,000（減算）」として減算調整を行います。この減算は，「留保」の調整項目になります。したがって，この調整は，総額①に記載するとともに，留保②にも記載します。

【別表５（一）Ⅰ】

区分		期首現在利益積立金額	当期の増減			差引翌期首現在利益積立金額
			減	増		
		①	②	③		④
仮払税金		△7,500	△7,500			0
未収還付法人税		5,000	5,000			0
未収還付道府県民税		250	250			0
未収還付市町村民税		750	750			0
繰越損益金		0	0		0	0
納税充当金						
未納法人税等	未納法人税	△	△	中間	△	△
				確定	△	
	未納道府県民税	△	△	中間	△	△
				確定	△	
	未納市町村民税	△	△	中間	△	△
				確定	△	

（解説）

別表４の留保欄に記載された「前期仮払税金否認　7,500（加算）」は別表５（一）Ⅰの仮払税金の「②減」の欄に「仮払税金　△7,500（減少）」として記載されます。また，「法人税等の還付金　6,000（減算）」の減算調整は，別表５（一）Ⅰの未収還付法人税などの各欄の「②減」にそれぞれ記載され，期末残高はゼロとなります。

4　ケーススタディ(4)　～ 還付税額の記載 ～

3 源泉税が還付される場合

具体例

預金利息1,000に係る源泉所得税額150は，税額控除を受けるため，法人税等として損金経理している。当期の課税所得は赤字となったため，源泉税は翌期に還付される。なお，復興特別所得税は考慮しないものとする。

（考え方）

源泉所得税は法人税の前払い的な性格のものとして，税額控除が認められています。ただし，税額控除を受ける場合には，源泉所得税は損金の額に算入されません。

➡ 当　期

（会計処理）

現金預金	850	／	預金利息	1,000
法人税等	150	／		

（税務上の取扱い）

法人税額から控除する
税額控除を受ける所得税は損金の額に算入しない

預金利息に対する源泉所得税が損金経理されていますが，税額控除の適用を受ける所得税額は損金の額に算入されません。したがって，別表５（二）に発生及び納付状況を記載するとともに，別表４で加算調整を行います。なお，復興特別所得税は，所得税と合わせて法人税額から控除することができ，その場合には所得計算上損金の額に算入されません。

【別表５（二）】

			期首現在未納税額	当期発生税額	当期中の納付税額			期末現在未納税額
					充当金取崩しによる納付	仮払経理による納付	損金経理による納付	
			①	②	③	④	⑤	⑥
その他	損金算入	利子税						
		延滞金						
	損金不算入	加算税						
		延滞税						
		源泉所得税		150			150	0

（解説）

税額控除を受ける源泉所得税（復興特別所得税を含む。）は，「その他」の「損金不算入」の区分の②当期発生税額に記載するとともに，源泉徴収により納付していますので⑤損金経理による納付に記載します。したがって，⑥期末現在未納税額はゼロとなります。

【別表４】

区分		総額	処分		
			留保	社外流出	
		①	②	③	
当期利益又は当期欠損の額		850	850	配当	
				その他	
加算					
減算					
仮計		850	850		
法人税額控除所得税額		**150**			**150**
所得金額又は欠損金額		1,000	850		150

（解説）

損金経理されている源泉所得税額（復興特別所得税を含む。）は，別表４において「法人税額控除所得税額　150（加算）」として加算調整します。「法人税額控除所得税額150（加算）」は社外流出項目ですから，総額①及び社外流出③に記載します。

源泉税が還付される場合であっても，通常と所得計算は変わりません。

【別表5（一）Ⅰ】

記載はありません。

翌　期

（会計処理）

現金預金　150／雑収入　150

（税務上の取扱い）

源泉所得税の還付額は益金の額に算入しない

会計上は還付された源泉所得税150が雑収入として収益計上されています。この場合，納付時に損金不算入であった源泉所得税は益金不算入となります。なお，復興特別所得税は所得税と同様の取扱いとなります。

【別表5（二）】

記載はありません。

【別表4】

区分		総額	処分		
			留保	社外流出	
		①	②	③	
当期利益又は当期欠損の額		150	150	配当	
				その他	
加算	−				
減算	**所得税等の還付金**	**150**			**150**
所得金額又は欠損金額		0	150		△150

（解説）

会計上収益計上されている源泉所得税（復興特別所得税を含む。）の還付税額は益金の額に算入されないため，「所得税等の還付金　150（減算）」として減算調整を行います。源泉所得税の減算は「社外流出」になります。したがって，この調整は，総額①に記載するとともに，社外流出③にも記載します。

【別表５（一）Ⅰ】

記載はありません。

4　ケーススタディ(4)　～ 還付税額の記載 ～

4 源泉税が還付される場合（未収経理の場合）

具体例

預金利息1,000に係る源泉所得税額150は，税額控除を受けるが，当期の課税所得は赤字となったため，源泉税は翌期に還付される。したがって，会計上はこの150を未収還付税金として処理している。

（考え方）

当期の課税所得はマイナスとなっているため，当期の確定申告での納税は生じません。したがって，源泉税額は還付されることになります。会計上，この還付される税額相当額を未収経理しています。すなわち，源泉税額は損金経理ではなく，資産計上されています。したがって，別表５（二）では仮払経理による納付に記載します。翌期には税額の還付がなされますが，その際には未収還付税金を取り崩す処理が行われます。

➡ 当　期

（会計処理）

現金預金	850	／	預金利息	1,000
未収還付税金	150	／		

（税務上の取扱い）

法人税額から控除する
一旦費用として認識（減算調整）し，税額控除を受ける所得税は損金の額に算入しない

会計上は源泉徴収された源泉税額150が未収還付税金として経理（仮払経理）されています。この場合，仮払経理された税額を費用として認識するために一旦減算調整し，その後，損金不算入の調整を行います。したがって，別表５（二）及び別表５（一）Ⅰに発生及び納付の状況を記載するとともに，別表４で調整を行います。

【別表5（二）】

			期首現在未納税額	当期発生税額	当期中の納付税額			期末現在未納税額
					充当金取崩しによる納付	仮払経理による納付	損金経理による納付	
			①	②	③	④	⑤	⑥
その他	損金算入	利子税						
		延滞金						
	損金不算入	加算税						
		延滞税						
		源泉所得税		150		150		0

（解説）

税額控除を受ける源泉所得税（復興特別所得税を含む。）は，「その他」の「損金不算入」の区分の②当期発生税額に記載します。また，納付税額は会計上では未収経理がなされていますので④仮払経理による納付に記載します。なお，源泉徴収されていますので⑥期末残高はゼロとなります。

【別表4】

区分		総額	処分		
			留保	社外流出	
		①	②	③	
当期利益又は当期欠損の額		1,000	1,000	配当	
				その他	
加算					
減算	仮払税金認定損	150	150		
仮計		850	850		
法人税額控除所得税額		150			150
所得金額又は欠損金額		1,000	850		150

（解説）

会計上で未収（仮払）経理した源泉所得税額（復興特別所得税を含む。）を，まず別

表4において一旦「仮払税金認定損　150（減算）」として減算調整します。その後，税額控除を受ける所得税額は損金の額には算入されないため，別表4において「法人税額控除所得税額　150（加算）」として加算調整を行います。「法人税額控除所得税額　150（加算）」は社外流出項目ですから，総額①及び社外流出③に記載します。

【別表5（一）Ⅰ】

区　分		期首現在利益積立金額	当期の増減			差引翌期首現在利益積立金額
			減	増		
		①	②	③		④
仮払税金					△150	△150
繰越損益金					1,000	1,000
納税充当金						
未納法人税等	未納法人税	△	△	中間	△	△
				確定	△	
	未納道府県民税	△	△	中間	△	△
				確定	△	
	未納市町村民税	△	△	中間	△	△
				確定	△	

（解説）

別表4の留保欄に記載された「仮払税金認定損　150（減算）」の減算調整は，別表5（一）Ⅰの③に「仮払税金　△150（増加）」として記載します。

➡ 翌　期

（会計処理）

現金預金　150 ／ 未収還付税金　150

（税務上の取扱い）

還付税額について一旦収益として認識（加算調整）する
還付税額は益金の額に算入しない

会計上は還付された源泉所得税150は未収還付税金を取り崩す処理をしており収益計上されていませんので，まず一旦還付税額を加算調整により収益として認識し，その後，納付時に損金不算入であった源泉所得税は益金不算入とします。未収経理した源泉所得税の還付は別表４で調整を行い，別表５（一）Ⅰに記載します。なお，復興特別所得税は所得税と同様の取扱いとなります。

【別表５（二）】

記載はありません。

【別表４】

区　分		総　額	処　分		
			留　保	社外流出	
		①	②	③	
当期利益又は当期欠損の額		0	0	配　当	
				その他	
加算	**前期仮払税金否認**	**150**	**150**		
減算	**所得税等の還付金**	**150**			**150**
所得金額又は欠損金額		0	150		△150

（解説）

会計上還付税額は未収還付税金を取り崩す処理をしているため，別表４において「前期仮払税金否認　150（加算）」として加算調整をします。この加算調整によって還付税額が収益計上された状態になります。そして，源泉所得税（復興特別所得税を含む。）の還付税額は益金の額に算入されないため，別表４において「所得税等の還付金　150（減算）」として減算調整を行います。源泉所得税の減算は「社外流出」になります。したがって，この調整は，総額①に記載するとともに，社外流出③にも記載します。

【別表5（一）Ⅰ】

<table>
<tr><th colspan="2" rowspan="3">区　分</th><th>期首現在</th><th colspan="3">当期の増減</th><th>差引翌期首現在</th></tr>
<tr><th>利益積立金額</th><th>減</th><th colspan="2">増</th><th>利益積立金額</th></tr>
<tr><th>①</th><th>②</th><th colspan="2">③</th><th>④</th></tr>
<tr><td colspan="2"></td><td></td><td></td><td colspan="2"></td><td></td></tr>
<tr><td colspan="2">仮払税金</td><td>△150</td><td>△150</td><td colspan="2"></td><td>0</td></tr>
<tr><td colspan="2">繰越損益金</td><td>1,000</td><td>1,000</td><td colspan="2">1,000</td><td>1,000</td></tr>
<tr><td colspan="2">納税充当金</td><td></td><td></td><td colspan="2"></td><td></td></tr>
<tr><td rowspan="6">未納法人税等</td><td rowspan="2">未納法人税</td><td rowspan="2">△</td><td rowspan="2">△</td><td>中間</td><td>△</td><td rowspan="2">△</td></tr>
<tr><td>確定</td><td>△</td></tr>
<tr><td rowspan="2">未納道府県民税</td><td rowspan="2">△</td><td rowspan="2">△</td><td>中間</td><td>△</td><td rowspan="2">△</td></tr>
<tr><td>確定</td><td>△</td></tr>
<tr><td rowspan="2">未納市町村民税</td><td rowspan="2">△</td><td rowspan="2">△</td><td>中間</td><td>△</td><td rowspan="2">△</td></tr>
<tr><td>確定</td><td>△</td></tr>
</table>

（解説）

別表４の留保欄に記載された「前期仮払税金否認　150（加算）」は別表５（一）Ⅰの仮払税金の②減の欄に「仮払税金　△150（減少）」として記載されます。

5 欠損金の繰戻し還付の場合

具体例

前期の欠損金につき繰戻し還付申請書を提出し，当期において800の還付を受け雑収入に計上している。

（考え方）

青色欠損金が生じた場合には，欠損金を翌事業年度以降に繰り越して所得金額から控除する「繰越控除」制度と前期に生じた法人税について還付を受ける「繰戻し還付」制度のいずれかを適用することができます。なお，繰戻し還付制度は，地方税にはありません。

（会計処理）

現 金 預 金　800 ／ 雑 収 入　800

（税務上の取扱い）

繰戻し還付税額は益金の額に算入しない

繰戻し還付による法人税額の還付を受け，会計上は雑収入として計上しています。この還付税額は益金の額に算入しないこととされています。したがって，別表４で減算調整を行います。なお，別表５（一）Ⅰ及び別表５（二）での記載はありません。

【別表５（二)】

記載はありません。

（解説）

前期に法人税の繰戻し還付の請求をしても，別表５（二）の①期首現在未納税額には記載されません。また，還付された法人税についての記載もありません。

【別表4】

区分		総額	処分		
			留保	社外流出	
		①	②	③	
当期利益又は当期欠損の額		800	800	配当	
				その他	
加算	－				
減算	欠損金の繰戻しによる還付金額	800			800
所得金額又は欠損金額		0	800		△800

（解説）

雑収入に計上された繰戻し還付による還付税額は益金の額に算入されませんので，別表4において「欠損金の繰戻しによる還付金額　800（減算）」として減算調整します。この減算調整は社外流出項目ですから，総額①及び社外流出③に記載します。

【別表5（一）Ⅰ】

記載はありません。

（解説）

「欠損金の繰戻しによる還付金額　800」の減算調整は社外流出項目ですから，利益積立金額には影響を与えません。したがって，別表5（一）Ⅰへの記載はありません。

1 その他有価証券の時価評価（金融商品会計基準）

具体例

毎期，期末において保有している上場株式（その他有価証券）につき，洗い替えによって時価評価を行っている。当期末には，前期末の時価評価差額（差益）400を一旦戻す処理を行い，その後当期末における時価評価差額（差益）500について投資有価証券の帳簿価額を増額している。

（考え方）

金融商品会計基準では，時価のあるその他有価証券については時価評価することとされています。この場合，評価差額は損益計算書を通さずに直接貸借対照表の純資産の部に「その他有価証券評価差額」として計上されます。この処理は洗い替えにより行われます。税務上は，その他有価証券の期末評価は原価評価することとされており，会計と税務では評価方法が異なります。

（会計処理）

その他有価証券評価差額	400 ／	投資有価証券	400
投資有価証券	500 ／	その他有価証券評価差額	500

（税務上の取扱い）

税務上は原価評価（時価評価しない）

会計上では金融商品会計基準を適用して時価評価をしていますが，税務上のその他有価証券の評価は原価法によります。したがって，会計上と税務上で投資有価証券の帳簿価額に差異が生じます。ただし，時価評価差額は損益計算書に計上されていませんので，別表４で調整の必要はありません。別表５（一）Ⅰにおいて時価評価差額の記載が行われます。

【別表４】

記載はありません。

（解説）

会計上時価評価が行われていますが，損益計算書には影響がないため，所得計算上の調整は必要ありません。

【別表５（一）Ⅰ】

区　分	期首現在 利益積立金額	当期の増減		差引翌期首現在 利益積立金額
		減	増	
	①	②	③	④
投資有価証券	△400	△400	△500	△500
その他有価証券評価差額	400	400	500	500
繰越損益金				

（解説）

期首現在の時価評価差額400が別表５（一）Ⅰ①に記載されています。洗い替え処理を行っていますので，①の金額と同額をいったん②に記載します。そして，当期末において時価評価が行われたことによって，会計と税務で投資有価証券の帳簿価額に差異が500生じていますので，別表５（一）Ⅰ③に記載を行います。時価評価により増額された投資有価証券の帳簿価額を500減らすために③に「投資有価証券　△500（増加）」を記載し，一方で，「その他有価証券評価差額　500（増加）」を記載します。合計するとゼロとなって，利益積立金額には影響を与えません。

2 その他有価証券の時価評価（金融商品会計基準・税効果会計基準）

具体例

当期に上場株式（その他有価証券）を取得したため，当期末において時価評価を行い，時価評価差額500（差益）に対して税効果を適用し，時価評価差額350及び繰延税金負債150を計上している。実効税率は30%と仮定する。

（考え方）

金融商品会計基準では，時価のあるその他有価証券については時価評価することとされています。時価評価による評価差額は税効果会計における一時差異に該当します。一時差異に対しては，繰延税金資産又は繰延税金負債が計上されます。なお，税効果適用の有無にかかわらず，税務上はその他有価証券は原価により評価されます。

（会計処理）

投資有価証券	500	／	繰延税金負債	150
		／	その他有価証券評価差額	350

（税務上の取扱い）

税務上は原価評価（時価評価しない）

金融商品会計基準を適用して時価評価をしていますが，税務上の有価証券の評価は原価法によります。したがって，会計上と税務上で投資有価証券の帳簿価額に差異が生じます。このズレは一時差異に該当するため，評価差額（差益）に対して繰延税金負債が認識されます。この場合，税効果を適用すると評価差額500×実効税率30％＝150の「繰延税金負債」が認識され，500－150＝350が「その他有価証券評価差額」として計上されます。ただし，時価評価差額や繰延税金負債は損益計算書に影響を与えませんので，別表４で調整の必要はありません。別表５（一）Ⅰにおいて時価評価差額の記載が行われます。

【別表４】

記載はありません。

（解説）

会計上時価評価が行われ，また繰延税金負債が計上されていますが，損益計算書には影響がありませんので，所得計算上の調整は必要ありません。

【別表5（一）Ⅰ】

区　分	期首現在利益積立金額	当期の増減		差引翌期首現在利益積立金額
		減	増	
	①	②	③	④
投資有価証券			△500	△500
繰延税金負債			150	150
その他有価証券評価差額			350	350
繰越損益金				

（解説）

時価評価によって投資有価証券の帳簿価額が500増額されていますが，税務上は原価評価しますので，別表5（一）Ⅰ③に「投資有価証券　△500（増加）」として記載します。それに対応する形で，「繰延税金負債　150（増加）」及び「その他有価証券評価差額　350（増加）」を記載します。合計するとゼロとなって，利益積立金額には影響を与えません。

3 繰延税金資産の計上（税効果会計基準）

具体例

当社では税効果会計を適用しており，前期末の繰延税金資産400を法人税等調整額に振り替えるとともに，当期末に繰延税金資産600を計上している。

（考え方）

会計と税務の資産・負債のズレのうち一時差異については，税効果会計を適用して繰延税金資産または繰延税金負債が計上されます。その際，損益計算書には法人税等調整額が計上されます。

税効果会計は，税務上認められませんので，法人税等調整額や繰延税金資産・繰延税金負債は認識されません。

（会計処理）

法人税等調整額　400 ／ 繰延税金資産　400
繰延税金資産　600 ／ 法人税等調整額　600

（税務上の取扱い）

税務上は税効果会計は認められない

税務上は，税効果会計は認められませんので，損益計算書に計上された法人税等調整額は，所得計算において取り消されます。また，それに伴い，繰延税金資産や繰延税金負債も税務上は認識されません。したがって，別表4で調整をするとともに，利益積立金額にも影響を与えるため，別表5（一）Ⅰに記載を行います。

【別表4】

区　分		総　額	処　分		
			留　保	社外流出	
		①	②	③	
当期利益又は当期欠損の額		200	200	配　当	
				その他	
加算	－				
減算	法人税等調整額否認	200	200		
所得金額又は欠損金額		0	0		

（解説）

法人税等調整額が△200（費用のマイナス）計上されていますが，税務上認められませんので，別表４において「法人税等調整額否認　200（減算）」として減算調整します。この減算調整は，会計上の利益剰余金に対して税務上の利益積立金額を200減少させることになるため，「留保」の調整項目になります。したがって，この調整は，総額①に記載するとともに，留保②にも記載します。

【別表５（一）Ⅰ】

区　分	期首現在利益積立金額	当期の増減		差引翌期首現在利益積立金額
		減	増	
	①	②	③	④
繰延税金資産	△400		△200	△600
繰越損益金	400	400	600	600

（解説）

別表４の留保欄に記載された「法人税等調整額否認　200（減算）」の減算調整は，別表５（一）Ⅰ③に「繰延税金資産　△200（増加）」として記載されます。会計上計上される繰延税金資産200は，税務上は認識されませんので利益積立金額の計算上はマイナス要因となります。この記載によって，会計上の利益剰余金から繰延税金資産600を減算した金額が税務上の利益積立金額となります。

記載のポイント！

次の追加・修正仕訳をイメージして，別表４と別表５（一）Ⅰの記載をしましょう。

（別表４）

法人税等調整額　200 ／ 繰延税金資産　200
（所得の減少）

（別表５（一）Ⅰ）

利益積立金額　200 ／ **繰延税金資産**　200
（利積の減少）

4 資産除去債務の計上（資産除去債務会計基準）

具体例

当期において賃借した物件に将来生じる原状回復費用を見積もって現在価値に割引き計算した金額10,000を建物付属設備及び資産除去債務に計上している。当期末において減価償却費500を計上し，また利息費用200を計上している。

（考え方）

有形固定資産の取得や使用によって生じ，その除去に関して法令又は契約で要求される法律上の義務等を資産除去債務といいます。資産除去債務については，将来の合理的な見積額の割引後の金額を負債に計上するとともに，固定資産の帳簿価額に加えて減価償却をします。一方，資産除去債務は，時の経過による増加額を費用に計上します。

税務上は，資産除去債務及びそれに係る固定資産は認識されません。したがって，資産除去債務に関する処理がすべて取り消されることになります。

（会計処理）

借方	金額		貸方	金額
建物付属設備	10,000	／	資産除去債務	10,000
減価償却費	500	／	建物付属設備	500
利 息 費 用	200	／	資産除去債務	200

（税務上の取扱い）

資産除去債務に関する処理は認められない

会計上行われた資産除去債務に関する処理は，見積計算を行っているに過ぎないため，税務上は認められません。したがって，「建物付属設備」という資産及び「資産除去債務」という負債は税務上認識されません。この調整は別表５（一）Ⅰで行われます。また，減価償却費や利息費用も認識されません。これらの調整は，別表４及び別表５（一）Ⅰで行われます。

【別表4】

区　分		総　額	処　分		
			留　保	社外流出	
		①	②	③	
当期利益又は当期欠損の額		△700	△700	配　当	
				その他	
加算	減価償却超過額	500	500		
	利息費用否認	200	200		
減算	－				
所得金額又は欠損金額		0	0		

（解説）

会計上計上した減価償却費及び利息費用は税務上認められませんので，別表４において「減価償却超過額　500（加算）」及び「利息費用否認　200（加算）」として加算調整を行います。これらの加算調整は，会計上の利益剰余金に対して税務上の利益積立金額を（500＋200＝700）増加させることになるため，「留保」の調整項目になります。したがって，この調整は，総額①に記載するとともに，留保②にも記載します。

【別表５（一）Ⅰ】（資産除去債務の計上時）

区　分	期首現在利益積立金額	当期の増減		差引翌期首現在利益積立金額
		減	増	
	①	②	③	④
建物付属設備			△10,000	
資産除去債務			10,000	
繰越損益金				

（解説）

会計上，建物付属設備と資産除去債務が計上される仕訳が行われますが，税務上はいずれも認識されませんので，別表５（一）Ⅰ③において「建物付属設備　△10,000（増加）」及び「資産除去債務　10,000（増加）」の記載をします。

【別表５（一）Ⅰ】（減価償却費及び利息費用の計上時）

区　分	期首現在利益積立金額	当期の増減		差引翌期首現在利益積立金額
		減	増	
	①	②	③	④
建物付属設備		△500	△10,000	△9,500
資産除去債務			10,200	10,200
繰越損益金			△700	△700

（解説）

別表４の留保欄に記載された「減価償却超過額　500（加算）」の加算調整は，別表５（一）Ⅰ②に「建物付属設備　△500（減少）」と記載されます。この記載によって建物付属設備の期末残高は△9,500となります。また，別表４の留保欄に記載された「利息費用否認　200（加算）」の加算調整は，別表５（一）Ⅰ③に「資産除去債務　200（増加）」と記載されます。この記載によって資産除去債務の期末残高は10,200となります。別表５（一）Ⅰにおけるこれらの期末残高は貸借対照表の期末残高と一致します。

記載のポイント！

次の追加・修正仕訳をイメージして，別表４と別表５（一）Ⅰの記載をしましょう。

（別表４）

建物付属設備　500 ／ 減価償却費　500（所得の増加）

資産除去債務　200 ／ 利息費用　200（所得の増加）

（別表５（一）Ⅰ）

利益積立金額　10,000（利積の減少） ／ 建物付属設備　10,000

資産除去債務　10,000 ／ 利益積立金額　10,000（利積の増加）

建物付属設備　500 ／ 利益積立金額　500（利積の増加）

資産除去債務　200 ／ 利益積立金額　200（利積の増加）

5　ケーススタディ(5)　～ 新会計基準の記載 ～

5 遡及して会計処理を変更（過年度遡及会計基準）

具体例

前期の決算において建物（減価償却後の前期末帳簿価額1,000）の全額について，減損損失1,000（税務上は損金不算入である。）が計上漏れになっていることが判明した。前期末の繰越利益剰余金は10,000であったが，過年度遡及会計基準を適用して，当期首の利益剰余金を1,000減少させて9,000とするとともに，建物の期首帳簿価額はゼロとする処理を行った。

なお，当期におけるこの建物の償却限度額は100である。

（考え方）

過年度遡及会計基準では，会計方針の変更を行う場合や過去の誤謬の修正を行う場合には，過年度に遡及して処理することとされています。遡及処理が行われた場合には，過去の期間における遡及処理の累積的影響額は，貸借対照表上，遡及処理後の当期の期首の残高に反映されることになります。

法人税の確定申告は「確定した決算」に基づき行いますが，過年度遡及会計基準に基づく遡及処理は過去の「確定した決算」を修正するものではありませんので，遡及処理が行われた場合でも，その過年度の確定申告において誤った課税所得計算を行っていた場合を除き，過年度の課税所得金額や法人税額には影響を及ぼしません。

ただし，遡及処理を行うと，利益剰余金の前期末残高と当期首残高が不一致となるために，税務上は，当期の別表５（一）Ⅰにおいて期首残高の調整が必要になります。

（会計処理）	（税務上の取扱い）
期首利益剰余金残高を1,000減少させる 期首の建物の帳簿価額をゼロとする	期首利益積立金額は前期末と変わらない

会計上，前期末の繰越利益剰余金残高が10,000ですが，遡及処理によって1,000減少させた結果，当期首の残高は9,000に修正されます。一方，税務では，前期の減損損失1,000は損金の額に算入されませんので，税務上の利益積立金額は10,000のまま変わりません。したがって，別表５（一）Ⅰにおいて繰越損益金と建物の期首残高を調整する記載が必要になります。

【別表4】

区　　分		総　額	処　　分		
			留　保	社外流出	
		①	②	③	
当期利益又は当期欠損の額		0	0	配　当	
				その他	
加算	－				
減算	減価償却超過額認容	100	100		
所得金額又は欠損金額		△100	△100		

（解説）

前期に遡及処理した減損損失1,000は税務上損金不算入となるため，減価償却超過額1,000として認識されます。当期の減価償却費は全く計上されていませんが（期首帳簿価額がゼロであるため），税務上の償却限度額が100あるため，別表４において「減価償却超過額認容　100（減算）」として減算調整を行います。この減算調整は，会計上の利益剰余金に対して税務上の利益積立金額を100減少させることになるため，「留保」の調整項目になります。したがって，この調整は，総額①に記載するとともに，留保②にも記載します。

【別表５（一）Ｉ】（前期分・遡及処理前）

区　分	期首現在利益積立金額	当期の増減		差引翌期首現在利益積立金額
		減	増	
	①	②	③	④
繰越損益金			10,000	10,000

（解説）

前期末の貸借対照表上では，減損損失1,000の計上は行われていませんので，繰越利益剰余金（遡及処理前）は10,000と記載されています。

【別表５（一）Ⅰ】（当期分・遡及処理前）

区　分	期首現在利益積立金額	当期の増減		差引翌期首現在利益積立金額
		減	増	
	①	②	③	④
繰越損益金	10,000			

（解説）

遡及処理を適用しなければ，前期末の貸借対照表上の繰越利益剰余金10,000を繰越して，当期首の残高は10,000と記載されるはずです。

【別表５（一）Ⅰ】（前期分・遡及処理後のイメージ）

区　分	期首現在利益積立金額	当期の増減		差引翌期首現在利益積立金額
		減	増	
	①	②	③	④
建　　物			1,000	1,000
繰越損益金			9,000	9,000

（解説）

前期にさかのぼって遡及処理（減損損失1,000を計上）した結果，繰越利益剰余金が1,000減少して9,000となります。一方で，税務上は減損損失が損金不算入となりますので「建物　1,000（増加）」の記載が生じます。したがって，税務上は繰越利益剰余金9,000＋建物1,000＝利益積立金額10,000となります。遡及処理しても税務上の利益積立金額10,000は変更がありませんが，内訳が変更となります。なお，実際に前期の別表５（一）Ⅰをこのように修正して再提出するわけではありません。

【別表５（一）Ⅰ】（当期分・遡及処理後）

区　分	期首現在利益積立金額	当期の増減		差引翌期首現在利益積立金額
		減	増	
	①	②	③	④
建　　物	**1,000**	**100**		**900**
繰越損益金	**9,000**	**9,000**	9,000	9,000

（解説）

前期に遡及処理（減損損失1,000を計上）した結果，当期首の繰越利益剰余金が10,000から1,000減少して9,000と修正されてます。したがって，別表５（一）Ⅰの期首残高も9,000とします。また，減損損失相当額の「建物　1,000」を期首残高として記載します。この記載によって期首の利益積立金額は前期末の10,000と同額となります。

当期の別表４の留保欄に記載された「減価償却超過額認容　100（減算）」の減算調整は，別表５（一）Ⅰ②に「建物　100（減少）」として記載されます。償却限度額相当額100が損金の額に算入され，利益積立金額を100減少させます。この記載により「建物」の期末残高は900となります。

5　ケーススタディ(5)　～ 新会計基準の記載 ～

6 返品権付販売をした場合（収益認識会計基準）

具体例

顧客に対して1個200の商品（原価は120）を100個販売して対価として20,000を収受した。この販売契約には返品権が付されており，100個の販売に対して2個の返品が発生すると見込んでいる。当社は，収益認識会計基準を適用して，返品見込の2個分については売上を計上しないで返品負債として処理する。

（考え方）

収益認識会計基準では，返品権付の販売をした場合には，下記のように取扱うこととされています。

(1)　企業が権利を得ると見込む対価の額（(2)の返品見込の商品の対価を除く。）で収益を認識します。

(2)　返品見込の商品については収益を認識せず、当該商品について受け取った対価の額で返金負債を認識します。

(3)　返金負債の決済時に顧客から商品を回収する権利について資産を認識します。

収益認識会計基準の導入前は，引渡し時には返品を考慮しないで売上を計上し，実際に返品があったときに返品の処理を行っていました。そして，必要な場合には返品調整引当金を計上していました。

返品権付販売に関する法人税の取扱いは会計と異なります。法人税では返品見込額を売上から減額することはできず，返品時に返品損失を認識します。

また，返品調整引当金は一定の経過措置のもと廃止されました。ただし，経過措置期間中は返金負債と返品資産の差額は損金経理により返品調整引当金に繰り入れたものとして取り扱われます。

（会計処理）

借方	金額		貸方	金額
現金預金	20,000	／	売上高	19,600
			返金負債	400
売上原価	11,760	／	商品	12,000
返品資産	240			

（税務上の取扱い）

借方	金額		貸方	金額
現金預金	20,000	／	売上高	20,000
売上原価	12,000	／	商品	12,000

会計上、収受した金額のうち返品見込2個分の400を返金負債としていますが，税務上

は売上として益金の額に算入します。また，返品見込に対応する返品資産240は，売上に対応する原価として損金の額に算入します。したがって，税務上は，別表４及び別表５(一) Ⅰにおいて調整を行う必要があります。

なお，ここでは返品調整引当金の経過措置の適用はないものとします。

【別表４】

区分		総額	処分		
			留保	社外流出	
		①	②	③	
当期利益又は当期欠損の額		7,840	7,840	配当	
				その他	
加算	**売上高計上もれ**	**400**	**400**		
減算	**売上原価計上もれ**	**240**	**240**		
所得金額又は欠損金額		8,000	8,000		

（解説）

返金負債に計上している400は，税務上は売上高に計上しますので，別表４において「売上高計上もれ　400（加算）」として加算調整を行います。この加算調整は，会計上の利益剰余金に対して税務上の利益積立金額を400増加させることになるために，「留保」の調整項目になります。したがって，この調整は，総額①に記載するとともに，留保②にも記載をします。

また，返品資産に計上している240は，税務上は売上原価に計上しますので，別表４において「売上原価計上もれ　240（減算）」として減算調整を行います。この減算調整は，会計上の利益剰余金に対して税務上の利益積立金額を240減少させることになるために，「留保」の調整項目になります。したがって，この調整は，総額①に記載するとともに，留保②にも記載をします。

【別表５（一）Ｉ】

区　分	期首現在利益積立金額	当期の増減		差引翌期首現在利益積立金額
		減	増	
	①	②	③	④
返金負債			400	400
返品資産			△240	△240
繰越損益金			7,840	7,840

（解説）

当期の別表４の留保欄に記載された「売上高計上もれ　400（加算）」の加算調整は，別表５（一）Ｉ③に「返金負債　400（増加）」として記載されます。また，「売上原価計上もれ　240（減算）」の減算調整は，別表５（一）Ｉ③に「返品資産　△240（増加）」として記載されます。これらの別表５（一）Ｉ期末残高は，貸借対照表の返金負債及び返品資産の残高と一致します。

7 貸倒見込額を収益控除した場合（収益認識会計基準）

具体例

顧客に商品を1,000で販売したが，回収可能性が高いと見積もった金額は400である。収益認識会計基準を適用して，回収可能性がないと判断した600は売上高には計上せず，400を売上高に計上した。

（考え方）

収益認識会計基準では，回収する可能性が高いと見積った金額を変動対価として収益を認識し，回収見込みがない部分の金額は収益に計上しないこととされています。

法人税では，資産の引渡し時における「価額」を益金の額に算入することとされています。そして，その価額は「資産の販売等の対価の額に係る金銭債権の貸倒れの生じる可能性がある場合においてもその可能性がないものとした場合における価額」とされており，将来の貸倒れの見込額を「価額」の算定に織り込むことはできません。

したがって，会計と法人税では取扱いが異なることになります。なお，回収可能性がないと判断して売上に計上しなかった部分の金額は，損金経理により貸倒引当金勘定に繰り入れたものとして取扱われます。

（会計処理）

借方	金額	貸方	金額
売掛金	400	売上高	400

（税務上の取扱い）

借方	金額	貸方	金額
売掛金	1,000	売上高	1,000
貸倒引当金繰入額	600	貸倒引当金	600

会計上は、収益認識会計基準の適用によって回収見込のある400のみを売上高に計上しており，回収見込みのない600は売上高には計上していません。一方で税務上は回収可能性がないと判断して売上に計上していない部分の金額も含めた金額を売上高として益金の額に算入します。回収可能性がないと判断して売上に計上しなかった部分の金額は，損金経理により貸倒引当金勘定に繰り入れたものとします。したがって，税務上は，別表４及び別表５（一）Ｉにおいて調整を行う必要があります。

【別表4】

区　　分		総　額	処　　分		
			留　保	社外流出	
		①	②	③	
当期利益又は当期欠損の額		400	400	配　当	
				その他	
加算	**売上高計上もれ**	**600**	**600**		
減算	**貸倒引当金繰入額**	**600**	**600**		
所得金額又は欠損金額		400	400		

（解説）

回収可能性がないと判断した600についても売上高に計上しますので，別表４において「売上高計上もれ　600（加算）」として加算調整を行います。この加算調整は，会計上の利益剰余金に対して税務上の利益積立金額を600増加させることになるために，「留保」の調整項目になります。したがって，この調整は，総額①に記載するとともに，留保②にも記載をします。

また，総額1,000と売上に計上している400の差額600については，税務上は貸倒引当金繰入額として取り扱われますので，別表４において「貸倒引当金繰入額　600（減算）」として減算調整をします。この減算調整は，会計上の利益剰余金に対して税務上の利益積立金額を600減少させることになるために，「留保」の調整項目になります。したがって，この調整は，総額①に記載するとともに，留保②にも記載をします。なお，貸倒引当金繰入額が繰入限度額を超える場合には，別途，貸倒引当金繰入超過額として加算調整を行います。

【別表５（一）Ⅰ】

区　分	期首現在利益積立金額	当期の増減		差引翌期首現在利益積立金額
		減	増	
	①	②	③	④
売掛金			**600**	**600**
貸倒引当金			**△600**	**△600**
繰越損益金			400	400

（解説）

当期の別表４の留保欄に記載された「売上高計上もれ　600（加算）」の加算調整は，別表５（一）Ⅰ③に「売掛金　600（増加）」として記載されます。また，「貸倒引当金繰入額　600（減算）」の減算調整は，別表５（一）Ⅰ③に「貸倒引当金　△600（増加）」として記載されます。貸借対照表上の売掛金は400ですが，税務上の売掛金は400＋600＝1,000となります。

6　ケーススタディ(6)　～ 資本等取引の記載 ～

1 新株発行により増資をした場合

具体例

当社の資本金は50,000であったが，当期に新株発行による増資を行い，払込金額20,000のうち10,000を資本金に，10,000を資本準備金に計上した。

（考え方）

新株発行により新たに払い込まれた出資金の額は，税務上，資本金等の額となります。この場合，会計上は資本金と資本準備金に分かれて計上されることがありますが，税務上は，いずれの科目に計上されても資本金等の額として扱われます。

（会計処理）

現 金 預 金 20,000 ／ 資　本　金 10,000
／ 資本準備金 10,000

（税務上の取扱い）

現 金 預 金 20,000 ／ 資本金等の額 20,000

新株の発行により株主から払い込まれた出資金の額は，税務上は資本金等の額に算入されます。したがって，別表５（一）Ⅱにおいて資本金等の額を増加させる記載をします。所得金額には影響を与えませんので，別表４の記載はありません。

【別表４】

記載はありません。

【別表５（一）Ⅱ】

区　分	期首現在資本金等の額	当期の増減		差引翌期首現在資本金等の額
		減	増	
	①	②	③	④
資　本　金	50,000		**10,000**	**60,000**
資本準備金			**10,000**	**10,000**
差引合計額	50,000		20,000	70,000

（解説）

株主からの払込金額は，会計上，資本金に10,000，資本準備金に10,000計上されています。別表５（一）Ⅱ③にそれぞれ記載します。

6　ケーススタディ(6)　～ 資本等取引の記載 ～

2 資本準備金を資本金に組み入れた場合

具体例

株主総会の決議により，資本準備金10,000を資本金に組み入れることとなった。当社では，資本準備金を10,000減少させ，資本金を10,000増加させる処理を行った。

（考え方）

会社法では，資本準備金を資本金に組み入れる処理を行うことができます。この場合，税務上は，資本金も資本準備金も「資本金等の額」であるため，資本金等の額の合計額は変わりません。

（会計処理）

資本準備金 10,000 ／ 資　本　金 10,000

（税務上の取扱い）

資本金等の額 10,000 ／ 資本金等の額 10,000

資本準備金を資本金に組み入れる処理が行われた場合には，資本金等の額の中での項目間の変動であるため，資本金等の額の合計額に変更はありません。項目間の変動があったため別表５（一）Ⅱに記載します。所得金額には影響を与えませんので，別表４の記載はありません。

【別表４】

記載はありません。

【別表５（一）Ⅱ】

区　分	期首現在資本金等の額	当期の増減		差引翌期首現在資本金等の額
		減	増	
	①	②	③	④
資　本　金	50,000		10,000	60,000
資本準備金	10,000	10,000		0
差引合計額	60,000	10,000	10,000	60,000

（解説）

資本準備金を資本金に振り替えているため，別表５（一）Ⅱにおいて，その振り替えの記載をします。資本金の③に10,000（増加）を記載し，逆に，資本準備金の②減には10,000（減少）を記載します。記載の前後で資本金等の額の合計額に変動はありません。

6　ケーススタディ(6)　～ 資本等取引の記載 ～

3 利益準備金を資本金に組み入れた場合

具体例

株主総会の決議により，利益準備金2,000を資本金に組み入れることとなった。当社では，利益準備金を2,000減少させ，資本金を2,000増加させる処理を行った。

（考え方）

会社法では，利益準備金を資本金に組み入れる処理を行うことができます。この場合，株主からの拠出資本と留保利益が混同する結果となります。税務では，資本金等の額と利益積立金額を明確に区分しています。利益準備金の資本組入れが行われても，税務上は，資本金等の額と利益積立金額は変動しません。

（会計処理）

利益準備金　2,000 ／ 資　本　金　2,000

（税務上の取扱い）

資本金等の額と利益積立金額に変動はありません

利益準備金を資本金に組み入れる処理が行われた場合には，会計上，利益準備金が減少し同額の資本金が増加します。しかしながら，税務上は，資本と利益は明確に区分するため，資本金等の額と利益積立金額に変動はありません。したがって，別表５（一）Ⅰ及びⅡにおいて調整の記載をします。なお，所得金額には影響を与えませんので，別表４の記載はありません。

【別表４】

記載はありません。

【別表５（一）Ⅰ】

区　分	期首現在利益積立金額	当期の増減		差引翌期首現在利益積立金額
		減	増	
	①	②	③	④
利益準備金	3,000	**2,000**		**1,000**
資本金等の額			**2,000**	**2,000**
繰越損益金				

【別表５（一）Ⅱ】

区　分	期首現在資本金等の額	当期の増減		差引翌期首現在資本金等の額
		減	増	
	①	②	③	④
資　本　金	10,000		2,000	12,000
資本準備金				
利益積立金額			△2,000	△2,000
差引合計額	10,000		0	10,000

（解説）

まず，会計上で利益準備金が2,000減少していますので，別表５（一）Ⅰ②において「利益準備金　2,000（減少）」の記載をします。しかし，税務上は利益積立金額は変わりませんので，③に「資本金等の額　2,000（増加）」として利益積立金額を増加させる記載をします。記載の前後で利益積立金額に変動はありません。

一方，会計上で資本金が2,000増加しましたので，別表５（一）Ⅱ③において「資本金　2,000（増加）」の記載をします。しかし，資本金等の額は変わりませんので，「利益積立金額　△2,000（増加）」として資本金等の額を減少させる記載をします。記載の前後で資本金等の額に変動はありません。

記載のポイント！

まず会計上の金額の変動を記載し，その後，記載の前後で別表５（一）Ⅰの利益積立金額及びⅡの資本金等の額に変動がないように記載をします。最終的に，会計と税務では純資産の資本と利益の内訳が異なってきます。したがって，別表５（一）ⅠとⅡでは，プラスとマイナスが逆で同額の記載が生じます。

次の仕訳をイメージして，別表５（一）の記載をしましょう。

利益準備金　2,000 ／ 資　本　金　2,000
（利積の減少）　　（資本金等の額の増加）

資本金等の額　2,000 ／ 利益積立金額　2,000 ←調整の記載
（資本金等の額の減少）　　（利積の増加）

6　ケーススタディ(6)　～ 資本等取引の記載 ～

4 減資による剰余金で欠損金の補填をした場合

具体例

株主総会の決議により，資本金を5,000減少させてその他資本剰余金とした。そして，その他資本剰余金5,000によって欠損金の補塡を行った。

（考え方）

多額の欠損金がある場合に，減資を行って欠損金の補塡をする場合があります。この処理を行うと貸借対照表上の欠損金を減らすことができます。この手続は，資本金をその他資本剰余金に振り替えるという処理と，その他資本剰余金と欠損金を相殺するという２つの処理から成ります。この場合，株主からの拠出資本と留保利益が混同する結果となります。税務上は，資本金等の額と利益積立金額を明確に区分していますので，この手続が行われても資本金等の額と利益積立金額に変動はありません。

（会計処理）

資　本　金	5,000 ／	その他資本剰余金	5,000
その他資本剰余金	5,000 ／	繰越利益剰余金	5,000

（税務上の取扱い）

資本金等の額と利益積立金額に変動はありません

減資の後に欠損塡補が行われた場合には，会計上，資本金が減少し，同額の利益剰余金が増加します（正確には利益剰余金のマイナスが減少します。）。しかしながら，税務上は，資本と利益は明確に区分するため，資本金等の額と利益積立金額に変動はありませんので，別表５（一）Ⅰ及びⅡにおいて調整の記載をします。なお，所得金額には影響を与えませんので，別表４の記載はありません。

【別表４】

記載はありません。

【別表５（一）Ⅰ】

区　分	期首現在利益積立金額	当期の増減		差引翌期首現在利益積立金額
		減	増	
	①	②	③	④
利益準備金				
資本金等の額			**△5,000**	**△5,000**
繰越損益金	△5,000	**△5,000**	**0**	**0**

（解説）

その他資本剰余金による欠損塡補によって，会計上で繰越利益剰余金が5,000増加していますので，別表５（一）Ⅰ②において「繰越損益金　△5,000（減少）」の記載をし，③はゼロの記載をします。この記載によって利益積立金額は5,000増加しました。しかし，税務上は，利益積立金額は変動しませんので，③に「資本金等の額　△5,000（増加）」として利益積立金額を減少させる記載をします。記載の前後で利益積立金額に変動はありません。

【別表５（一）Ⅱ】

区　分	期首現在資本金等の額	当期の増減		差引翌期首現在資本金等の額
		減	増	
	①	②	③	④
資　本　金	10,000	**5,000**		**5,000**
資本準備金				
その他資本剰余金		**5,000**	**5,000**	**0**
利益積立金額			**5,000**	**5,000**
差引合計額	10,000	10,000	10,000	10,000

（解説）

減資によって，会計上で資本金が5,000減少し，その他資本剰余金が5,000増加していますので，別表５（一）Ⅱ②において「資本金　5,000（減少）」の記載を，③において「その他資本剰余金　5,000（増加）」の記載をします。この段階では，資本金等の額は変動していません。その後，欠損塡補によってその他資本剰余が5,000減少していますので，②において「その他資本剰余金　5,000（減少）」の記載をします。しかし，税務上は，資本金等の額は変動しませんので，③において「利益積立金額　5,000（増加）」の記載をします。記載の前後で資本金等の額に変動はありません。

記載のポイント！

まず会計上の金額の変動を記載し，その後，記載の前後で別表５（一）Ⅰの利益積立金額及びⅡの資本金等の額に変動がないように記載をします。最終的に，会計と税務では純資産の資本と利益の内訳が異なってきます。したがって，別表５（一）ⅠとⅡでは，プラスとマイナスが逆で同額の記載が生じます。

次の仕訳をイメージして，別表５（一）の記載をしましょう。

借方	金額		貸方	金額	
資　本　金 （資本金等の額の減少）	5,000	／	その他資本剰余金 （資本金等の額の増加）	5,000	
その他資本剰余金 （資本金等の額の減少）	5,000	／	繰越利益剰余金 （利積の増加）	5,000	
利益積立金額 （利積の減少）	5,000	／	資本金等の額 （資本金等の額の増加）	5,000	←調整の記載

5 資本剰余金を原資とする資本の払戻しをした場合

具体例

株主総会の決議により，その他資本剰余金を原資として7,000の剰余金の配当を行った。税務上，交付金銭等の額の内訳は，資本金等の額が5,000，利益積立金額が2,000と計算される。なお，源泉所得税については考慮しないものとする。

（考え方）

会社法では，利益剰余金を原資とする配当の支払いの他に，資本剰余金を原資とする配当をすることもできます。ただし，資本剰余金を原資とする配当では，会計上の取扱いと税務上の取扱いが異なってきます。

税務上は，交付金銭等の額に対応する資本金等の額を一定の方法により計算し，その金額を超える部分の金額は利益積立金額を減少させることとされています。株主側では，利益積立金額の部分はみなし配当として認識されます。みなし配当に対しては原則として20%の所得税が源泉徴収されます。

（会計処理）

その他資本剰余金	7,000	／	現金預金	7,000

（税務上の取扱い）

資本金等の額	5,000	／	現金預金	7,000
利益積立金額	2,000	／		

会計上は資本剰余金を減少させて剰余金の配当をしています。一方で，税務上は一定の計算方法により，その配当の原資を資本金等の額と利益積立金額に区分して処理をしますので，会計と税務の取扱いが異なることとなります。したがって，別表５（一）Ⅰ及びⅡにおいてこの調整の記載をします。なお，利益積立金額の減少部分については，配当の支払いとして別表４の社外流出欄へ記載します。

【別表4】

区　　分		総　額	処　　分		
			留　保	社外流出	
		①	②	③	
当期利益又は当期欠損の額		0	△2,000	配　当	2,000
				その他	
加算	–				
減算	–				
所得金額又は欠損金額		0	△2,000		2,000

（解説）

剰余金の配当の支払いをしても，所得計算上の調整は必要ありませんので，基本的に別表４の記載はありません。しかしながら，利益積立金額を2,000減少させる必要がありますので，別表４の当期利益又は当期欠損の額の③社外流出の配当欄に2,000を記載します。この記載によって②留保欄の金額が同額減少しますので，別表５（一）Ⅰにおいて利益積立金額が2,000減少することとなります。

【別表５（一）Ⅰ】

区　分	期首現在 利益積立金額	当期の増減		差引翌期首現在 利益積立金額
		減	増	
	①	②	③	④
利益準備金				
資本金等の額			△2,000	△2,000
繰越損益金				

（解説）

会計上はその他資本剰余金を7,000減少させて剰余金の配当をしていますが，税務上は，剰余金の配当7,000の内訳として資本金等の額5,000及び利益積立金額2,000を減少させる処理をします。したがって，別表５（一）Ⅰでは，利益積立金額を2,000減少させるために，③において「資本金等の額　△2,000（増加）」の記載をします。この記載により利益積立金額が2,000減少します。なお，別表４の留保欄では，留保所得が△2,000となっていますので，別表４と別表５（一）Ⅰの対応関係も保たれています。

【別表５（一）Ⅱ】

区　分	期首現在資本金等の額	当期の増減		差引翌期首現在資本金等の額
		減	増	
	①	②	③	④
資　本　金				
資本準備金				
その他資本剰余金	10,000	**7,000**		**3,000**
利益積立金額			**2,000**	**2,000**
差引合計額	10,000	7,000	2,000	5,000

（解説）

会計上はその他資本剰余金を7,000減少させて剰余金の配当をしていますので，別表５（一）Ⅱ②において「その他資本剰余金　7,000（減少）」の記載をします。しかしながら，税務上は，資本金等の額を5,000のみ減少させる必要があります。したがって，資本金等の額を2,000増加させる記載として③において「利益積立金額　2,000（増加）」の記載をします。この記載により資本金等の額が5,000減少します。

記載のポイント！

まず会計上の金額の変動を記載します。そして，トータルでは7,000の純資産が減少しているのですが，会計と税務で減少させる内訳が異なっています。そこで，資本金等の額と利益積立金額の間の振替の記載が必要になります。したがって，別表５（一）ⅠとⅡでは，プラスとマイナスが逆で同額の記載が生じます。

次の仕訳をイメージして，別表５（一）の記載をしましょう。

その他資本剰余金　7,000 ／ 現 金 預 金　7,000
（資本金等の額の減少）

利益積立金額　2,000 ／ 資本金等の額　2,000 ←調整の記載
（利積の減少）　（資本金等の額の増加）

7　ケーススタディ(7)　～ 自己株式の記載 ～

1 自己株式を取得した場合（市場取引）

具体例

当社の株式は上場されており，当期において証券市場を通じて自己株式を1,000で取得した。

（考え方）

自己株式を市場取引により取得した場合には，株主に対して払戻しをしているものの，株主を特定することができないため，みなし配当を認識しないこととされています。発行法人側では，利益積立金額を減少することはせず，取得金額のすべてについて資本金等の額を減少させます。

（会計処理）

自己株式　1,000 ／ 現金預金　1,000

（税務上の取扱い）

資本金等の額　1,000 ／ 現金預金　1,000

自己株式を取得した場合には，会計上は「自己株式」として処理されます。自己株式は純資産の部の控除項目として貸借対照表に表示されます。したがって，株主に払い戻した金額を「資本剰余金」や「利益剰余金」から直接には減額しません。一方で，税務上は株主に払い戻した時点で一定の方法で計算した金額により「資本金等の額」又は「利益積立金額」を減少させることとしています。

ただし，自己株式を市場取引により取得した場合には，株主を特定することができないため，利益積立金額は減少させず，払戻し額のすべてについて資本金等の額を減少させます。したがって，別表５（一）Ⅱにおいてこの記載をします。なお，所得金額には影響を与えませんので，別表４の記載はありません。

【別表４】

記載はありません。

【別表5（一）Ⅱ】

区　分	期首現在資本金等の額	当期の増減		差引翌期首現在資本金等の額
		減	増	
	①	②	③	④
資　本　金				
資本準備金				
自己株式			△1,000	△1,000
差引合計額				

（解説）

自己株式の取得による支出額1,000は，すべて資本金等の額を減少させますので，別表５（一）Ⅱ③において「自己株式　△1,000（増加）」として記載します。この記載により資本金等の額が1,000減少します。なお，別表５（一）Ⅰ利益積立金額は，記載がありません。

7　ケーススタディ(7)　～ 自己株式の記載 ～

2 自己株式を取得した場合（相対取引）

具体例

定時株主総会の決議に基づいて，特定の株主から相対取引により自己株式を1,000で取得した。税務上，交付した金銭等の額1,000の内訳は，資本金等の額が700，利益積立金額が300と計算される。なお，源泉所得税については考慮しないものとする。

（考え方）

自己株式を相対取引により取得した場合には，みなし配当を認識することとされています。税務上は，交付金銭等の額に対応する資本金等の額を一定の方法により計算し，その金額を超える部分の金額は利益積立金額を減少させることとされています。利益積立金額が減少する部分が，株主側ではみなし配当とされます。なお，みなし配当に対しては，原則として20%の所得税が源泉徴収されます。

（会計処理）

自己株式	1,000	／	現金預金	1,000

（税務上の取扱い）

資本金等の額	700	／	現金預金	1,000
利益積立金額	300	／		

自己株式を取得した場合には，会計上は「自己株式」として処理されます。自己株式は純資産の部の控除項目として貸借対照表に表示されます。したがって，株主に払い戻した金額を「資本剰余金」や「利益剰余金」から直接には減額しません。税務上は，株主に払い戻した時点で，交付金銭等の額のうち，自己株式に対応する資本金等の額を一定の方法により計算して資本金等の額を減少させます。そして，資本金等の額を超える部分の金額は，利益積立金額を減少させます。したがって，別表５（一）Ⅰ及びⅡにおいてこの調整の記載をします。なお，利益積立金額の減少部分については，配当の支払いとして別表４の社外流出欄への記載が必要です。

【別表４】

区分		総額	処分		
			留保	社外流出	
		①	②	③	
当期利益又は当期欠損の額		0	△300	配当	300
				その他	
加算	–				
減算	–				
所得金額又は欠損金額		0	△300		300

（解説）

自己株式の取得をしても，所得計算上の調整は必要ありませんので，基本的に別表４の記載はありません。しかしながら，利益積立金額を300減少させる必要がありますので，別表４の当期利益又は当期欠損の額の③社外流出の配当欄に300を記載します。この記載によって②留保欄の金額が同額減少しますので，別表５（一）Ⅰにおいて利益積立金額が300減少することとなります。

【別表５（一）Ⅰ】

区分	期首現在利益積立金額	当期の増減		差引翌期首現在利益積立金額
		減	増	
	①	②	③	④
利益準備金				
自己株式			△300	△300
繰越損益金				

【別表５（一）Ⅱ】

区　分	期首現在資本金等の額	当期の増減		差引翌期首現在資本金等の額
		減	増	
	①	②	③	④
資本金				
資本準備金				
自己株式			△700	△700
差引合計額				

（解説）

会計上は自己株式1,000として処理されますが，税務上は，資本金等の額700及び利益積立金額300を減少させる必要があります。利益積立金額を300減少させるために，別表５（一）Ⅰ③において「自己株式　△300（増加）」の記載をします。この記載により利益積立金額が300減少します。

また，資本金等の額を700減少させるために，別表５（一）Ⅱ③において「自己株式△700（増加）」の記載をします。この記載により資本金等の額が700減少します。

記載のポイント！

会計上は自己株式の取得による払戻し額を資本又は留保利益から直接減額せず「自己株式」としますが，税務上は，払戻し額の内訳（資本金等の額又は利益積立金額）を決めて，それぞれの金額を別表５（一）Ⅰ又はⅡにおいて減少させます。

次の仕訳をイメージして，別表５（一）の記載をしましょう。

資本金等の額 （資本金等の額の減少）	700	／	自己株式 1,000
利益積立金額 （利積の減少）	300	／	

3 自己株式を譲渡した場合

具体例

当期において所有していた自己株式1,000を1,200で譲渡し，その差額の200（差益）をその他資本剰余金として処理した。

（考え方）

所有している自己株式を譲渡した場合には，会計上，その処分差額はその他資本剰余金とされます。一方で，税務上は，自己株式を取得した時点で資本金等の額及び利益積立金額を減少させているために，自己株式を譲渡した場合には，新株発行と同様の取扱いになります。譲渡対価を株主からの払込金額として資本金等の額を増加させます。

（会計処理）

現金預金	1,200	／	自己株式	1,000
		／	その他資本剰余金	200

（税務上の取扱い）

現金預金	1,200	／	資本金等の額	1,200

自己株式を譲渡した場合には，会計上，譲渡金額と自己株式との差額は，「その他資本剰余金」とされています。一方で，税務上は，自己株式を取得した時点で払戻額相当額の資本金等の額と利益積立金額を減少させています。よって，自己株式を譲渡した場合には，新株発行と同様の取扱いになります。すなわち，株主からの払込金額はすべて資本金等の額の増加として取扱います。別表５（一）Ⅰ及びⅡにおいてこの調整の記載をします。なお，所得金額には影響を与えませんので，別表４の記載はありません。

【別表４】

記載はありません。

【別表5（一）Ⅰ】

区　分	期首現在利益積立金額	当期の増減		差引翌期首現在利益積立金額
		減	増	
	①	②	③	④
利益準備金				
自己株式	△300	△300		0
資本金等の額			△300	△300
繰越損益金				

（解説）

自己株式の譲渡により自己株式はなくなりましたので，別表5（一）Ⅰ②において「自己株式　△300（減少）」の記載をします。ただし，自己株式の取得時点で利益積立金額を300減少させていますので，自己株式の譲渡時に利益積立金額は変動しません。そこで，③において「資本金等の額　△300（増加）」の記載をします。この記載により自己株式の譲渡の前後で利益積立金額の変動はなくなります。

【別表5（一）Ⅱ】

区　分	期首現在資本金等の額	当期の増減		差引翌期首現在資本金等の額
		減	増	
	①	②	③	④
資本金				
資本準備金				
自己株式	△700	△700		0
その他資本剰余金			200	200
利益積立金額			300	300
差引合計額	△700	△700	500	500

（解説）

自己株式の譲渡により自己株式はなくなりましたので，別表5（一）Ⅱ②において「自己株式　△700（減少）」の記載をします。また，会計上その他資本剰余金が200増加していますので③において「その他資本剰余金　200（増加）」の記載をします。自己株式の譲渡対価である1,200が株主からの出資の払込みとされ，資本金等の額は1,200増加しますので，③において「利益積立金額　300（増加）」の記載を追加します。この記載によって，譲渡の前後で資本金等の額が1,200増加（△700→500で1,200増加）しています。

記載のポイント！

自己株式をゼロにする記載をした後，譲渡の前後で利益積立金額が変動しないように記載を考えていきます。また，資本金等の額は1,200増加するように記載を考えていきます。最終的に，会計と税務では純資産の資本と利益の内訳が異なってきます。したがって，別表５（一）ⅠとⅡでは，プラスとマイナスが逆で同額になる記載が生じます。

次の仕訳をイメージして，別表５（一）の記載をしましょう。

借方	金額		貸方	金額	
現金預金	1,200	／	自己株式	1,000	
		／	その他資本剰余金（資本金等の額の増加）	200	
自己株式	1,000	／	利益積立金額（利積の増加）	300	←調整の記載
		／	資本金等の額（資本金等の額の増加）	700	←調整の記載
利益積立金額（利積の減少）	300	／	資本金等の額（資本金等の額の増加）	300	←調整の記載

7　ケーススタディ(7)　～ 自己株式の記載 ～

4 自己株式を消却した場合

具体例

当期において所有していた自己株式1,000について，その他資本剰余金を原資として消却した。

（考え方）

所有している自己株式をその他資本剰余金を減少させて消却しています。会計上は，資本剰余金を減少させていますが，税務上は，自己株式を取得した時点で資本金等の額及び利益積立金額を減少させているために，自己株式を消却しても資本金等の額は増減しません。

（会計処理）

その他資本剰余金　1,000 ／ 自己株式　1,000

（税務上の取扱い）

処理なし

所有している自己株式をその他資本剰余金を原資として消却しています。会計上は，資本剰余金が減少していますが，税務上は，自己株式を取得した時点で払戻額相当額の資本金等の額と利益積立金額を減少させています。

したがって，自己株式を消却しても税務上は何ら処理は生じませんので，別表５（一）Ⅰ及びⅡにおいてこの調整の記載をします。なお，所得金額には影響を与えませんので，別表４の記載はありません。

【別表４】

記載はありません。

【別表５（一）Ⅰ】

区分	期首現在利益積立金額	当期の増減		差引翌期首現在利益積立金額
		減	増	
	①	②	③	④
利益準備金				
自己株式	△300	△300		0
資本金等の額			△300	△300
繰越損益金				

（解説）

自己株式の消却により自己株式はなくなりましたので，別表５（一）Ⅰ②において「自己株式　△300（減少）」の記載をします。ただし，自己株式の取得時点で利益積立金額を300減少させていますので，自己株式の消却時に利益積立金額は変動しません。そこで，③において「資本金等の額　△300（増加）」の記載をします。この記載により自己株式の消却の前後で利益積立金額の変動はありません。

【別表５（一）Ⅱ】

区　分	期首現在資本金等の額	当期の増減		差引翌期首現在資本金等の額
		減	増	
	①	②	③	④
資　本　金				
資本準備金				
自己株式	△700	△700		0
その他資本剰余金	1,000	1,000		0
利益積立金額			300	300
差引合計額	300	300	300	300

（解説）

自己株式の消却により自己株式はなくなりましたので，別表５（一）Ⅱ②において「自己株式　△700（減少）」の記載をします。また，自己株式の消却時にその他資本剰余金を1,000減少させていますので，②において「その他資本剰余金　1,000（減少）」の記載をします。ただし，自己株式の取得時点で資本金等の額を700減少させていますので，自己株式の消却時に資本金等の額は変動しません。そこで，③において「利益積立金額　300（増加）」の記載をします。この記載により自己株式の消却の前後で資本金等の額の変動はありません。

記載のポイント！

自己株式をゼロにする記載をした後，消却の前後で利益積立金額及び資本金等の額が変動しないように記載を考えていきます。最終的に，会計と税務では純資産の資本と利益の内訳が異なってきます。したがって，別表５（一）ⅠとⅡでは，プラスとマイナスが逆で同額になる記載が生じます。

次の仕訳をイメージして，別表５（一）の記載をしましょう。

借方		/	貸方		
その他資本剰余金 （資本金等の額の減少）	1,000	/	自己株式	1,000	
自己株式	1,000	/	利益積立金額 （利積の増加）	300	←調整の記載
		/	資本金等の額 （資本金等の額の増加）	700	←調整の記載
利益積立金額 （利積の減少）	300	/	資本金等の額 （資本金等の額の増加）	300	←調整の記載

7 ケーススタディ(7) ～自己株式の記載～

1 100%子会社へ資産の譲渡をした場合

具体例

当期に100%子会社に対して帳簿価額1,000の土地（譲渡損益調整資産）を1,500で譲渡し，譲渡益500を計上している。子会社は，翌期においてその土地を他へ譲渡している。

（考え方）

完全支配関係のある法人間において譲渡損益調整資産を譲渡した場合には，その譲渡損益は課税の対象とならず，繰り延べることとされています。譲渡損益調整資産とは，帳簿価額1,000万円以上の固定資産，土地，有価証券，金銭債権及び繰延資産をいいます。

当　期

（会計処理）

現金預金	1,500	／	土　　　地	1,000
		／	土地譲渡益	500

（税務上の取扱い）

譲渡益500は課税を繰り延べる

グループ法人税制により，完全支配関係のある法人間において譲渡損益調整資産を譲渡した場合に，その譲渡益500には課税しないこととされています。この場合に，譲渡益は課税が繰り延べられ，別表４において減算調整を行います。この調整は利益積立金額にも影響を与えますので，別表５（一）Ⅰにも記載をします。

【別表４】

区　　分		総　額	処　分		
			留　保	社外流出	
		①	②	③	
当期利益又は当期欠損の額		500	500	配　当	
				その他	
加算	－				
減算	**譲渡損益調整勘定繰入額**	**500**	**500**		
所得金額又は欠損金額		0	0		

（解説）

100％子会社への土地譲渡益500は課税されないように，別表４において「譲渡損益調整勘定繰入額　500（減算）」として減算調整をします。この減算調整は，会計上の利益剰余金に対して税務上の利益積立金額を500減少させることになるため，「留保」の調整項目になります。したがって，この調整は，総額①に記載するとともに，留保②にも記載します。

【別表５（一）Ⅰ】

区　分	期首現在利益積立金額	当期の増減		差引翌期首現在利益積立金額
		減	増	
	①	②	③	④
利益準備金				
譲渡損益調整勘定			△500	△500
繰越損益金			500	500

（解説）

別表４の留保欄に記載された「譲渡損益調整勘定繰入額　500（減算）」の減算調整は，別表５（一）Ⅰ③に「譲渡損益調整勘定　△500（増加）」として記載されます。この記載によって，会計上の利益剰余金から譲渡損益調整勘定500を減算した金額が税務上の利益積立金額になります。

記載のポイント！

次の追加・修正仕訳をイメージして，別表４と別表５（一）Ⅰの記載をしましょう。

（別表４）

譲渡損益調整勘定繰入額　500 ／ 譲渡損益調整勘定　500
（所得の減少）

（別表５（一）Ⅰ）

利益積立金額　500 ／ 譲渡損益調整勘定　500
（利積の減少）

翌　期

（会計処理）

処理なし

（税務上の取扱い）

譲渡益500に課税する

グループ法人税制により，完全支配関係のある法人間において譲渡損益調整資産を譲渡した場合に，その譲渡益には課税しないこととされていますが,譲受法人において譲渡，償却などの事由が生じた場合には，繰り延べていた譲渡益は課税されます。したがって，別表４において加算調整を行います。この調整は利益積立金額にも影響を与えますので，別表５（一）Ⅰにも記載します。

【別表４】

区　　分		総　額	処　　分		
			留　保	社外流出	
		①	②	③	
当期利益又は当期欠損の額		0	0	配　当	
				その他	
加算	**譲渡損益調整勘定戻入額**	**500**	**500**		
減算	−				
所得金額又は欠損金額		500	500		

（解説）

譲受法人である子会社が土地を譲渡したことによって，課税が繰り延べられていた土地譲渡益500が課税されることになるため，別表４において「譲渡損益調整勘定戻入額

500（加算）」として加算調整をします。この加算調整は，会計上の利益剰余金に対して税務上の利益積立金額を500増加させることになるため，「留保」の調整項目になります。したがって，この調整は，総額①に記載するとともに，留保②にも記載します。

【別表５（一）Ⅰ】

区　分	期首現在利益積立金額	当期の増減		差引翌期首現在利益積立金額
		減	増	
	①	②	③	④
利益準備金				
譲渡損益調整勘定	△500	△500		0
繰越損益金	500	500	500	500

（解説）

別表４の留保欄に記載された「譲渡損益調整勘定戻入額　500（加算）」の加算調整は，別表５（一）Ⅰ②に「譲渡損益調整勘定　△500（減少）」として記載されます。この記載によって，期末残高がゼロとなり，会計上の利益剰余金と税務上の利益積立金額の差異は解消します。

記載のポイント！

次の追加・修正仕訳をイメージして，別表４と別表５（一）Ⅰの記載をしましょう。

（別表４）

譲渡損益調整勘定　500 ／ 譲渡損益調整勘定戻入額　500
（所得の増加）

（別表５（一）Ⅰ）

譲渡損益調整勘定　500 ／ 利益積立金額　500
（利積の増加）

8　ケーススタディ(8)～グループ法人税制の記載～

2 100%子会社へ寄附をした場合

具体例

当期に100%子会社に対して800の寄附を行い，寄附金として処理している。

（考え方）

グループ法人税制では，完全支配関係のある法人（法人による完全支配関係に限ります。）に対する寄附金の額は，その全額が損金の額に算入されません。また，株主である親法人では寄附修正を行います。

（会計処理）

寄　附　金　800 ／ 現 金 預 金　800

（税務上の取扱い）

寄附金の額は，全額を損金の額に算入しない

グループ法人税制により，完全支配関係のある法人に対する寄附金の額は全額が損金の額に算入されないこととされ，一方で，寄附を受けた法人ではその受贈益の全額が益金の額に算入されないこととされます。したがって，会計上損金経理されている寄附金の額は別表４において加算調整されます。また，別表５（一）Ⅰにおいて子会社株式の帳簿価額を増額する記載をして利益積立金額を増額させます（寄附修正）。

【別表４】

区　分		総　額	処　分		
			留　保	社外流出	
		①	②	③	
当期利益又は当期欠損の額		△800	△800	配　当	
				その他	
加算	－				
減算	－				
寄附金の損金不算入額		800			800
所得金額又は欠損金額		0	△800		800

（解説）

100％子会社への寄附金の額は全額が損金の額に算入されませんので，別表４において「寄附金の損金不算入額　800（加算）」として加算調整をします。この加算調整は，利益積立金額には影響を与えませんので，「社外流出」の調整項目になります。したがって，この調整は，総額①に記載するとともに，社外流出③にも記載します。

【別表５（一）Ⅰ】

区　分	期首現在利益積立金額	当期の増減		差引翌期首現在利益積立金額
		減	増	
	①	②	③	④
利益準備金				
子会社株式			800	800
繰越損益金			△800	△800

（解説）

別表４の社外流出欄に記載された「寄附金の損金不算入額　800（加算）」は利益積立金額には影響しませんので，別表５（一）Ⅰの記載はありません。ただし，親会社から子会社への寄附を行ったことにより子会社株式の価値が800増加することになりますので，別表５（一）Ⅰ③に「子会社株式　800（増加）」として記載をします（寄附修正）。この記載によって，会計上の利益剰余金に子会社株式800を加算した金額が税務上の利益積立金額になります。

記載のポイント！

次の追加・修正仕訳をイメージして，別表５（一）Ⅰの記載をしましょう。

（別表５（一）Ⅰ）

子会社株式　800 ／ 利益積立金額　800
（利積の増加）

3 100%親会社から寄附を受けた場合

具体例

当期に100%親会社から800の寄附を受け受贈益として処理している。

（考え方）

グループ法人税制では，完全支配関係のある法人（法人による完全支配関係に限ります。）から受けた受贈益の額は，その全額が益金の額に算入されません。

（会計処理）

現金預金　800 ／ 受贈益　800

（税務上の取扱い）

受贈益の額は，全額を益金の額に算入しない

グループ法人税制により，完全支配関係のある法人に対する寄附金の額は全額が損金の額に算入されないこととされ，一方で，寄附を受けた法人ではその受贈益の全額が益金の額に算入されないこととされました。したがって，会計上計上されている受贈益の額は別表4において減算調整されます。

【別表4】

区分		総額	処分		
			留保	社外流出	
		①	②	③	
当期利益又は当期欠損の額		800	800	配当	
				その他	
加算	–				
減算	受贈益の益金不算入額	800			800
所得金額又は欠損金額		0	800		△800

（解説）

100％親会社からの受贈益の額は全額が益金の額に算入されませんので，別表4にお

いて「受贈益の益金不算入額　800（減算）」として減算調整をします。この減算調整は，利益積立金額には影響を与えませんので，「社外流出」の調整項目になります。したがって，この調整は，総額①に記載するとともに，社外流出③にも記載します。

【別表５（一）Ⅰ】

記載はありません。

（解説）

別表４の社外流出欄に記載された「受贈益の益金不算入額　800（減算）」は利益積立金額には影響しませんので，別表５（一）Ⅰの記載はありません。

4　100%子会社から現物分配を受けた場合

具体例

当期に100%子会社から孫会社株式（子会社が100%所有，子会社での帳簿価額500，時価900）を剰余金の配当として現物分配を受け，受取配当金に500を計上している。

（考え方）

100％子会社が行う親会社に対する現物分配は適格現物分配とされ，現物分配された資産の帳簿価額により利益積立金額の移転が行われたものとして取り扱われます。

（会計処理）

子会社株式　500 ／ 受取配当金　500

（税務上の取扱い）

子会社株式　500 ／ 利益積立金額　500

100％子会社からの適格現物分配により，会計上は受取配当金を500計上しています。税務上は適格現物分配の場合，100％子会社における孫会社株式の帳簿価額で利益積立金額を増加させます。したがって，会計上で計上されている受取配当金は益金の額に算入されず，別表４において減算調整されます。

【別表４】

区分		総額	処分		
			留保	社外流出	
		①	②	③	
当期利益又は当期欠損の額		500	500	配当	
				その他	
加算	－				
減算	**適格現物分配に係る益金不算入額**	**500**			**500**
所得金額又は欠損金額		0	500		△500

（解説）

100％子会社からの受取配当金は益金の額に算入されませんので，別表４において「適格現物分配に係る益金不算入額　500（減算）」として減算調整をします。この場合，「受取配当等の益金不算入額」ではなく，「適格現物分配に係る益金不算入額」とします。この減算調整は，利益積立金額には影響を与えませんので，「社外流出」の調整項目になります。したがって，この調整は，総額①に記載するとともに，社外流出③にも記載します。

【別表５（一）Ⅰ】

記載はありません。

（解説）

別表４の社外流出欄に記載された「適格現物分配に係る益金不算入額　500（減算）」は利益積立金額には影響しませんので，別表５（一）Ⅰの記載はありません。ただし，繰越損益金が500増加しているために，結果として帳簿価額相当額500の利益積立金額が増加しています。

5　100%子会社が清算した場合（残余財産なし）

具体例

当期に100%子会社が解散決議を行い清算結了した。子会社からの残余財産の分配はないため，子会社株式1,000を株式消滅損として計上した。

（考え方）

完全支配関係がある子会社の清算による子会社株式の消滅損相当額は，税務上資本金等の額の減少として取り扱われます。なお，一定の要件を満たす場合には，100％子会社の繰越欠損金の額を引き継ぐことができます。

（会計処理）

子会社株式消滅損　1,000 ／ 子会社株式　1,000

（税務上の取扱い）

資本金等の額　1,000 ／ 子会社株式　1,000

100％子会社の清算結了による残余財産の分配はありませんので，子会社株式の全額が株式消滅損として計上されています。税務上は，グループ法人税制の導入により，子会社株式の帳簿価額相当額は資本金等の額を減少させることとされ，株式消滅損は損金の額に算入されません。したがって，別表４で加算調整されます。

【別表４】

区　　分		総　額	処　分		
			留　保	社外流出	
		①	②	③	
当期利益又は当期欠損の額		△1,000	△1,000	配　当	
				その他	
加算	子会社株式消滅損否認	1,000	1,000		
減算	－				
所得金額又は欠損金額		0	0		

（解説）

子会社株式消滅損1,000は損金の額に算入されませんので，別表4において「子会社株式消滅損否認　1,000（加算）」として加算調整をします。この加算調整は，利益積立金額に影響を与えますので，「留保」の調整項目になります。したがって，この調整は，総額①に記載するとともに，留保②にも記載します。

【別表5（一）Ⅰ】

区　分	期首現在利益積立金額	当期の増減		差引翌期首現在利益積立金額
		減	増	
	①	②	③	④
利益準備金				
資本金等の額			1,000	1,000
繰越損益金			△1,000	△1,000

（解説）

子会社株式の帳簿価額1,000が会計上は損失処理され，利益剰余金のマイナスとなっていますが，税務上は資本金等の額の減少として扱われます。したがって，別表4の留保欄に記載された「子会社株式消滅損否認　1,000（加算）」の加算調整は，別表5（一）Ⅰ③において，「資本金等の額　1,000（増加）」として記載をします。損失計上により繰越損益金が1,000減少していますが，この記載によって同額の利益積立金額が増加し，最終的には利益積立金額に変動はありません。

【別表5（一）Ⅱ】

区　分	期首現在資本金等の額	当期の増減		差引翌期首現在資本金等の額
		減	増	
	①	②	③	④
資　本　金				
資本準備金				
利益積立金額			△1,000	△1,000
差引合計額				

（解説）

子会社株式の帳簿価額1,000相当額の資本金等の額が減少します。会計上は損失処理されているために，別表５（一）Ⅱ③において「利益積立金額　△1,000（増加）」の記載をします。この記載によって，資本金等の額が1,000減少します。

記載のポイント！

子会社株式の帳簿価額1,000が会計上は損益を通して利益剰余金の減少となっています。一方，税務上は資本金等の額の減少となります。最終的には，会計と税務で資本と利益の内訳が異なってきます。したがって，別表５（一）ⅠとⅡでは，プラスとマイナスが逆で同額の記載が生じます。

次の追加・修正仕訳をイメージして，別表５（一）の記載をしましょう。

資本金等の額　1,000	／	利益積立金額　1,000
（資本金等の額の減少）		（利積の増加）

9　ケーススタディ(9)　～ 組織再編税制の記載 ～

1 適格合併をした場合

具体例

当期に兄弟会社を吸収合併した。この合併は適格合併に該当する。兄弟会社の最終の貸借対照表は次のとおりである。

貸借対照表

諸資産	1,000	諸負債	200
		資本金	500
		繰越利益剰余金	300
合計	1,000	合計	1,000

資産と負債は帳簿価額で受入れ，資産と負債の差額はその他資本剰余金として処理している。なお，諸資産のうちには土地があり，数年前に計上した評価損100が税務上否認されたままとなっている。また，兄弟会社の最終年度の申告では納付すべき税額がなかったものとする。

（考え方）

兄弟会社を吸収合併（適格合併）した場合には，兄弟会社の資産・負債をその帳簿価額で引き継ぐとともに，資本金等の額及び利益積立金額も引き継ぎます。この場合の資産・負債の帳簿価額とは税務上の帳簿価額であるため，土地についても税務上の帳簿価額で引き継がれます。

（会計処理）

諸　資　産	1,000	／ 諸　負　債	200
		／ その他資本剰余金	800

（税務上の取扱い）

諸　資　産	1,100	／ 諸　負　債	200
		／ 資本金等の額	500
		／ 利益積立金額	400

適格合併の場合には，被合併法人の資産・負債は帳簿価額で合併法人に引き継がれます。この場合，帳簿価額は税務上の帳簿価額であるため，既往の否認額などがある場合には，その既往の否認額も引き継がれます。この記載が別表５（一）Ⅰで行われます。また，被合併法人の資本金等の額と利益積立金額もそのまま合併法人に引き継がれますが，会計上は全額をその他資本剰余金として処理していますので，別表５（一）Ⅰ及びⅡにおいて調整の記載が必要です。なお，所得計算には影響を与えませんので，別表４の記載は必要

ありません。

【別表４】

記載はありません。

【別表５（一）Ⅰ】

区　分	期首現在利益積立金額	当期の増減		差引翌期首現在利益積立金額
		減	増	
	①	②	③	④
利益準備金				
土　　地			100	100
資本金等の額			300	300
繰越損益金				

（解説）

被合併法人である兄弟会社の利益積立金額は，繰越利益剰余金300と土地評価損否認額100の合計400です。したがって，この400が合併法人に利益積立金額として引き継がれます。よって，土地評価損否認額の100について，別表５（一）Ⅰ③において「土地　100（増加）」として記載します。また，被合併法人の繰越利益剰余金がその他資本剰余金として処理されていますので，利益積立金額を300増加させる記載が必要です。よって，別表５（一）Ⅰ③において「資本金等の額　300（増加）」として記載します。この記載により，利益積立金額が400引き継がれたことになります。

【別表５（一）Ⅱ】

区　分	期首現在資本金等の額	当期の増減		差引翌期首現在資本金等の額
		減	増	
	①	②	③	④
資　本　金				
資本準備金				
その他資本剰余金			800	800
利益積立金額			△300	△300
差引合計額				

（解説）

被合併法人である兄弟会社の資本金等の額は500です。この500が合併法人に資本金等の額として引き継がれます。まず，合併法人では，会計上でその他資本剰余金800が増加していますので，別表５（一）Ⅱ③において「その他資本剰余金　800（増加）」として記載します。ただし，税務上は，資本金等の額を500だけ増加させますので，別表５（一）Ⅱ③において「利益積立金額　△300（増加）」として記載します。この記載により資本金等の額が500が引き継がれたことになります。

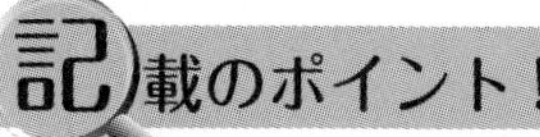

被合併法人の繰越利益剰余金がその他資本剰余金として引き継がれていますので，会計と税務では純資産の資本と利益の内訳が異なってきます。したがって，別表５（一）ⅠとⅡでは，プラスとマイナスが逆で同額になる記載が生じます。

次の仕訳をイメージして，別表５（一）の記載をしましょう。

（別表５（一））

借方	金額		貸方	金額	
諸資産	1,000	／	諸負債	200	
		／	その他資本剰余金（資本金等の額の増加）	800	
土地	100	／	利益積立金額（利積の増加）	100	←調整の記載
資本金等の額（資本金等の額の減少）	300	／	利益積立金額（利積の増加）	300	←調整の記載

2 非適格合併により消滅する場合

具体例

当期に吸収合併されて消滅することとなり，資産及び負債を合併法人に移転した。この合併は非適格合併に該当する。なお，当社の所有している資産には土地（帳簿価額2,000）が含まれているが，この土地の時価は3,500である。

貸借対照表

諸資産	10,000	諸負債	1,000
		資本金	5,000
		繰越利益剰余金	4,000
合計	10,000	合計	10,000

（考え方）

非適格合併が行われた場合には，被合併法人の資産及び負債は時価により合併法人に移転することとされています。したがって，被合併法人の最終事業年度において含み損益に対して課税されることになります。

（会計処理）

借方	金額	貸方	金額
諸負債	1,000	諸資産	10,000
資本金	5,000		
繰越利益剰余金	4,000		

（税務上の取扱い）

借方	金額	貸方	金額
諸負債	1,000	諸資産	10,000
資本金等の額	5,000	譲渡益	1,500
利益積立金額	5,500		

非適格合併の場合には，被合併法人の資産・負債は時価で合併法人に譲渡したものとされます。したがって，土地の含み益1,500は被合併法人の最終事業年度において益金の額に算入され，課税されることとなります。土地の譲渡益が会計上は計上されていませんので，別表４で加算調整を行います。

なお，被合併法人の最終事業年度末の利益積立金額5,500（繰越利益4,000＋譲渡益1,500）は，合併法人には引き継がれず，株主に対して交付されることになるため，株主側ではみなし配当とされます。

【別表4】（最終事業年度）

区　　分		総　額	処　　分		
			留　保	社外流出	
		①	②	③	
当期利益又は当期欠損の額		0	0	配　当	
				その他	
加算	－				
減算	－				
非適格合併等による移転資産等の譲渡利益額又は譲渡損失額		**1,500**			**1,500**
所得金額又は欠損金額		1,500	0		1,500

（解説）

非適格合併による移転資産の譲渡益がある場合には，益金の額に算入されますので，別表4において「非適格合併等による移転資産等の譲渡利益額又は譲渡損失額　1,500（加算）」として加算調整します。この調整は，「社外流出」の調整項目になります。したがって，この調整は，総額①に記載するとともに，社外流出③にも記載します。

【別表5（一）Ⅰ】（最終事業年度）

記載はありません。

（解説）

別表4の社外流出欄に記載された「非適格合併等による移転資産等の譲渡利益額又は譲渡損失額　1,500（加算）」は社外流出項目であるため記載はありません。

3 非適格分社型分割により譲渡益が生じた場合

具体例

当期に分社型分割を行い，資産及び負債を分割承継法人に移転した。この分割は非適格分社型分割に該当する。この分社型分割により移転した資産には土地（帳簿価額10,000，時価15,000）が含まれている。会社が行った処理は次のとおりである。

（借）諸　負　債　20,000　／（貸）諸　資　産　60,000
　　　投資有価証券　40,000　／

（考え方）

非適格分社型分割をした場合には，分割法人から分割承継法人に移転する資産及び負債は時価により譲渡されたものとされます。したがって，分割法人では譲渡益に対する課税が行われます。

（会計処理）

諸　負　債	20,000	諸　資　産	60,000
投資有価証券	40,000		

（税務上の取扱い）

諸　負　債	20,000	諸　資　産	60,000
投資有価証券	45,000	土地譲渡益	5,000

分割型分割の場合には，取得した株式を分割法人の株主に対して剰余金の配当として交付しますが，分社型分割の場合には分割法人が株式を取得・保有します。非適格分社型分割が行われた場合には，移転資産・負債を時価で譲渡したものとされますので，移転資産に含まれる土地の譲渡益15,000－10,000＝5,000に対しては，分割法人において課税がなされます。この土地譲渡益5,000が会計上は計上されていませんので，別表4で加算調整の記載をします。

【別表4】

区　分		総　額	処　分		
			留　保	社外流出	
		①	②	③	
当期利益又は当期欠損の額		0	0	配　当	
				その他	
加算	**土地譲渡益計上もれ**	**5,000**	**5,000**		
減算	−				
所得金額又は欠損金額		5,000	5,000		

（解説）

非適格分社型分割による移転資産の譲渡益が計上されていませんので，別表4において「土地譲渡益計上もれ　5,000（加算）」又は「投資有価証券計上もれ　5,000（加算）」として加算調整します。この調整は，利益積立金額に影響を与えるため「留保」の調整項目になります。したがって，この調整は，総額①に記載するとともに，留保②にも記載をします。

【別表5（一）Ⅰ】

区　分	期首現在利益積立金額	当期の増減		差引翌期首現在利益積立金額
		減	増	
	①	②	③	④
利益準備金				
投資有価証券			**5,000**	**5,000**
繰越損益金				

（解説）

別表4の留保欄に記載された「土地譲渡益計上もれ　5,000（加算）」の加算調整は，別表5（一）Ⅰ③に「投資有価証券　5,000（増加）」として記載します。土地譲渡益5,000を認識したことにより，投資有価証券が5,000増加します。この記載によって，会計上の利益剰余金に投資有価証券5,000を加算した金額が税務上の利益積立金額になります。

記載のポイント！

次の追加・修正仕訳をイメージして，別表４及び別表５（一）Ⅰの記載をしましょう。

（別表４）

投資有価証券　5,000 ／ 土地譲渡益　5,000
（所得の増加）

（別表５（一）Ⅰ）

投資有価証券　5,000 ／ 利益積立金額　5,000
（利積の増加）

9　ケーススタディ(9)　～ 組織再編税制の記載 ～

4 非適格株式交換により時価評価益が生じる場合

具体例

当期において当社を株式交換完全子法人とする株式交換が行われ，当社は100%子会社となった。この株式交換は非適格株式交換に該当する。なお，当社が保有している資産のうちには投資有価証券（時価評価資産に該当する。）があり，その投資有価証券の帳簿価額は5,000，時価は6,500であるが，何も処理していない。

（考え方）

自己を株式交換完全子法人とする非適格株式交換が行われた場合には，株式交換完全子法人の時価評価資産を時価評価し，その評価益又は評価損は益金の額又は損金の額に算入することとされています。

（会計処理）	（税務上の取扱い）
処理なし	投資有価証券　1,500 ／ 評　価　益　1,500

非適格株式交換が行われた場合には，株式交換完全子法人では株主が交代し，株式交換完全親法人の100%子会社となります。非適格合併の場合に移転資産の譲渡損益を認識することとの整合性の観点から，株式交換完全子法人の時価評価資産について時価評価が行われます。時価評価資産は，①固定資産，②土地，③有価証券（売買目的有価証券，償還有価証券を除く。），④金銭債権，⑤繰延資産，をいいます。ただし，帳簿価額が1,000万円に満たない資産や含み損益が資本金等の額の1/2又は1,000万円のいずれか少ない金額に満たないものなどは除かれます。

したがって，保有する投資有価証券の時価6,500と帳簿価額5,000との差額1,500は課税されます。この投資有価証券の評価益1,500が会計上は計上されていませんので，別表４で加算調整をします。

【別表４】

区　　分		総　額	処　　分		
			留　保	社外流出	
		①	②	③	
当期利益又は当期欠損の額		0	0	配　当	
				その他	
加算	**投資有価証券評価益計上もれ**	**1,500**	**1,500**		
減算	−				
所得金額又は欠損金額		1,500	1,500		

（解説）

非適格株式交換が行われたことにより投資有価証券の評価益が益金の額に算入されますので，別表４において「投資有価証券評価益計上もれ　1,500（加算）」として加算調整します。この加算調整は，利益積立金額に影響を与えるため「留保」の調整項目になります。したがって，この調整は，総額①に記載するとともに，留保②にも記載します。

【別表５（一）Ⅰ】

区　分	期首現在利益積立金額	当期の増減		差引翌期首現在利益積立金額
		減	増	
	①	②	③	④
利益準備金				
投資有価証券			**1,500**	**1,500**
繰越損益金				

（解説）

別表４の留保欄に記載された「投資有価証券評価益計上もれ　1,500（加算）」の加算調整は，別表５（一）Ⅰ③において「投資有価証券　1,500（増加）」として記載します。税務上は，投資有価証券の評価益を認識したことにより投資有価証券が1,500増加します。この記載によって，会計上の利益剰余金に投資有価証券1,500を加算した金額が税務上の利益積立金額になります。

記載のポイント！

次の追加・修正仕訳をイメージして，別表４及び別表５（一）Ⅰの記載をしましょう。

（別表４）

投資有価証券　1,500 ／ 投資有価証券評価益　1,500
（所得の増加）

（別表５（一）Ⅰ）

投資有価証券　1,500 ／ 利益積立金額　1,500
（利積の増加）

5 株式交換により親法人株式の交付を受けた場合

具体例

当期において当社が保有していた株式の発行法人が株式交換により株式交換親法人の100%子会社となり，親法人の株式の交付を受けた（株式以外の交付はなかった。）。当社が保有していた株式交換完全子法人の株式の帳簿価額は10,000，交付を受けた親法人株式の時価は7,000であるため，差額の3,000を有価証券譲渡損に計上している。なお，この株式交換は非適格株式交換に該当する。

（考え方）

株式交換完全子法人の株式を保有している法人が，株式交換により，株式交換完全親法人の株式のみの交付を受けた場合には，株式交換完全子法人株式の譲渡損益は認識しないこととされています。

（会計処理）

借方	金額	貸方	金額
投資有価証券（親法人株式）	7,000	投資有価証券（子法人株式）	10,000
投資有価証券譲渡損	3,000		

（税務上の取扱い）

借方	金額	貸方	金額
投資有価証券（親法人株式）	10,000	投資有価証券（子法人株式）	10,000

法人が保有していた株式の発行法人が株式交換により株式交換完全子法人となる場合には，子法人株式と交換に株式交換完全親法人株式の交付を受けます。法人税では，株式の譲渡損益を認識するのが原則ですが，親法人株式のみの交付である場合には，交換直前の帳簿価額を譲渡対価とすることとされており，これにより譲渡損益は認識されません。なお，この場合，非適格であっても，株式のみの交付の場合には譲渡損益の課税はありません。

したがって，交付を受けた株式の時価7,000と従前の帳簿価額10,000との差額3,000の含み損は認識しませんので，別表４で加算調整をします。

【別表４】

区　分		総　額	処　分		
			留　保	社外流出	
		①	②	③	
当期利益又は当期欠損の額		△3,000	△3,000	配　当	
				その他	
加算	**投資有価証券譲渡損否認**	**3,000**	**3,000**		
減算	–				
所得金額又は欠損金額		0	0		

（解説）

株式交換完全子法人株式について計上した投資有価証券譲渡損3,000は損金の額に算入されませんので，別表４において「投資有価証券譲渡損否認　3,000（加算）」として加算調整します。この加算調整は，利益積立金額に影響を与えるため「留保」の調整項目になります。したがって，この調整は，総額①に記載するとともに，留保②にも記載をします。

【別表５（一）Ⅰ】

区　分	期首現在利益積立金額	当期の増減		差引翌期首現在利益積立金額
		減	増	
	①	②	③	④
利益準備金				
投資有価証券（親法人株式）			**3,000**	**3,000**
繰越損益金			△3,000	△3,000

（解説）

別表４の留保欄に記載された「投資有価証券譲渡損否認　3,000（加算）」の加算調整は，別表５（一）Ⅰ③に「投資有価証券　3,000（増加）」として記載します。投資有価証券の譲渡損を認識しないことにより投資有価証券が3,000増加します。この記載によって，会計上の利益剰余金に投資有価証券3,000を加算した金額が税務上の利益積立金額になります。

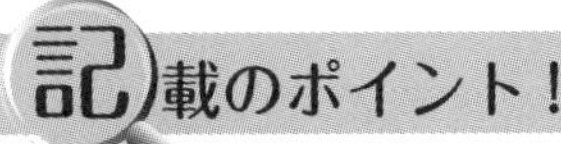

次の追加・修正仕訳をイメージして，別表４及び別表５（一）Ｉの記載をしましょう。

（別表４）

投資有価証券　3,000 ／ 投資有価証券譲渡損　3,000
（所得の増加）

（別表５（一）Ｉ）

投資有価証券　3,000 ／ 利益積立金額　3,000
（利積の増加）

10　ケーススタディ⑽　～ 海外取引税制の記載 ～

1 外国子会社から受ける配当等がある場合

具体例

当期において数年前に設立した海外の100％子会社から配当金10,000を収受した。配当金10,000は受取配当金として，配当に際して徴収された外国源泉税1,000は租税公課として処理した。

（考え方）

内国法人が外国子会社から受ける配当等は，その95％相当額が益金不算入とされます。また，その配当等に課された外国源泉税の額は損金の額に算入されず，外国税額控除の適用はありません。

（会計処理）

現 金 預 金　9,000 ／ 受取配当金 10,000
租 税 公 課　1,000

（税務上の取扱い）

受取配当金の95％は益金不算入
外国源泉税は損金不算入
（外国税額控除の適用なし）

発行済株式等の25％以上を，その配当等の額の支払義務が確定する日以前６月以上引き続き有している等の要件を満たす外国法人を外国子会社といいます。内国法人が，外国子会社から配当等を受ける場合には，その配当等の額からその配当等の額の５％相当額を控除した金額（＝配当等の95％相当額）が益金不算入とされ（外国子会社側で損金算入される場合を除く），別表４において減算調整を行います。また，配当に際して課される外国源泉税の額は，損金不算入とされ外国税額控除の適用はありません。したがって，別表４において加算調整を行います。なお，利益積立金額には影響を与えないため，別表５（一）Ⅰの記載はありません。

【別表４】

<table>
<tr><th colspan="2" rowspan="3">区　　分</th><th rowspan="2">総　額</th><th colspan="3">処　　分</th></tr>
<tr><th>留　保</th><th colspan="2">社外流出</th></tr>
<tr><th>①</th><th>②</th><th colspan="2">③</th></tr>
<tr><td colspan="2" rowspan="2">当期利益又は当期欠損の額</td><td rowspan="2">9,000</td><td rowspan="2">9,000</td><td>配　当</td><td></td></tr>
<tr><td>その他</td><td></td></tr>
<tr><td>加算</td><td>外国源泉税の損金不算入額</td><td>1,000</td><td></td><td>その他</td><td>1,000</td></tr>
<tr><td>減算</td><td>外国子会社から受ける配当等の益金不算入額</td><td>9,500</td><td></td><td>※</td><td>9,500</td></tr>
<tr><td colspan="2">所得金額又は欠損金額</td><td>500</td><td>9,000</td><td></td><td>△8,500</td></tr>
</table>

（解説）

外国子会社からの配当金10,000の95％である9,500が益金不算入とされるため，別表４において「外国子会社から受ける配当等の益金不算入額　9,500（減算）」として減算調整します。また，課された外国源泉税1,000は損金不算入とされるため，「外国源泉税の損金不算入額　1,000（加算）」として加算調整します。これにより，所得金額は10,000×５％の500となり，配当の５％相当額が課税されることとなります。これらの調整を行っても，それに伴って税務上の利益積立金額は増減しませんので，「社外流出」の調整項目になります。したがって，これら調整は，総額①に記載するとともに，社外流出③にも記載をします。

【別表５（一）Ⅰ】

記載はありません。

（解説）

別表４の社外流出欄に記載された「外国子会社から受ける配当等の益金不算入額　9,500（減算）」及び「外国源泉税の損金不算入額　1,000（加算）」は社外流出項目であるために，これら調整を行っても，会計上の利益剰余金と税務上の利益積立金額にはズレは生じません。したがって，利益積立金額には影響がないために，別表５（一）Ⅰの記載はありません。

10　ケーススタディ⑽　～ 海外取引税制の記載 ～

2 移転価格税制の適用がある場合

具体例

当期において海外の100%子会社に対して商品（原価4,000）を5,000で販売した。なお，この商品の独立企業間価格は8,000である。また，この子会社に対して，資金援助として2,000を支出して寄附金として処理した。

（考え方）

国外関連者に対して低額譲渡を行った場合の独立企業間価格と実際の取引価格との差額は移転価格税制により損金不算入とされます。また，国外関連者に対する寄付金は，その全額が損金不算入とされます。

（会計処理）

現金預金	5,000	／	売上高	5,000
売上原価	4,000	／	商品	4,000
寄附金	2,000	／	現金預金	2,000

（税務上の取扱い）

8,000と5,000の差額3,000は損金不算入
寄附金2,000は全額損金不算入

一方の法人が他方の法人の発行済株式等の50%以上を保有する関係などにある外国法人を国外関連者といいます。国外関連者との間で行った国外関連取引が低額譲渡（取引価格<独立企業間価格）又は高価買入（取引価格>独立企業間価格）に該当する場合は，独立企業間価格で取引が行われたものとみなされ，取引価格と独立企業間価格との差額は，損金不算入とされます。また，国外関連者に対して支出した寄附金の額は，その全額が損金不算入とされます。したがって，別表４において加算調整を行います。なお，利益積立金額には影響を与えないため，別表５（一）Ⅰの記載はありません。

【別表４】

区分		総額	処分		
			留保	社外流出	
		①	②	③	
当期利益又は当期欠損の額		△1,000	△1,000	配当	
				その他	
加算	**移転価格否認**	**3,000**		**その他**	**3,000**
減算	－				
寄附金の損金不算入額		**2,000**		**その他**	**2,000**
所得金額又は欠損金額		4,000	△1,000		5,000

（解説）

移転価格税制により，取引価格5,000と独立企業間価格8,000の差額3,000は損金不算入とされるため，別表４において「移転価格否認　3,000（加算）」として加算調整します。この調整により独立企業間価格8,000で取引を行った場合の所得金額（8,000－4,000＝4,000）に修正されたことになります。また，国外関連者に対する寄付金2,000は，その全額が損金不算入とされ，「寄附金の損金不算入額　2,000（加算）」として加算調整します。これらの加算調整を行っても，それに伴って税務上の利益積立金額は増加しませんので，「社外流出」の調整項目になります。したがって，この調整は，総額①に記載するとともに，社外流出③にも記載をします。

【別表５（一）Ⅰ】

記載はありません。

（解説）

別表４の社外流出欄に記載された「移転価格否認　3,000（加算）」及び「寄附金の損金不算入額　2,000（加算）」は社外流出項目であるために，これらの調整を行っても会計上の利益剰余金と税務上の利益積立金額にはズレが生じません。したがって，利益積立金額には影響がないために，別表５（一）Ⅰの記載はありません。

10　ケーススタディ⑽　～ 海外取引税制の記載 ～

3 過少資本税制の適用がある場合

具体例

当期において海外の100%親会社からの借入金に対して利子5,000を支払っている。当社は，海外の100%親会社からの資本に対してその親会社からの借入金の比率が高いため過少資本税制が適用され，支払利子のうち1,500は損金の額に算入されない。

（考え方）

外国親会社からの資金の大部分を借入金とすることにより過少資本となっている場合には，外国親会社に対する支払利子の損金算入を制限する過少資本税制が適用され，支払利子のうち一定額が損金不算入とされます。

（会計処理）	（税務上の取扱い）
支 払 利 子　5,000 ／ 現 金 預 金　5,000	支払利子のうち1,500は損金不算入

非居住者又は外国法人で，内国法人が発行済株式等の50％以上を保有される関係などにあるものを国外支配株主等といいます。国外支配株主等に負債の利子を支払う内国法人は，一定の要件を満たすと過少資本税制が適用され，外国親会社に対して支払う負債利子のうち一定の算式により計算した金額1,500は損金の額に算入されません。したがって，別表４で加算調整をします。なお，この調整は利益積立金額には影響を与えないため，別表５（一）Ｉの記載はありません。

【別表４】

区　　分		総　額	処　　分		
			留　保	社外流出	
		①	②	③	
当期利益又は当期欠損の額		△5,000	△5,000	配　当	
				その他	
加算	**負債利子損金不算入額**	**1,500**		**その他**	**1,500**
減算	–				
所得金額又は欠損金額		△3,500	△5,000		1,500

（解説）

過少資本税制の適用により，海外の親会社への支払利子5,000のうち1,500は損金の額に算入されないため，別表４において「負債利子損金不算入額　1,500（加算）」として加算調整します。この加算調整を行っても，それに伴って税務上の利益積立金額は増加しませんので，「社外流出」の調整項目になります。したがって，この調整は，総額①に記載するとともに，社外流出③にも記載をします。

【別表５（一）Ｉ】

記載はありません。

（解説）

別表４の社外流出欄に記載された「負債利子損金不算入額　1,500（加算）」は社外流出項目であるために，この調整を行っても，会計上の利益剰余金と税務上の利益積立金額にはズレは生じません。したがって，利益積立金額には影響がないために，別表５（一）Ｉの記載はありません。

10　ケーススタディ⑽　～ 海外取引税制の記載 ～

4 タックスヘイブン税制の適用がある場合

具体例

当社がタックスヘイブンに設立した100%子会社にはタックスヘイブン税制が適用され，子会社の所得金額10,000は当社の収益の額とみなして益金の額に算入される。

（考え方）

タックスヘイブンを利用した租税回避行為を防止するために，内国法人が外国関係会社株式を保有する場合には，その外国関係会社の所得金額のうち，保有する持分に対応する部分の金額を内国法人の所得金額に合算して課税することとされています。

（会計処理）	（税務上の取扱い）
処理なし	子会社の所得金額10,000を 益金の額に算入する

外国法人で居住者及び内国法人等の保有割合が50％超のものを外国関係会社といいます。そして外国関係会社の保有割合が10％以上の一定の内国法人等は，会社単位の合算課税又は受動的所得の合算課税が適用され，このケースでは子会社の所得金額10,000が益金の額に算入されます。したがって，別表４において加算調整を行います。なお、この加算調整は利益積立金額には影響を与えないため，別表５（一）Ｉの記載はありません。

【別表4】

<table>
<tr><td colspan="2" rowspan="3">区　　分</td><td rowspan="2">総　額</td><td colspan="3">処　　分</td></tr>
<tr><td>留　保</td><td colspan="2">社外流出</td></tr>
<tr><td>①</td><td>②</td><td colspan="2">③</td></tr>
<tr><td colspan="2" rowspan="2">当期利益又は当期欠損の額</td><td rowspan="2">0</td><td rowspan="2">0</td><td>配　当</td><td></td></tr>
<tr><td>その他</td><td></td></tr>
<tr><td>加算</td><td>課税対象金額の益金算入額</td><td>10,000</td><td></td><td>その他</td><td>10,000</td></tr>
<tr><td>減算</td><td>－</td><td></td><td></td><td></td><td></td></tr>
<tr><td colspan="2">所得金額又は欠損金額</td><td>10,000</td><td>0</td><td></td><td>10,000</td></tr>
</table>

（解説）

タックスヘイブン税制の適用により，海外の100％子会社の所得金額が，株主である内国法人で合算課税されるため，別表４において「課税対象金額の益金算入額　10,000（加算）」として加算調整します。この加算調整を行っても，税務上の利益積立金額は増加しませんので，「社外流出」の調整項目になります。したがって，この調整は，総額①に記載するとともに，社外流出③にも記載をします。

【別表５（一）Ⅰ】

記載はありません。

（解説）

別表４の社外流出欄に記載された「課税対象金額の益金算入額　10,000（加算）」は社外流出項目であるために，この調整を行っても，会計上の利益剰余金と税務上の利益積立金額にはズレは生じません。したがって，利益積立金額には影響がないために，別表５（一）Ⅰの記載はありません。

11　ケーススタディ⑾　～ 修正申告の記載 ～

1 棚卸資産評価損が否認される場合

具体例

前期の決算において計上した棚卸資産評価損1,000は，損金の額に算入されないものであることが判明したため，修正申告を行うこととした。

前期分の確定申告書（修正前）

【別表4】

区分		総額	処分		
			留保	社外流出	
		①	②	③	
当期利益又は当期欠損の額		11,550	11,550	配当	
				その他	
加算	損金経理をした法人税	3,000	3,000		
	損金経理をした住民税	600	600		
	損金経理をした納税充当金	11,350	11,350		
減算	納税充当金支出事業税等	1,500	1,500		
所得金額		25,000	25,000		

【別表５（一）Ⅰ】

<table>
<tr><th rowspan="3" colspan="2">区　分</th><th>期首現在
利益積立金額</th><th colspan="3">当期の増減</th><th>差引翌期首現在
利益積立金額</th></tr>
<tr><th></th><th>減</th><th colspan="2">増</th><th></th></tr>
<tr><th>①</th><th>②</th><th colspan="2">③</th><th>④</th></tr>
<tr><td colspan="2"></td><td></td><td></td><td colspan="2"></td><td></td></tr>
<tr><td colspan="2">繰越損益金</td><td>50,000</td><td>50,000</td><td colspan="2">61,550</td><td>61,550</td></tr>
<tr><td colspan="2">納税充当金</td><td>6,900</td><td>6,900</td><td colspan="2">11,350</td><td>11,350</td></tr>
<tr><td rowspan="6">未納法人税等</td><td rowspan="2">未納法人税</td><td rowspan="2">△　4,500</td><td rowspan="2">△　7,500</td><td>中間</td><td>△　3,000</td><td rowspan="2">△　7,500</td></tr>
<tr><td>確定</td><td>△　7,500</td></tr>
<tr><td rowspan="2">未納道府県民税</td><td rowspan="2">△　250</td><td rowspan="2">△　450</td><td>中間</td><td>△　200</td><td rowspan="2">△　350</td></tr>
<tr><td>確定</td><td>△　350</td></tr>
<tr><td rowspan="2">未納市町村民税</td><td rowspan="2">△　650</td><td rowspan="2">△　1,050</td><td>中間</td><td>△　400</td><td rowspan="2">△　1,000</td></tr>
<tr><td>確定</td><td>△　1,000</td></tr>
</table>

【別表5（二)】

			期首現在未納税額	当期発生税　額	当期中の納付税額			期末現在未納税額
					充当金取崩しによる納付	仮払経理による納付	損金経理による納付	
			①	②	③	④	⑤	⑥
法人税	前期分		4,500		4,500			0
	当期分	中　間		3,000			3,000	0
		確　定		7,500				7,500
	計		4,500	10,500	4,500		3,000	7,500
道府県民税	前期分		250		250			0
	当期分	中　間		200			200	0
		確　定		350				350
	計		250	550	250		200	350
市町村民税	前期分		650		650			0
	当期分	中　間		400			400	0
		確　定		1,000				1,000
	計		650	1,400	650		400	1,000
事業税	前期分			1,500	1,500			0
	当期中間分			1,000			1,000	0
	計			2,500	1,500		1,000	0

納税充当金の計算					
期首納税充当金		6,900	取崩額	その他 損金算入のもの	
繰入額	損金経理をした納税充当金	11,350		損金不算入のもの	
	計	11,350		仮払税金消却	
取崩額	法人税額等	5,400		計	6,900
	事業税	1,500	期末納税充当金		11,350

（修正申告の内容）

前期の申告において棚卸資産評価損否認の加算調整を失念していたことが判明したため，修正申告を行う必要があります。この場合，前期の決算は修正しませんので，別表4において加算調整を行います。また，利益積立金額にも影響を与えるため，別表5（一）Ⅰに記載を行います。なお，修正申告により確定申告税額が増加しますので，別表5（一）Ⅰ及び別表5（二）の確定申告税額を修正する必要があります。

なお，修正申告による追加税額は次の金額とします。

	追加税額
法　人　税	300
道府県民税	20
市町村民税	50
事　業　税	100

前期分の修正申告書

【別表４】

区　　分		総　額	処　分		
			留　保	社外流出	
		①	②	③	
当期利益又は当期欠損の額		11,550	11,550	配　当	
				その他	
加算	損金経理をした法人税	3,000	3,000		
	損金経理をした住民税	600	600		
	損金経理をした納税充当金	11,350	11,350		
	棚卸資産評価損否認	**1,000**	**1,000**		
減算	納税充当金支出事業税等	1,500	1,500		
所　得　金　額		26,000	26,000		

（解説）

別表４において「棚卸資産評価損否認　1,000（加算）」として加算調整を追加します。この加算調整は，会計上の利益剰余金に対して税務上の利益積立金額を1,000増加させることになるため，「留保」の調整項目になります。したがって，この調整は総額①に記載するとともに，留保②にも記載します。

なお，この記載によって所得金額が1,000増加（25,000→26,000）しています。

【別表5（一）Ⅰ】

区　分		期首現在利益積立金額	当期の増減			差引翌期首現在利益積立金額
			減	増		
		①	②	③		④
棚卸資産					**1,000**	**1,000**
繰越損益金		50,000	50,000		61,550	61,550
納税充当金		6,900	6,900		11,350	11,350
未納法人税等	未納法人税	△　4,500	△　7,500	中間	△　3,000	△　**7,800**
				確定	△　**7,800**	
	未納道府県民税	△　250	△　450	中間	△　200	△　**370**
				確定	△　**370**	
	未納市町村民税	△　650	△　1,050	中間	△　400	△　**1,050**
				確定	△　**1,050**	

（解説）

別表4の留保欄に記載された「棚卸資産評価損否認　1,000（加算）」の加算調整は，別表5（一）Ⅰ③に「棚卸資産　1,000（増加）」として記載されます。この記載によって，会計上の利益剰余金に棚卸資産1,000を加算した金額が税務上の利益積立金額になります。

また，未納法人税等には，所得金額が1,000増加したことで確定申告税額がそれぞれ増加しています（例えば法人税7,500→7,800）ので，修正後の確定申告税額を記載します。

【別表５（二）】

			期首現在未納税額	当期発生税額	当期中の納付税額 充当金取崩しによる納付	当期中の納付税額 仮払経理による納付	当期中の納付税額 損金経理による納付	期末現在未納税額
			①	②	③	④	⑤	⑥
法人税	前期分		4,500		4,500			0
法人税	当期分	中間		3,000			3,000	0
法人税	当期分	確定		**7,800**				**7,800**
法人税	計		4,500	10,800	4,500		3,000	7,800
道府県民税	前期分		250		250			0
道府県民税	当期分	中間		200			200	0
道府県民税	当期分	確定		**370**				**370**
道府県民税	計		250	570	250		200	370
市町村民税	前期分		650		650			0
市町村民税	当期分	中間		400			400	0
市町村民税	当期分	確定		**1,050**				**1,050**
市町村民税	計		650	1,450	650		400	1,050
事業税	前期分			1,500	1,500			0
事業税	当期中間分			1,000			1,000	0
事業税	計			2,500	1,500		1,000	0

納税充当金の計算					
期首納税充当金		6,900	取崩額	その他 損金算入のもの	
繰入額	損金経理をした納税充当金	11,350	取崩額	その他 損金不算入のもの	
繰入額			取崩額	その他	
繰入額	計	11,350	取崩額	その他 仮払税金消却	
取崩額	法人税額等	5,400	取崩額	計	6,900
取崩額	事業税	1,500	期末納税充当金		11,350

（解説）

別表５（一）Ⅰと同様に，所得金額が1,000増加したことで確定申告税額がそれぞれ増加していますので，修正後の確定申告税額を記載します。確定申告税額以外は，変更ありません。

記載のポイント！

修正申告をする場合においても，過年度の確定している決算の数値は変更できません。したがって，決算上の数値である繰越損益金や納税充当金は当初提出した確定申告書の数値から変更はありません。

前期分の修正申告を行った場合には，当期の別表５（一）Ｉや別表５（二）の期首残高は，修正申告書に記載した期末残高を繰り越して記載します。

2 否認額を受入経理する場合

具体例

前期の決算において計上した棚卸資産評価損2,000は，損金の額に算入されないことが判明したため，修正申告を行うこととした。なお，この棚卸資産は当期末現在も保有しており，当期においてこの棚卸資産評価損について受入経理を行った。

前期分の確定申告書（修正前）

前期分の確定申告書別表４，別表５（一）Ⅰ及び別表５（二）は，「1 棚卸資産評価損が否認される場合」と同様とします。

（修正申告の内容）

前期の申告において棚卸資産評価損否認の加算調整を失念していたことが判明しましたので，修正申告を行う必要があります。この場合，前期の決算は修正しませんので，別表４において加算調整を行います。また，利益積立金額にも影響を与えるため，別表５（一）Ⅰにも記載を行います。なお，修正申告により確定申告税額が増加しますので，別表５（一）Ⅰ及び別表５（二）の確定申告税額を修正する必要があります。

なお，修正申告による追加税額は次の金額とします。

	追加税額
法　人　税	600
道府県民税	40
市町村民税	100
事　業　税	200

前期分の修正申告書

【別表4】

区　分		総　額	処　分		
			留　保	社外流出	
		①	②	③	
当期利益又は当期欠損の額		11,550	11,550	配　当	
				その他	
加算	損金経理をした法人税	3,000	3,000		
	損金経理をした住民税	600	600		
	損金経理をした納税充当金	11,350	11,350		
	棚卸資産評価損否認	**2,000**	**2,000**		
減算	納税充当金支出事業税等	1,500	1,500		
所　得　金　額		27,000	27,000		

(解説)

別表４において「棚卸資産評価損否認　2,000（加算)」として加算調整を追加します。この加算調整は，会計上の利益剰余金に対して税務上の利益積立金額を2,000増加させることになるため，「留保」の調整項目になります。したがって，この調整は総額①に記載するとともに，留保②にも記載します。

なお，この記載によって所得金額が2,000（25,000→27,000）増加しています。

【別表５（一）Ⅰ】

<table>
<tr><th colspan="2" rowspan="3">区　分</th><th>期首現在</th><th colspan="3">当期の増減</th><th>差引翌期首現在</th></tr>
<tr><th>利益積立金額</th><th>減</th><th colspan="2">増</th><th>利益積立金額</th></tr>
<tr><th>①</th><th>②</th><th colspan="2">③</th><th>④</th></tr>
<tr><td colspan="2">棚卸資産</td><td></td><td></td><td colspan="2">2,000</td><td>2,000</td></tr>
<tr><td colspan="2">繰越損益金</td><td>50,000</td><td>50,000</td><td colspan="2">61,550</td><td>61,550</td></tr>
<tr><td colspan="2">納税充当金</td><td>6,900</td><td>6,900</td><td colspan="2">11,350</td><td>11,350</td></tr>
<tr><td rowspan="6">未納法人税等</td><td rowspan="2">未納法人税</td><td rowspan="2">△　4,500</td><td rowspan="2">△　7,500</td><td>中間</td><td>△　3,000</td><td rowspan="2">△　8,100</td></tr>
<tr><td>確定</td><td>△　8,100</td></tr>
<tr><td rowspan="2">未納道府県民税</td><td rowspan="2">△　250</td><td rowspan="2">△　450</td><td>中間</td><td>△　200</td><td rowspan="2">△　390</td></tr>
<tr><td>確定</td><td>△　390</td></tr>
<tr><td rowspan="2">未納市町村民税</td><td rowspan="2">△　650</td><td rowspan="2">△　1,050</td><td>中間</td><td>△　400</td><td rowspan="2">△　1,100</td></tr>
<tr><td>確定</td><td>△　1,100</td></tr>
</table>

（解説）

別表４の留保欄に記載された「棚卸資産評価損否認　2,000（加算）」の加算調整は，別表５（一）Ⅰ③に「棚卸資産　2,000（増加）」として記載されます。この記載によって，会計上の利益剰余金に棚卸資産2,000を加算した金額が税務上の利益積立金額になります。

また，未納法人税等には，所得金額が2,000増加したことで確定申告税額がそれぞれ増加しています（例えば法人税7,500→8,100）ので，修正後の確定申告税額を記載します。

【別表５（二)】

			期首現在未納税額	当期発生税額	当期中の納付税額 充当金取崩しによる納付	仮払経理による納付	損金経理による納付	期末現在未納税額
			①	②	③	④	⑤	⑥
法人税	前期分		4,500		4,500			0
法人税	当期分	中間		3,000			3,000	0
法人税	当期分	確定		**8,100**				**8,100**
法人税	計		4,500	11,100	4,500		3,000	8,100
道府県民税	前期分		250		250			0
道府県民税	当期分	中間		200			200	0
道府県民税	当期分	確定		**390**				**390**
道府県民税	計		250	590	250		200	390
市町村民税	前期分		650		650			0
市町村民税	当期分	中間		400			400	0
市町村民税	当期分	確定		**1,100**				**1,100**
市町村民税	計		650	1,500	650		400	1,100
事業税	前期分			1,500	1,500			0
事業税	当期中間分			1,000			1,000	0
事業税	計			2,500	1,500		1,000	0

納税充当金の計算						
期首納税充当金		6,900	取崩額	その他	損金算入のもの	
繰入額	損金経理をした納税充当金	11,350	取崩額	その他	損金不算入のもの	
繰入額			取崩額	その他		
繰入額	計	11,350	取崩額	その他	仮払税金消却	
取崩額	法人税額等	5,400	取崩額	計		6,900
取崩額	事業税	1,500	期末納税充当金			11,350

（解説）

別表５（一）Ⅰと同様に，所得金額が2,000増加したことで確定申告税額がそれぞれ増加していますので，修正後の確定申告税額を記載します。確定申告税額以外は変更ありません。

当期分の決算処理

（会計処理）	（税務上の取扱い）
棚卸資産　2,000 ／ 前期損益修正益　2,000	評価損を認容する

前期の「棚卸資産評価損否認　2,000（加算）」について，会計と税務の帳簿価額を合わせるために，会計上で受入経理が行われています（過年度遡及会計基準は適用しないものとします。）。受入経理を行った結果，会計と税務が一致しますので別表４では減算調整が行われます。また，この調整は利益積立金額にも影響を与えるため，別表５（一）Ⅰにも記載を行います。

当期分の確定申告書

【別表４】

区分		総額	処分		
			留保	社外流出	
		①	②	③	
当期利益又は当期欠損の額		2,000	2,000	配当	
				その他	
加算	−				
減算	**棚卸資産評価損認容**	**2,000**	**2,000**		
所得金額又は欠損金額		0	0		

（解説）

受入経理を行ったことにより，別表４において「棚卸資産評価損認容　2,000（減算）」として減算調整をします。この減算調整は，税務上の利益積立金額を2,000減少させることになるため，「留保」の調整項目になります。したがって，この調整は総額①に記載するとともに，留保②にも記載します。

【別表５（一）Ⅰ】

区　分	期首現在利益積立金額	当期の増減		差引翌期首現在利益積立金額
		減	増	
	①	②	③	④
棚卸資産	2,000	2,000		0
繰越損益金			2,000	2,000

（解説）

別表４の留保欄に記載された「棚卸資産評価損認容　2,000（減算）」の減算調整は，別表５（一）Ⅰ②に「棚卸資産　2,000（減少）」として記載されます。この別表４における減算調整は利益積立金額の計算上はマイナス要因となります。この記載によって，会計上の利益剰余金と税務上の利益積立金額の差異は解消します。

記載のポイント！

受入経理を行うことによって，修正申告によって生じた会計と税務の差異が解消します。したがって，別表５（一）Ⅰの「棚卸資産」の期首残高2,000は，認容減算されることによって期末残高がゼロとなります。

3 過年度遡及会計基準が適用される場合

具体例

前期の売上高として計上すべき金額3,000が，未計上であったことが判明したため，修正申告を行うこととした。なお，会計上は，過年度遡及会計基準を適用して，期首の繰越利益剰余金を3,000増加させている。

前期分の確定申告書（修正前）

前期分の確定申告書別表４，別表５（一）Ⅰ及び別表５（二）は，「**1** 棚卸資産評価損が否認される場合」と同様とします。

（修正申告の内容）

前期の申告において売上高の計上もれが判明しましたので，修正申告を行う必要があります。この場合，前期の決算は修正できませんので，別表４において加算調整を行います。また，利益積立金額にも影響を与えるため，別表５（一）Ⅰにも記載を行います。なお，修正申告により確定申告税額が増加しますので，別表５（一）Ⅰ及び別表５（二）の確定申告税額を修正する必要があります。

なお,. 修正申告による追加税額は次の金額とします。

	追加税額
法　人　税	900
道府県民税	60
市町村民税	150
事　業　税	300

前期分の修正申告書

【別表4】

区分		総額	処分		
			留保	社外流出	
		①	②	③	
当期利益又は当期欠損の額		11,550	11,550	配当	
				その他	
加算	損金経理をした法人税	3,000	3,000		
	損金経理をした住民税	600	600		
	損金経理をした納税充当金	11,350	11,350		
	売上高計上もれ	**3,000**	**3,000**		
減算	納税充当金支出事業税等	1,500	1,500		
所得金額		28,000	28,000		

（解説）

別表4において「売上高計上もれ　3,000（加算）」として加算調整を追加します。この加算調整は，会計上の利益剰余金に対して税務上の利益積立金額を3,000増加させることになるために，「留保」の調整項目になります。したがって，この調整は総額①に記載するとともに，留保②にも記載をします。

なお，この記載によって所得金額が3,000（25,000→28,000）増加しています。

【別表５（一）Ⅰ】

<table>
<tr><th colspan="2" rowspan="3">区　分</th><th>期首現在
利益積立金額</th><th colspan="3">当期の増減</th><th>差引翌期首現在
利益積立金額</th></tr>
<tr><th>①</th><th>減
②</th><th colspan="2">増
③</th><th>④</th></tr>
<tr><th></th><th></th><th colspan="2"></th><th></th></tr>
<tr><td colspan="2">**売　掛　金**</td><td></td><td></td><td colspan="2">**3,000**</td><td>**3,000**</td></tr>
<tr><td colspan="2">繰越損益金</td><td>50,000</td><td>50,000</td><td colspan="2">61,550</td><td>61,550</td></tr>
<tr><td colspan="2">納税充当金</td><td>6,900</td><td>6,900</td><td colspan="2">11,350</td><td>11,350</td></tr>
<tr><td rowspan="6">未納法人税等</td><td rowspan="2">未納法人税</td><td rowspan="2">△　4,500</td><td rowspan="2">△　7,500</td><td>中間</td><td>△　3,000</td><td rowspan="2">△　**8,400**</td></tr>
<tr><td>確定</td><td>△　**8,400**</td></tr>
<tr><td rowspan="2">未納道府県民税</td><td rowspan="2">△　250</td><td rowspan="2">△　450</td><td>中間</td><td>△　200</td><td rowspan="2">△　**410**</td></tr>
<tr><td>確定</td><td>△　**410**</td></tr>
<tr><td rowspan="2">未納市町村民税</td><td rowspan="2">△　650</td><td rowspan="2">△　1,050</td><td>中間</td><td>△　400</td><td rowspan="2">△　**1,150**</td></tr>
<tr><td>確定</td><td>△　**1,150**</td></tr>
</table>

（解説）

別表４の留保欄に記載された「売上高計上もれ　3,000（加算）」の加算調整は，別表５（一）Ⅰ③に「売掛金　3,000（増加）」として記載されます。この記載によって，会計上の利益剰余金に売掛金3,000を加算した金額が税務上の利益積立金額になります。

また，未納法人税等には，所得金額が3,000増加したことで確定申告税額がそれぞれ増加しています（例えば法人税7,500→8,400）ので，修正後の確定申告税額を記載します。

【別表5（二）】

			期首現在未納税額	当期発生税額	当期中の納付税額			期末現在未納税額
					充当金取崩しによる納付	仮払経理による納付	損金経理による納付	
			①	②	③	④	⑤	⑥
法人税	前期分		4,500		4,500			0
	当期分	中間		3,000			3,000	0
		確定		**8,400**				**8,400**
	計		4,500	11,400	4,500		3,000	8,400
道府県民税	前期分		250		250			0
	当期分	中間		200			200	0
		確定		**410**				**410**
	計		250	610	250		200	410
市町村民税	前期分		650		650			0
	当期分	中間		400			400	0
		確定		**1,150**				**1,150**
	計		650	1,550	650		400	1,150
事業税	前期分			1,500	1,500			0
	当期中間分			1,000			1,000	0
	計			2,500	1,500		1,000	0

納税充当金の計算						
期首納税充当金		6,900	取崩額	その他	損金算入のもの	
繰入額	損金経理をした納税充当金	11,350			損金不算入のもの	
	計	11,350			仮払税金消却	
取崩額	法人税額等	5,400		計		6,900
	事業税	1,500	期末納税充当金			11,350

（解説）

別表5（一）Ⅰと同様に，所得金額が3,000増加したことで確定申告税額がそれぞれ増加していますので，修正後の確定申告税額を記載します。確定申告税額以外は変更ありません。

当期分の決算処理

（会計処理）

> 期首利益剰余金及び売掛金を3,000増加させる

（税務上の取扱い）

> 修正申告による利益積立金額を繰り越す

会計上，前期末の繰越利益剰余金残高は61,550（前期の別表５（一）Ⅰ期末残高を参照）ですが，遡及処理によって3,000増加させるため，当期首の残高は64,550に修正されます。一方，税務では，前期末の別表５（一）Ⅰの期末残高は「売掛金　3,000」と「繰越損益金　61,550」の合計64,550です。

会計上の期首繰越利益剰余金が61,550から64,550に修正された結果，別表５（一）Ⅰの期首繰越損益金も64,550に修正して記載します。

当期分の確定申告書

【別表４】

特に記載はありません。なお，次の別表５（一）Ⅰの期首修正により「売上高計上もれ認容（減算）」の調整は生じません。

【別表５（一）Ⅰ】

前期の修正申告書の別表５（一）Ⅰを繰り越すと，当期の別表５（一）Ⅰの期首は次のようになります。

<table>
<tr><th colspan="2" rowspan="3">区　分</th><th rowspan="2">期首現在
利益積立金額</th><th colspan="3">当期の増減</th><th rowspan="2">差引翌期首現在
利益積立金額</th></tr>
<tr><th>減</th><th colspan="2">増</th></tr>
<tr><th>①</th><th>②</th><th colspan="2">③</th><th>④</th></tr>
<tr><td colspan="2">売　掛　金</td><td>3,000</td><td></td><td colspan="2"></td><td></td></tr>
<tr><td colspan="2">繰越損益金</td><td>61,550</td><td></td><td colspan="2"></td><td></td></tr>
<tr><td colspan="2">納税充当金</td><td>11,350</td><td></td><td colspan="2"></td><td></td></tr>
<tr><td rowspan="6">未納法人税等</td><td rowspan="2">未納法人税</td><td rowspan="2">△　8,400</td><td rowspan="2">△</td><td>中間</td><td>△</td><td rowspan="2">△</td></tr>
<tr><td>確定</td><td>△</td></tr>
<tr><td rowspan="2">未納道府県民税</td><td rowspan="2">△　410</td><td rowspan="2">△</td><td>中間</td><td>△</td><td rowspan="2">△</td></tr>
<tr><td>確定</td><td>△</td></tr>
<tr><td rowspan="2">未納市町村民税</td><td rowspan="2">△　1,150</td><td rowspan="2">△</td><td>中間</td><td>△</td><td rowspan="2">△</td></tr>
<tr><td>確定</td><td>△</td></tr>
</table>

しかし，過年度遡及会計基準を適用して期首の繰越利益剰余金を3,000増加させて64,550

としますので，別表５（一）Ⅰの期首も繰越損益金は61,550から64,550に修正します。この修正によって，前期末の別表５（一）Ⅰに記載されていた「売掛金　3,000」は記載の必要がなくなります。前期末の繰越損益金61,550と売掛金3,000の合計が当期首の繰越損益金64,550になっています。

（遡及修正後）

区　分		期首現在利益積立金額	当期の増減			差引翌期首現在利益積立金額
			減	増		
		①	②	③		④
繰越損益金		**64,550**				
納税充当金		11,350				
未納法人税等	未納法人税	△　8,400	△	中間	△	△
				確定	△	
	未納道府県民税	△　410	△	中間	△	△
				確定	△	
	未納市町村民税	△　1,150	△	中間	△	△
				確定	△	

記載のポイント！

過年度遡及会計基準が適用される場合，過年度の誤謬は遡って修正を行いますので，会計上の期首繰越利益剰余金が前期末残高と不一致になります。そこで，別表５（一）Ⅰでは，期首繰越利益剰余金を会計上の数値に修正するとともに，前期末の利益積立金額が期首の利益積立金額と同額になるように期首残高を調整します。

4 交際費等の損金不算入額を修正する場合

具体例

前期の確定申告において支出交際費等の額を1,000としていたが，税務調査において，この他に2,000の支出交際費があることが判明したため修正申告を行うこととした。なお，資本金の額は２億円であり，接待飲食費はないものとする。

前期分の確定申告書（修正前）

前期分の確定申告書別表４は次のとおりです。

【別表４】

区　　分		総　額	処　　分		
			留　保	社外流出	
		①	②	③	
当期利益又は当期欠損の額		10,550	10,550	配　当	
				その他	
加算	損金経理をした法人税	3,000	3,000		
	損金経理をした住民税	600	600		
	損金経理をした納税充当金	11,350	11,350		
	交際費等の損金不算入額	1,000		その他	1,000
減算	納税充当金支出事業税等	1,500	1,500		
所　得　金　額		25,000	24,000		1,000

（修正申告の内容）

前期の申告において交際費等の損金不算入額の加算調整が2,000不足していることが判明しましたので，修正申告を行う必要があります。したがって，別表４において加算調整を修正します。ただし，利益積立金額には影響を与えないため，別表５（一）Ｉの記載はありません。

なお，修正申告により確定申告税額が増加しますので，別表５（一）Ｉ及び別表５（二）の確定申告税額を修正する必要があります。

前期分の修正申告書

【別表4】

区　　分		総　額	処　　分		
			留　保	社外流出	
		①	②	③	
当期利益又は当期欠損の額		10,550	10,550	配　当	
				その他	
加算	損金経理をした法人税	3,000	3,000		
	損金経理をした住民税	600	600		
	損金経理をした納税充当金	11,350	11,350		
	交際費等の損金不算入額	**3,000**		その他	**3,000**
減算	納税充当金支出事業税等	1,500	1,500		
所　得　金　額		27,000	24,000		3,000

（解説）

別表4において「交際費等の損金不算入額　1,000（加算）」として申告していましたが，修正申告においては「交際費等の損金不算入額　3,000（加算）」として加算調整額を正しい金額に修正します。この加算調整を行っても，それに伴って税務上の利益積立金額は増加しませんので，「社外流出」の調整項目になります。したがって，この調整は，総額①に記載するとともに，社外流出③にも記載します。

なお，この記載によって所得金額が2,000増加（25,000→27,000）しています。

【別表５（一）Ⅰ】

直接の記載はありません。ただし，修正申告により所得金額が2,000増加したことで確定申告税額がそれぞれ増加していますので，未納法人税等の各欄には，修正後の確定申告税額を記載します。

【別表５（二)】

別表５（一）Ⅰと同様に，所得金額が2,000増加したことで確定申告税額がそれぞれ増加していますので，修正後の確定申告税額を記載します。

11　ケーススタディ⑾　～ 修正申告の記載 ～

5 未納事業税認定損が生じる場合

具体例

税務上，前々期の退職給付引当金繰入額1,000及び前期の退職給付引当金繰入額2,000が，それぞれ前々期及び前期の申告において加算調整されていないことが判明したため，修正申告を行うこととした。なお，退職給付引当金の取崩しはなく，引当金の前期末残高は3,000である。

前々期分の確定申告書（修正前）

【別表4】

区　分		総　額	処　分		
			留　保	社外流出	
		①	②	③	
当期利益又は当期欠損の額		22,700	22,700	配　当	
				その他	
加算	損金経理をした法人税	6,000	6,000		
	損金経理をした住民税	1,200	1,200		
	損金経理をした納税充当金	6,900	6,900		
減算	納税充当金支出事業税等	1,800	1,800		
所　得　金　額		35,000	35,000		

【別表５（一）Ⅰ】

<table>
<tr><th colspan="2" rowspan="3">区　分</th><th>期 首 現 在</th><th colspan="3">当期の増減</th><th>差引翌期首現在</th></tr>
<tr><th>利益積立金額</th><th>減</th><th colspan="2">増</th><th>利益積立金額</th></tr>
<tr><th>①</th><th>②</th><th colspan="2">③</th><th>④</th></tr>
<tr><td colspan="2"></td><td></td><td></td><td colspan="2"></td><td></td></tr>
<tr><td colspan="2">繰越損益金</td><td>27,300</td><td>27,300</td><td colspan="2">50,000</td><td>50,000</td></tr>
<tr><td colspan="2">納税充当金</td><td>8,300</td><td>8,300</td><td colspan="2">6,900</td><td>6,900</td></tr>
<tr><td rowspan="6">未納法人税等</td><td rowspan="2">未 納 法 人 税</td><td rowspan="2">△　5,500</td><td rowspan="2">△　11,500</td><td>中間</td><td>△　6,000</td><td rowspan="2">△　4,500</td></tr>
<tr><td>確定</td><td>△　4,500</td></tr>
<tr><td rowspan="2">未納道府県民税</td><td rowspan="2">△　200</td><td rowspan="2">△　500</td><td>中間</td><td>△　300</td><td rowspan="2">△　250</td></tr>
<tr><td>確定</td><td>△　250</td></tr>
<tr><td rowspan="2">未納市町村民税</td><td rowspan="2">△　800</td><td rowspan="2">△　1,700</td><td>中間</td><td>△　900</td><td rowspan="2">△　650</td></tr>
<tr><td>確定</td><td>△　650</td></tr>
</table>

【別表５（二）】

			期首現在未納税額	当期発生税　額	当期中の納付税額			期末現在未納税額
					充当金取崩しによる納付	仮払経理による納付	損金経理による納付	
			①	②	③	④	⑤	⑥
法人税	前期分		5,500		5,500			0
	当期分	中　間		6,000			6,000	0
		確　定		4,500				4,500
	計		5,500	10,500	5,500		6,000	4,500
道府県民税	前期分		200		200			0
	当期分	中　間		300			300	0
		確　定		250				250
	計		200	550	200		300	250
市町村民税	前期分		800		800			0
	当期分	中　間		900			900	0
		確　定		650				650
	計		800	1,550	800		900	650
事業税	前期分			1,800	1,800			0
	当期中間分			2,000			2,000	0
	計			3,800	1,800		2,000	0

納　税　充　当　金　の　計　算

期首納税充当金		8,300	取崩額	その他	損金算入のもの	
繰入額	損金経理をした納税充当金	6,900			損金不算入のもの	
	計	6,900			仮払税金消却	
取崩額	法人税額等	6,500		計		8,300
	事業税	1,800	期末納税充当金			6,900

（前々期の修正申告の内容）

前々期の申告において退職給付引当金繰入額の調整もれが判明しましたので，修正申告を行う必要があります。この場合，過年度の決算は修正しませんので，別表４において加算調整を行います。また，利益積立金額にも影響を与えるため，別表５（一）Ⅰにも記載を行います。なお，修正申告により確定申告税額が増加しますので，別表５（一）Ⅰ及び別表５（二）の確定申告税額を修正する必要があります。

なお，修正申告による追加税額は次の金額とします。

	追加税額
法　人　税	300
道府県民税	20
市町村民税	50
事　業　税	100

合計　470

前々期分の修正申告書

【別表４】

区　　分		総　額	処　　分		
			留　保	社外流出	
		①	②	③	
当期利益又は当期欠損の額		22,700	22,700	配　当	
				その他	
加算	損金経理をした法人税	6,000	6,000		
	損金経理をした住民税	1,200	1,200		
	損金経理をした納税充当金	6,900	6,900		
	退職給付引当金繰入額否認	**1,000**	**1,000**		
減算	納税充当金支出事業税等	1,800	1,800		
所　得　金　額		36,000	36,000		

（解説）

別表４において「退職給付引当金繰入額否認　1,000（加算）」として加算調整を追加します。この加算調整は，会計上の利益剰余金に対して税務上の利益積立金額を1,000増加させることになるため，「留保」の調整項目になります。したがって，この調整は総額①に記載するとともに，留保②にも記載します。

なお，この記載によって所得金額が1,000増加（35,000→36,000）しています。

【別表５（一）Ⅰ】

区　分		期首現在利益積立金額	当期の増減			差引翌期首現在利益積立金額
			減	増		
		①	②	③		④
退職給付引当金					1,000	1,000
繰越損益金		27,300	27,300		50,000	50,000
納税充当金		8,300	8,300		6,900	6,900
未納法人税等	未納法人税	△　5,500	△　11,500	中間	△　6,000	△　4,800
				確定	△　4,800	
	未納道府県民税	△　200	△　500	中間	△　300	△　270
				確定	△　270	
	未納市町村民税	△　800	△　1,700	中間	△　900	△　700
				確定	△　700	

（解説）

別表４の留保欄に記載された「退職給付引当金繰入額否認　1,000（加算）」の加算調整は，別表５（一）Ⅰ③に「退職給付引当金　1,000（増加）」として記載されます。この記載によって，会計上の利益剰余金に退職給付引当金1,000を加算した金額が税務上の利益積立金額になります。

また，未納法人税等には，所得金額が1,000増加したことで確定申告税額がそれぞれ増加していますので，修正後の確定申告税額を記載します。

【別表5（二）】

			期首現在未納税額	当期発生税額	当期中の納付税額			期末現在未納税額
					充当金取崩しによる納付	仮払経理による納付	損金経理による納付	
			①	②	③	④	⑤	⑥
法人税	前期分		5,500		5,500			0
	当期分	中間		6,000			6,000	0
		確定		**4,800**				**4,800**
	計		5,500	10,800	5,500		6,000	4,800
道府県民税	前期分		200		200			0
	当期分	中間		300			300	0
		確定		**270**				**270**
	計		200	570	200		300	270
市町村民税	前期分		800		800			0
	当期分	中間		900			900	0
		確定		**700**				**700**
	計		800	1,600	800		900	700
事業税	前期分			1,800	1,800			0
	当期中間分			2,000			2,000	0
	計			3,800	1,800		2,000	0

納税充当金の計算					
期首納税充当金		8,300	取崩額	その他 損金算入のもの	
繰入額	損金経理をした納税充当金	6,900		損金不算入のもの	
	計	6,900		仮払税金消却	
取崩額	法人税額等	6,500		計	8,300
	事業税	1,800	期末納税充当金		6,900

（解説）

別表5（一）Ⅰと同様に，所得金額が1,000増加したことで確定申告税額がそれぞれ増加していますので，修正後の確定申告税額を記載します。

前期分の確定申告書（修正前）

【別表4】

区分		総額	処分		
			留保	社外流出	
		①	②	③	
当期利益又は当期欠損の額		11,550	11,550	配当	
				その他	
加算	損金経理をした法人税	3,000	3,000		
	損金経理をした住民税	600	600		
	損金経理をした納税充当金	11,350	11,350		
減算	納税充当金支出事業税等	1,500	1,500		
所得金額		25,000	25,000		

【別表5（一）Ⅰ】

区分		期首現在利益積立金額	当期の増減			差引翌期首現在利益積立金額
			減	増		
		①	②	③		④
繰越損益金		50,000	50,000	61,550		61,550
納税充当金		6,900	6,900	11,350		11,350
未納法人税等	未納法人税	△　4,500	△　7,500	中間	△　3,000	△　7,500
				確定	△　7,500	
	未納道府県民税	△　250	△　450	中間	△　200	△　350
				確定	△　350	
	未納市町村民税	△　650	△　1,050	中間	△　400	△　1,000
				確定	△　1,000	

【別表５（二)】

			期首現在未納税額	当期発生税額	当期中の納付税額			期末現在未納税額
					充当金取崩しによる納付	仮払経理による納付	損金経理による納付	
			①	②	③	④	⑤	⑥
法人税	前期分		4,500		4,500			0
法人税	当期分	中間		3,000			3,000	0
法人税	当期分	確定		7,500				7,500
法人税	計		4,500	10,500	4,500		3,000	7,500
道府県民税	前期分		250		250			0
道府県民税	当期分	中間		200			200	0
道府県民税	当期分	確定		350				350
道府県民税	計		250	550	250		200	350
市町村民税	前期分		650		650			0
市町村民税	当期分	中間		400			400	0
市町村民税	当期分	確定		1,000				1,000
市町村民税	計		650	1,400	650		400	1,000
事業税	前期分			1,500	1,500			0
事業税	当期中間分			1,000			1,000	0
事業税	計			2,500	1,500		1,000	0

納税充当金の計算			
期首納税充当金	6,900	取崩額 その他 損金算入のもの	
繰入額 損金経理をした納税充当金	11,350	取崩額 その他 損金不算入のもの	
繰入額		取崩額 その他	
繰入額 計	11,350	取崩額 その他 仮払税金消却	
取崩額 法人税額等	5,400	取崩額 計	6,900
取崩額 事業税	1,500	期末納税充当金	11,350

（修正申告の内容）

前期の申告においても退職給付引当金繰入額の調整もれが判明しましたので，修正申告を行う必要があります。この場合，過年度の決算は修正しませんので，別表４において加算調整を行います。また，利益積立金額にも影響を与えるため，別表５（一）Ⅰにも記載を行います。なお，修正申告により確定申告税額が増加しますので，別表５（一）Ⅰ及び別表５（二）の確定申告税額を修正する必要があります。

なお，修正申告による追加税額は次の金額とします。

	追加税額
法　人　税	600
道府県民税	40
市町村民税	100
事　業　税	200

合計　940

前期分の修正申告書

【別表４】

区　　分		総　額	処　　分		
			留　保	社外流出	
		①	②	③	
当期利益又は当期欠損の額		11,550	11,550	配　当	
				その他	
加算	損金経理をした法人税	3,000	3,000		
	損金経理をした住民税	600	600		
	損金経理をした納税充当金	11,350	11,350		
	退職給付引当金繰入額否認	**2,000**	**2,000**		
減算	納税充当金支出事業税等	1,500	1,500		
	未納事業税認定損	**100**	**100**		
所　得　金　額		26,900	26,900		

（解説）

別表４において「退職給付引当金繰入額否認　2,000（加算）」として加算調整を追加します。この加算調整は，会計上の利益剰余金に対して税務上の利益積立金額を2,000増加させることになるため，「留保」の調整項目になります。したがって，この調整は総額①に記載するとともに，留保②にも記載します。

また，前々期の修正申告に伴う事業税の追加税額100は，前期の申告において損金の額に算入することができますので，「未納事業税認定損　100（減算）」として減算調整を追加します。この減算調整は，会計上の利益剰余金に対して税務上の利益積立金額を100減少させることになるため，「留保」の調整項目になります。したがって，この調整は総額①に記載するとともに，留保②にも記載します。

なお，この記載によって所得金額が2,000－100＝1,900増加（25,000→26,900）しています。

【別表５（一）Ⅰ】

区分		期首現在利益積立金額 ①	当期の増減 減 ②	当期の増減 増 ③		差引翌期首現在利益積立金額 ④
退職給付引当金		1,000			2,000	3,000
未納事業税					△100	△100
繰越損益金		50,000	50,000		61,550	61,550
納税充当金		6,900	6,900		11,350	11,350
未納法人税等	未納法人税	△ 4,800	△ 7,500	中間	△ 3,000	△ 8,400
				確定	△ 8,100	
	未納道府県民税	△ 270	△ 450	中間	△ 200	△ 410
				確定	△ 390	
	未納市町村民税	△ 700	△ 1,050	中間	△ 400	△ 1,150
				確定	△ 1,100	

（解説）

まず，期首欄は，前期の修正申告後の金額が繰り越されます。

そして，別表４の留保欄に記載された「退職給付引当金繰入額否認　2,000（加算）」の加算調整は，別表５（一）Ⅰ③に「退職給付引当金　2,000（増加）」として記載され，期末残高は3,000となります。この記載によって，会計上の利益剰余金に退職給付引当金3,000を加算した金額が税務上の利益積立金額になります。

また，別表４の留保欄に記載された「未納事業税認定損　100（減算）」の減算調整は，別表５（一）Ⅰ③に「未納事業税　△100（増加）」として記載されます。これらの記載によって，会計上の利益剰余金＋退職給付引当金3,000－未納事業税100が税務上の利益積立金額になります。

また，未納法人税等には，所得金額が1,900増加したことで確定申告税額がそれぞれ増加していますので，修正後の確定申告税額を記載します。

④期末欄は，前々期の追加税額と前期の修正後の確定申告税額の合計額になります。

【別表５（二）】

			期首現在未納税額	当期発生税額	当期中の納付税額			期末現在未納税額
					充当金取崩しによる納付	仮払経理による納付	損金経理による納付	
			①	②	③	④	⑤	⑥
法人税	前期分		**4,800**		4,500			**300**
	当期分	中間		3,000			3,000	0
		確定		**8,100**				**8,100**
	計		4,800	11,100	4,500		3,000	8,400
道府県民税	前期分		**270**		250			**20**
	当期分	中間		200			200	0
		確定		**390**				**390**
	計		270	590	250		200	410
市町村民税	前期分		**700**		650			**50**
	当期分	中間		400			400	0
		確定		**1,100**				**1,100**
	計		700	1,500	650		400	1,150
事業税	前期分			**1,600**	1,500			**100**
	当期中間分			1,000			1,000	0
	計			2,600	1,500		1,000	100

納税充当金の計算						
期首納税充当金		6,900	取崩額	その他	損金算入のもの	
繰入額	損金経理をした納税充当金	11,350			損金不算入のもの	
	計	11,350			仮払税金消却	
取崩額	法人税額等	5,400		計		6,900
	事業税	1,500	期末納税充当金			11,350

（解説）

別表５（一）Ｉと同様に，まず，期首欄は，前期の修正申告後の金額が繰り越されます。

また，所得金額が1,900増加したことで確定申告税額がそれぞれ増加していますので，修正後の確定申告税額を記載します。

なお，④期末現在未納税額は，前々期の追加税額と前期の修正後の確定申告税額になります。

当期分の決算処理

（会計処理）	（税務上の取扱い）
法人税等　470 ／ 現金預金　470 法人税等　940 ／ 現金預金　940	前々期の法人税，住民税及び事業税は損金不算入 前期の法人税及び住民税は損金不算入

前々期の追加税額470を納付して損金経理しています。このうち法人税及び住民税は損金の額に算入されません。また，事業税については，前期の修正申告において減算調整して既に損金の額に算入していますので，当期は損金の額に算入されません。

また前期の追加税額940を納付して損金経理しています。このうち法人税及び住民税は損金の額に算入されません。なお，事業税は損金の額に算入されますので，調整はありません。

当期分の確定申告書

【別表４】

区分		総額	処分		
			留保	社外流出	
		①	②	③	
当期利益又は当期欠損の額				配当	
				その他	
加算	損金経理をした法人税	900	900		
	損金経理をした住民税	210	210		
	損金経理をした納税充当金				
	未納事業税否認	**100**	**100**		
減算	納税充当金支出事業税等	2,500	2,500		
所得金額					

（解説）

修正申告による法人税と住民税の追徴税額は，通常，納付時に損金経理されますので，別表４において「損金経理をした法人税　900（加算）」及び「損金経理をした住民税　210（加算）」として加算調整をします。この調整は「留保」の調整項目になります。したがって，この調整は総額①に記載するとともに，留保②にも記載します。

また，修正申告による前々期の事業税の追加税額100は，前期の修正申告書で減算調整することにより損金の額に算入されていますので，納付時に損金経理された金額100は，「未納事業税否認　100（加算）」として加算調整します。この加算調整は，会計上の利益剰余金に対して税務上の利益積立金額を100増加させることになるため，「留保」の調整項目になります。したがって，この調整は総額①に記載するとともに，留保②にも記載します。

【別表5（一）Ⅰ】

区分		期首現在利益積立金額	当期の増減			差引翌期首現在利益積立金額
			減	増		
		①	②	③		④
退職給付引当金		**3,000**				
未納事業税		**△100**	△100			
繰越損益金		61,550	61,550			
納税充当金		11,350	11,350			
未納法人税等	未納法人税	△　**8,400**	△　8,400	中間	△	△
				確定	△	
	未納道府県民税	△　**410**	△　410	中間	△	△
				確定	△	
	未納市町村民税	△　**1,150**	△　1,150	中間	△	△
				確定	△	

（解説）

まず，期首欄は，前期の修正申告後の金額が繰り越されます。

そして，別表4の留保欄に記載された「未納事業税否認　100（加算）」の加算調整は，別表5（一）Ⅰ②に「未納事業税　△100（減少）」として記載され，期末残高はゼロとなります。

【別表５（二）】

			期首現在未納税額	当期発生税額	当期中の納付税額			期末現在未納税額
					充当金取崩しによる納付	仮払経理による納付	損金経理による納付	
			①	②	③	④	⑤	⑥
法人税	前々期分		300				300	0
	前期分		8,100		7,500		600	0
	当期分	中間						
		確定						
	計							
道府県民税	前々期分		20				20	0
	前期分		390		350		40	0
	当期分	中間						
		確定						
	計							
市町村民税	前々期分		50				50	0
	前期分		1,100		1,000		100	0
	当期分	中間						
		確定						
	計							
事業税	前々期分		100				100	0
	前期分			2,700	2,500		200	0
	当期中間分							
	計							

納税充当金の計算						
期首納税充当金		11,350	取崩額	その他	損金算入のもの	
繰入額	損金経理をした納税充当金				損金不算入のもの	
	計				仮払税金消却	
取崩額	法人税額等	8,850		計		11,350
	事業税	2,500	期末納税充当金			0

（解説）

別表５（一）Ⅰと同様に，まず，期首欄は，前期の修正申告後の金額が繰り越されます。

前々期及び前期の修正申告による追加税額を納付したときには，損金経理されていますので，「⑤損金経理による納付」に記載します。

記載のポイント！

事業税の損金算入時期は，原則として申告書の提出時ですが，申告書を提出していなくとも，直前期の事業税については損金の額に算入することができます。したがって，今回のケースですと，前々期の事業税の追加税額を前期の修正申告において，別表４で減算調整します。また，減算調整した事業税を納付時に損金経理したときは，逆に加算調整します。

MEMO

MEMO

＜執筆者紹介＞

伊原健人（いはら　たけひと）

千葉県生まれ。東北大学経済学部卒業後、日産自動車株式会社に入社し、その後同社を退社。平成９年税理士登録。平成10年公認会計士登録。現在、公認会計士・税理士実務の傍ら、TAC税法実務講座にて法人税法を担当。主な著書に「勘定科目逆引きコンパクト事典」（TAC出版）、「法人税の実務」（TAC出版）などがある。

法人税別表４、５（一）（二）書き方　完全マスター〔第６版〕

2012年11月１日　初　版　第１刷発行
2023年６月10日　第６版　第１刷発行

編著者　プロフェッションネットワーク
発行者　多　田　敏　男
発行所　ＴＡＣ株式会社　出版事業部（TAC出版）

〒101-8383
東京都千代田区神田三崎町3-2-18
電話 03(5276)9492(営業)
FAX 03(5276)9674
https://shuppan.tac-school.co.jp

印　刷　株式会社　ワ　コ　ー
製　本　株式会社　常　川　製　本

ISBN 978-4-300-10588-7
N.D.C. 338

書籍の正誤に関するご確認とお問合せについて

書籍の記載内容に誤りではないかと思われる箇所がございましたら、以下の手順にてご確認とお問合せをしてくださいますよう、お願い申し上げます。
なお、正誤のお問合せ以外の**書籍内容に関する解説および受験指導などは、一切行っておりません。**
そのようなお問合せにつきましては、お答えいたしかねますので、あらかじめご了承ください。

「Cyber Book Store」にて正誤表を確認する

TAC出版書籍販売サイト「Cyber Book Store」のトップページ内「正誤表」コーナーにて、正誤表をご確認ください。

URL:https://bookstore.tac-school.co.jp/

2 1の正誤表がない、あるいは正誤表に該当箇所の記載がない ⇒ 下記①、②のどちらかの方法で文書にて問合せをする

★ご注意ください★

お電話でのお問合せは、お受けいたしません。
①、②のどちらの方法でも、お問合せの際には、「お名前」とともに、
「対象の書籍名(○級・第○回対策も含む)およびその版数(第○版・○○年度版など)」
「お問合せ該当箇所の頁数と行数」
「誤りと思われる記載」
「正しいとお考えになる記載とその根拠」
を明記してください。
なお、回答までに1週間前後を要する場合もございます。あらかじめご了承ください。

① ウェブページ「Cyber Book Store」内の「お問合せフォーム」より問合せをする

【お問合せフォームアドレス】

https://bookstore.tac-school.co.jp/inquiry/

② メールにより問合せをする

【メール宛先 TAC出版】

syuppan-h@tac-school.co.jp

※土日祝日はお問合せ対応をおこなっておりません。
※正誤のお問合せ対応は、該当書籍の改訂版刊行月末日までといたします。

乱丁・落丁による交換は、該当書籍の改訂版刊行月末日までといたします。なお、書籍の在庫状況等により、お受けできない場合もございます。
また、各種本試験の実施の延期、中止を理由とした本書の返品はお受けいたしません。返金もいたしかねますので、あらかじめご了承くださいますようお願い申し上げます。

TACにおける個人情報の取り扱いについて
■お預かりした個人情報は、TAC(株)で管理させていただき、お問合せへの対応、当社の記録保管にのみ利用いたします。お客様の同意なしに業務委託先以外の第三者に開示、提供することはございません(法令等により開示を求められた場合を除く)。その他、個人情報保護管理者、お預かりした個人情報の開示等及びTAC(株)への個人情報の提供の任意性については、当社ホームページ(https://www.tac-school.co.jp)をご覧いただくか、個人情報に関するお問い合わせ窓口(E-mail:privacy@tac-school.co.jp)までお問合せください。

(2022年7月現在)

(2021年7月現在)

書籍のご購入は

1 全国の書店、大学生協、ネット書店で

2 TAC各校の書籍コーナーで

資格の学校TACの校舎は全国に展開!
校舎のご確認はホームページにて

資格の学校TAC ホームページ
https://www.tac-school.co.jp

3 TAC出版書籍販売サイトで

CYBER BOOK STORE TAC出版書籍販売サイト

24時間
ご注文
受付中

https://bookstore.tac-school.co.jp/

新刊情報をいち早くチェック!

たっぷり読める立ち読み機能

学習お役立ちの特設ページも充実!

TAC出版書籍販売サイト「サイバーブックストア」では、TAC出版および早稲田経営出版から刊行されている、すべての最新書籍をお取り扱いしています。
また、無料の会員登録をしていただくことで、会員様限定キャンペーンのほか、送料無料サービス、メールマガジン配信サービス、マイページのご利用など、うれしい特典がたくさん受けられます。

サイバーブックストア会員は、特典がいっぱい!(一部抜粋)

通常、1万円(税込)未満のご注文につきましては、送料・手数料として500円(全国一律・税込)頂戴しておりますが、1冊から無料となります。

専用の「マイページ」は、「購入履歴・配送状況の確認」のほか、「ほしいものリスト」や「マイフォルダ」など、便利な機能が満載です。

メールマガジンでは、キャンペーンやおすすめ書籍、新刊情報のほか、「電子ブック版TACNEWS(ダイジェスト版)」をお届けします。

書籍の発売を、販売開始当日にメールにてお知らせします。これなら買い忘れの心配もありません。